U0527700

马克思主义
哲学十五讲 第2版

董振华 著

中共中央党校出版社

图书在版编目（CIP）数据

马克思主义哲学十五讲/董振华著. -- 2版. -- 北京：中共中央党校出版社，2023.6
ISBN 978-7-5035-7360-6

Ⅰ.①马… Ⅱ.①董… Ⅲ.①马克思主义哲学—学习参考资料 Ⅳ.① B0-0

中国版本图书馆 CIP 数据核字（2022）第 124566 号

马克思主义哲学十五讲　第 2 版

策划统筹	刘　君
责任编辑	卢馨尧
装帧设计	一亩动漫
责任印制	陈梦楠
责任校对	王　微
出版发行	中共中央党校出版社
地　　址	北京市海淀区长春桥路 6 号
电　　话	（010）68922815（总编室）　（010）68922233（发行部）
传　　真	（010）68922814
经　　销	全国新华书店
印　　刷	中煤（北京）印务有限公司
开　　本	710 毫米 × 1000 毫米　1/16
字　　数	278 千字
印　　张	21.25
版　　次	2023 年 6 月第 2 版　2023 年 6 月第 1 次印刷
定　　价	58.00 元

微 信 ID：中共中央党校出版社　　邮　箱：zydxcbs2018@163.com

版权所有·侵权必究
如有印装质量问题，请与本社发行部联系调换

目 录

绪言　注重把握马克思主义思想方法的整体性 / 1

一、在唯物论和辩证法的统一中把握马克思主义基本逻辑的整体性 / 3

二、在事实和价值的统一中把握马克思主义认识论的整体性 / 5

三、在解释世界和改造世界的统一中把握马克思主义实践论的整体性 / 7

第一讲　价值立场与人民至上 / 11

一、人类解放是马克思主义的根本价值追求 / 13

二、共同富裕是社会主义的本质属性 / 18

三、人民对美好生活的向往就是我们的奋斗目标 / 24

第二讲　唯物观点与实事求是 / *33*

一、物质及其存在的形式 / 35

二、人对物质世界的实践把握 / 43

三、坚持实事求是的思想路线 / 47

第三讲　辩证观点与辩证思维 / *57*

一、唯物辩证法的批判性和革命性 / 59

二、唯物辩证法的基本规律 / 65

三、唯物辩证法的基本范畴 / 69

四、一切照辩证法办事 / 74

第四讲　联系观点与系统思维 / *81*

一、世界普遍联系的系统性 / 83

二、系统思维的基本结构 / 88

三、系统观念是具有基础性的思想和工作方法 / 92

四、坚持系统思维，加强顶层设计 / 96

第五讲　发展观点与创新思维 / *101*

一、世界的永恒发展 / 103

二、发展的创新本质 / 107

三、提高创新思维能力 / 114

目录

第六讲　整体原则与战略思维 / *121*

一、战略思维是着眼于全局和长远的整体性谋划 / 123

二、善于运用战略思维观大势、谋大局、抓大事 / 130

三、运用战略思维做好总揽全局的整体工作 / 134

第七讲　实践观点与知行合一 / *143*

一、实践基础上的哲学革命 / 145

二、实践是人类的存在方式 / 153

三、实践与认识的具体统一 / 160

四、坚持问题导向抓落实 / 166

第八讲　社会基本矛盾与全面深化改革 / *173*

一、社会发展动力的基本结构 / 175

二、生产力是社会发展的最终决定力量 / 178

三、经济基础和上层建筑的相对独立性 / 183

四、尊重社会发展规律，不断全面深化改革 / 188

第九讲　科学技术的作用与科技强国 / *195*

一、科学技术的本质和现代科技革命的特点 / 197

二、科技革命是推动社会发展的重要动力 / 202

三、实施创新驱动战略，促进创新发展 / 206

第十讲　社会意识的作用与文化软实力 / *217*

一、社会意识及其存在形式 / 219
二、社会意识的特点和作用 / 223
三、建设社会主义文化强国 / 229

第十一讲　群众观点与群众路线 / *241*

一、人民群众创造历史的伟大作用 / 243
二、人民群众是真正的英雄 / 248
三、坚持党的群众路线，使人民共享发展成果 / 255

第十二讲　阶级观点与阶级分析 / *263*

一、阶级和阶级斗争 / 265
二、社会主义社会的阶级和阶级斗争 / 268
三、正确把握和运用阶级分析法 / 271

第十三讲　人类社会的物质前提和生态文明 / *277*

一、地理环境在人类社会存在和发展中的作用 / 279
二、人口因素在人类社会存在和发展中的作用 / 282
三、走向社会主义生态文明新时代 / 286

第十四讲　历史观点与历史思维 / *295*

一、唯物主义历史观的历史科学 / 297

二、坚持历史观点评价历史现象 / 301

三、从历史知识中汲取历史智慧 / 305

第十五讲　真理价值的统一与人类共同价值观 / *311*

一、价值的本质和价值关系形成的基础 / 313

二、坚持真理原则和价值原则相统一 / 320

三、积极推动构建人类命运共同体 / 323

后　记 / *329*

绪言
注重把握马克思主义思想方法的整体性

董振华

"工欲善其事,必先利其器。"作为共产党人的世界观和方法论,马克思主义哲学是各级领导干部分析问题和解决问题的看家本领,也是广大党员干部改造主观世界和客观世界的强大理论武器。2019年,习近平总书记在《辩证唯物主义是中国共产党人的世界观和方法论》一文中指出:"我们党要团结带领人民实现'两个一百年'奋斗目标、实现中华民族伟大复兴的中国梦,必须不断接受马克思主义哲学智慧的滋养,更加自觉地坚持和运用辩证唯物主义世界观和方法论,增强辩证思维、战略思维能力,努力提高解决我国改革发展基本问题的本领"[1]。作为科学的思想方法,马克思主义哲学具有整体性的理论品格,是唯物

---

[1] 习近平:《辩证唯物主义是中国共产党人的世界观和方法论》,《求是》2019年第1期。

论、辩证法和价值论在实践论基础上得以统一的、完整的理论体系。掌握马克思主义的世界观和方法论，就必须注重对马克思主义思想方法的整体性加以把握。各级领导干部系统完整地把握马克思主义哲学的精神实质，而不是教条肤浅地重复一些只言片语；真正掌握马克思主义思想方法的精髓，而不是浅尝辄止地纸上谈兵，对于推进我们党的伟大事业具有十分重大的现实意义。

一、在唯物论和辩证法的统一中把握马克思主义基本逻辑的整体性

作为一种意识形态，任何一个政治理论和哲学体系都是一个完整体系，都有两个必不可少的构成要素：价值和逻辑。马克思、恩格斯在《德意志意识形态》中指出："统治阶级的思想在每一时代都是占统治地位的思想。"[①] 根本不存在所谓"价值中立"的意识形态，所有的意识形态都是代表一定阶级的利益诉求的。所谓价值，就是指一个意识形态理论体系所坚守的基本主张和利益。这样的主张和利益表达必须通过一定的方式来论证和实现，这就是其所遵循的基本逻辑。作为无产阶级的意识形态，马克思主义也是由其基本价值和逻辑所构成的理论体系：其基本价值就是追求人类解放，其基本逻辑就是唯物辩证法。

唯物辩证法作为马克思主义的根本方法论，不是唯物论和辩证法的简单叠加，而是唯物论和辩证法有机统一的整体。我们可以从邓小平的

---

① 《马克思恩格斯选集》第 1 卷，人民出版社 1972 年版，第 52 页。

一个著名论断来分析唯物论和辩证法的统一整体性。邓小平在 1980 年 12 月 25 日《贯彻调整方针，保证安定团结》的重要讲话中指出："解放思想，就是使思想和实际相符合，使主观和客观相符合，就是实事求是。今后，在一切工作中要真正坚持实事求是，就必须继续解放思想。"①"解放思想就是实事求是"这一论断，具有深刻的哲学内涵，即"唯物论就是辩证法"。和中国人生论的哲学传统不同，西方是知识论的哲学传统。唯物论作为一个西方的哲学概念，虽然具有本体论的意蕴，但是其认识论的意蕴同样不可忽视。从认识论意义上而言，唯物论就是要按照客观事物的本来面目来看待和对待对象，是什么样就是什么样，力求实事求是、一切从实际出发，避免主观主义。那么，客观事物的本来面目是什么样子的呢？按照辩证法，虽然客观事物形形色色，千差万别，但是所有的客观事物都处于不断的运动和变化过程之中。马克思在《资本论》第 2 版第 1 卷的跋中指出："辩证法在对现存事物的肯定的理解中同时包含对现存事物的否定的理解，即对现存事物的必然灭亡的理解；辩证法对每一种既成的形式都是从不断的运动中，因而也是从它的暂时性方面去理解；辩证法不崇拜任何东西，按其本质来说，它是批判的和革命的。"②根据辩证法，根本不存在一成不变的客观事物，世界不过是过程的集合体，除了不断的生生灭灭和新陈代谢的过程之外，什么都不存在。既然任何客观事物都处于不断的运动发展变化过程之中，那么，根据唯物论依照客观事物的本来面目来看待和对待客观对象的要求，我们就应该随着事物的变化不断地调整、改变甚至放弃原有的和已经变化了的新的事实不相符合的旧的观念和看法，这就是解放思想。如

---

① 《邓小平文选》第 2 卷，人民出版社 1994 年版，第 364 页。
② 《马克思恩格斯选集》第 2 卷，人民出版社 1972 年版，第 218 页。

果客观事物已经发生了变化，我们的观念仍然停留在原有旧的观念和认识上，那么，这就是刻舟求剑，必然违背实事求是。因此，解放思想不是胡思乱想，而是要解放到实事求是上去，就是主观和客观相符合，就是实事求是。

可见，唯物论和辩证法不是相互割裂和互不相干的两个东西，而是一而二、二而一的整体性关系。也就是说，在马克思主义哲学那里，唯物论就是辩证法，辩证法就是唯物论，是同一个内容的不同表达。如果唯物论和辩证法相互割裂了，那么既不是真正的唯物论，也不是真正的辩证法。例如，费尔巴哈的唯物主义之所以是"半截子的唯物主义"，就是因为它不懂辩证法。黑格尔的辩证法之所以不能贯彻到底，是因为它没有唯物论的基础。马克思主义的唯物论和辩证法之所以是彻底的，是因为它是唯物论和辩证法的真正统一，其唯物论是辩证唯物论，其辩证法是唯物辩证法。辩证唯物论和唯物辩证法是同一个内容的不同侧面的界定和表达。

二、在事实和价值的统一中把握马克思主义认识论的整体性

正是因为马克思坚持唯物辩证法的基本逻辑创立了唯物史观，才创造性地揭示了人类社会发展规律，使得马克思主义具有了普遍的真理性；也正是因为马克思根据唯物辩证法批判性和革命性的理论品格，用实践的历史生成论超越了空想社会主义者仅仅止步于悲天悯人的情感倾诉，才找到实现人类解放理想的现实路径，从而使社会主义上升为科

学。而这一切伟大的理论创造和历史实践之所以能够成为现实，都是因为马克思以实践为基础运用唯物辩证法的基本逻辑实现了哲学的革命，使得一直以来困扰西方"事实"和"价值"二分对立的悖论得以正确解决。

虽然西方哲学不乏辩证法的思维方式和思想成果，但是总体来说，非此即彼的形式逻辑一直占统治地位。柏拉图论证理念论的方法即体现了形式逻辑的基本方法。根据柏拉图的理念论，整个世界可以分为感性世界和理念世界。感性世界即现象世界，是通过感官经验可以感知的世界。理念世界是不能够通过感官经验直接把握的，而是必须通过心智来领悟的世界。所有感性世界的事物之所以能够存在，是因为它们分有了理念世界的理念。但是，分有毕竟只是分有，现象不可能等同于理念本身。感性世界的事物都处于不断的变动不居之中，这是一个假象世界。而真正不变的永恒的真理是在理念世界之中的。理念世界才是真相世界。由于现象世界只不过是对理念世界的模仿，相对于绝对的、无限的、圆满的理念世界，感性世界只是一个有限的、相对的和有缺陷的不完美世界。在两个世界划分的基础上，柏拉图得出自己的知识论，即摒弃现象世界的纷繁复杂的干扰，追求理念世界的真理。这样，理念论就在两个世界之间划了一个不可逾越的鸿沟，两个世界彼此对立，从而为后来西方哲学经验论和唯理论的彼此对立的认识论传统种下了思想的种子，也为西方哲学此岸和彼岸、感性和理念、事实和价值等"是"和"应当"之间的矛盾对立埋下了伏笔。

事实和价值之间的矛盾，在纯粹认识论范围内，就成为非此即彼二值逻辑自身根本无法解决的内在矛盾。要真正解决这一矛盾，就必须在事实和价值之间、感性和理念之间、此岸和彼岸之间架起一座桥梁，以打破二者之间非此即彼的相互对立，这就必须超越西方传统的形式逻辑，引入辩证逻辑。马克思正是在黑格尔哲学的基础上，引入了作为感性活动的实践范畴，在事实和价值之间构建了一个彼此沟通的桥梁，从而在根本上解决了一直困扰西方哲学的难题。实践作为一种合规律性与合目的性相统一的对象性活动，就是一个从此岸走向彼岸、从事实走向价值、从经验走向理念的历史过程和主体性活动，是通过对"实有"的物质性否定走向对"应有"的物质性肯定的过程，其内在蕴含着马克思主义的科学性和价值性的统一，从而实现了"真"和"善"的实践性统一。

三、在解释世界和改造世界的统一中把握马克思主义实践论的整体性

针对旧哲学的局限性，马克思在提出实践范畴的基础上，实现了哲学的革命。他在1845年春撰写的《关于费尔巴哈的提纲》第十一条指出："哲学家们只是用不同的方式解释世界，而问题在于改变世界。"[①]由于仅仅停留于理论哲学的此岸和彼岸相互对立的哲学传统，旧哲学要么是从主体性方面，要么是从客体性方面解释世界。正如马克思在《1844年经济学哲学手稿》中所指出的："反对基督教的抽象主体性的斗争促使18世纪的哲学走向相对立的片面性；客体性同主体性相对立，自然同精神相对立，唯物主义同唯灵论相对立，抽象普遍、实体同抽象单一相对

---

① 《马克思恩格斯选集》第1卷，人民出版社1972年版，第19页。

立。"① 如果要克服此岸和彼岸、主体性和客体性、唯物主义和唯灵论的彼此对立，就必须在实践的基础上，超越西方哲学的知识论传统，创立实践哲学，在实践的基础上历史性地解决"是"和"应当"之间的抽象对立。

《礼记》有言："大道之行也，天下为公。"马克思主义的根本价值追求就是人类解放，这就是马克思主义的"大道"。正如习近平总书记在纪念马克思诞辰 200 周年大会上的重要讲话中所指出的："马克思主义是人民的理论，第一次创立了人民实现自身解放的思想体系。马克思主义博大精深，归根到底就是一句话，为人类求解放。"② 道就是行之道，道就在行道之中，离开了行道就无道。马克思主义的理论品格，就是通过历史性的革命性实践，消除人的异化，达到人向自身、向社会的即合乎人性的人的复归的共产主义。因此，共产主义除了是对理想社会的一种展望和设想之外，更重要的还在于它是一种革命性的实践运动，是基于一定现实、解决有限的事实和无限的价值之间的矛盾的历史实践。正如马克思、恩格斯在《德意志意识形态》中所指出的："实际和对实践的唯物主义者，即共产主义者说来，全部问题都在于使现存世界革命化，实际地反对和改变事物的现状。""共产主义对我们来说不是应当确立的状况，不是现实应当与之相适应的理想。我们所称为共产主义的是那种消灭现存状况的现实的运动。"③ 在马克思那里，"实践性""革命性""批判性""辩证法"在一定意义上都是指向一个维度，即历史性的维度，也就是不断生成的历史过程。从必然王国到自由王国是一个社会实践的历史

---

① 《马克思恩格斯全集》第 3 卷，人民出版社 2002 年版，第 527—528 页。
② 习近平：《在纪念马克思诞辰 200 周年大会上的讲话》，人民出版社 2018 年版，第 8 页。
③ 《马克思恩格斯选集》第 1 卷，人民出版社 1972 年版，第 48、40 页。

过程，是一个从改变现存社会状态的社会实践中不断追求人类解放的一个革命性变革的历史过程。也就是说，共产主义是一种历史性的革命性实践，就是行马克思主义之"大道"的历史活动。

"道器不离"。行道就离不开器，道是器之灵魂和本源，器是行道之路径和载体。选择什么样的器来行道，并没有固定不变的教条。这就需要根据唯物辩证法，坚持实事求是，一切从实际出发，具体问题具体分析，审时度势，因时而异，因势利导，因地制宜，根据一定的"势"，选择最适合的"术"来行"道"。因此，作为行马克思主义之道到达共产主义的运动，社会主义也不可能具有放之四海而皆准的固定模式。正如习近平总书记在纪念马克思诞辰200周年大会上的重要讲话中指出的："社会主义并没有定于一尊、一成不变的套路，只有把科学社会主义基本原则同本国具体实际、历史文化传统、时代要求紧密结合起来，在实践中不断探索总结，才能把蓝图变为美好现实。"[①]

可见，在马克思主义的思想方法那里，唯物论和辩证法是统一的整体，这就是唯物辩证法的基本逻辑。唯物辩证法和价值论也是不可分割的统一整体，违背了唯物辩证法就不能坚守马克思主义的价值论，坚守了马克思主义的价值论也就意味着坚持了唯物辩证法来"行道"。也正是基于共产主义的实践性理解，马克思在《1844年经济学哲学手稿》中指出："这种共产主义，作为完成了的自然主义等于人道主义，而作为完成了的人道主义等于自然主义，它是人和自然界之间、人和人之间的矛盾的真正解决，是存在和本质、对象化和自我确证、自由和必然、个体和类之间的斗争的真正解决。它是历史之谜的解答，而且知道自己就是

---

① 习近平：《在纪念马克思诞辰200周年大会上的讲话》，人民出版社2018年版，第27页。

这种解答。"① 唯物论、辩证法和价值论在实践的基础上并通过实践得以统一和实现，从这个意义上来说，实践观点是马克思主义首要的基本观点，也是从整体性的角度理解马克思主义思想方法的秘密所在。这种思想方法的本质可以概括为：实践的历史生成论。

---

① 《马克思恩格斯选集》第 3 卷，人民出版社 2002 年版，第 297 页。

第一讲
价值立场与人民至上

坚持人民至上，是马克思主义的政治立场，是马克思主义政党区别于其他政党的显著标志，是习近平新时代中国特色社会主义思想的根本价值指向。习近平总书记在纪念马克思诞辰200周年大会上的重要讲话中指出："马克思主义不是书斋里的学问，而是为了改变人民历史命运而创立的，是在人民求解放的实践中形成的，也是在人民求解放的实践中丰富和发展的，为人民认识世界、改造世界提供了强大精神力量。"[①] 马克思主义之所以具有跨越国度、跨越时空的影响力，关键在于它植根人民之中，旨在造福世界人民和实现人的自由全面发展，并将其付诸实践。习近平新时代中国特色社会主义思想作为马克思主义中国化时代化的最新成果，蕴含着人民至上的根本价值追求。我们党把全心全意为人民服务作为根本宗旨，以"实现人的自由而全面的发展和全人类解放"为己任，通

---

① 习近平：《论党的宣传思想工作》，中央文献出版社2020年版，第322页。

过不断解放和发展生产力,消灭剥削,消除两极分化,扎实推进共同富裕,不断满足人民对美好生活的向往,不断把为人民造福的事业推向前进。

一、人类解放是马克思主义的根本价值追求

马克思1843年在《德法年鉴》上发表的《〈黑格尔法哲学批判〉导言》中指出:"批判的武器当然不能代替武器的批判,物质力量只能用物质力量来摧毁,但是理论一经掌握群众,也会变成物质力量,理论只要说服人,就能掌握群众;而理论只要彻底,就能说服人。所谓彻底,就是抓住事物的根本。人的根本就是人本身。"[①]这就告诉我们,马克思主义整个理论和实践的体系就是一个大写的"人",即人类解放。

(一)人类解放是马克思主义的逻辑起点

早在马克思主义之前,几百年来关于人类解放的价值追求和理想社会的美好设想,在空想社会主义者或者人文主义者那里被不断地表达。但是,他们或是停留于对现实无情的鞭挞,或是仅仅止步于对美好未来

---

① 《马克思恩格斯选集》第1卷,人民出版社1995年版,第9页。

的热情讴歌，或是单纯诉诸于悲天悯人的情感表达，都没有揭示社会发展客观规律，没有找到实现价值理想的依靠力量和实现理想的有效途径，因而他们的人类自由和解放的价值追求，只能停留于空想而不能实现。但是，马克思主义在确立并运用唯物辩证法的基础上，揭示了人类社会发展的一般规律，揭示了资本主义运行的特殊规律，为人类指明了从必然王国向自由王国飞跃的途径，为人民指明了实现自由和解放的道路。

诚然，马克思的一生思想曾经发生过多次转折，从黑格尔的忠实信徒到青年黑格尔派，到费尔巴哈革命民主主义，再到共产主义。但是，他造福人民，为绝大多数人谋福利的人生理想和价值追求一经确立，就从来没有改变过。

1835年8月，马克思的中学毕业论文《青年在选择职业时的考虑》就用优美的语言令人信服地深刻论证了人生的意义和价值追求，即"选择最能为人类福利而劳动的职业"。他指出："如果我们选择了最能为人类福利而劳动的职业，那么，重担就不能把我们压倒，因为这是为大家而献身；那时我们所感到的就不是可怜的、有限的、自私的乐趣，我们的幸福将属于千百万人，我们的事业将默默地、但是永恒发挥作用地存在下去，而面对我们的骨灰，高尚的人们将洒下热泪。"[①]正是基于这样的崇高价值追求，立足于科学理论和现实路径，共产主义才成为造福人民的历史运动，具有了彻底的革命性和人民性。无产阶级革命的目的归根结底是为了大多数人的解放、自由，以及为大多数人谋福利，从而得到了人民的衷心拥护、热情参与和坚决支持。

马克思主义根植于人民，从而具有了道义的力量。习近平总书记在纪念马克思诞辰200周年大会上的重要讲话中指出："马克思主义第一次站

[①] 《马克思恩格斯全集》第40卷，人民出版社1982年版，第7页。

在人民的立场探求人类自由解放的道路，以科学的理论为最终建立一个没有压迫、没有剥削、人人平等、人人自由的理想社会指明了方向。"①

（二）人类解放是马克思主义的历史使命

马克思主义的历史使命，就是使无产阶级和广大人民群众摆脱被奴役和被压迫的生存境况，最终实现人类解放。要实现人类解放这一价值追求，仅仅依靠理论的批判是不能完成的，"物质力量只能用物质力量来摧毁"②。马克思、恩格斯指出，无产阶级必须拿起革命的武器，打破一个旧世界，建立一个新世界，在那里面没有剥削，没有压迫，是一个自由人的联合体。而要实现这一伟大理想，就必须用物质力量的武器批判来摧毁现实的物质力量，即全世界无产者联合起来拿起革命的武器现实地改变现存世界。正如马克思、恩格斯在《德意志意识形态》中所指出的："对实践的唯物主义者即共产主义者来说，全部问题都在于使现存世界革命化，实际地反对并改变现存的事物。"③对此，《共产党宣言》说得非常清楚："过去的一切运动都是少数人的或者为少数人谋利益的运动。无产阶级的运动是绝大多数人的、为绝大多数人谋利益的独立的运动。无产阶级，现今社会的最下层，如果不炸毁构成官方社会的整个上层，就不能抬起头来，挺起胸来。"④

完成这一解放全人类的事业，主要是从自然和社会两个方面展开的：第一，通过发展生产力，解决人和自然之间的矛盾，把人从自然界的盲

---

① 习近平：《论党的宣传思想工作》，中央文献出版社2020年版，第322页。
② 《马克思恩格斯选集》第1卷，人民出版社1995年版，第9页。
③ 《马克思恩格斯选集》第1卷，人民出版社1995年版，第75页。
④ 《马克思恩格斯文集》第2卷，人民出版社2009年版，第42页。

目必然性的控制中解放出来，实现人与自然之间关系的自由。第二，通过革命性实践，解决人与人之间的矛盾，把人从对人的奴役和压迫状态，变革为每个人的发展都是其他一切人发展的前提和条件的自由人的联合体。人与自然关系的和解、人与人关系的和谐不是两个过程，也不是两个问题，而是一个问题和一个过程的两个方面，在社会主义运动和共产主义实践中实现统一。正如马克思在《1844年经济学哲学手稿》中所指出的："这种共产主义，作为完成了的自然主义，等于人道主义，而作为完成了的人道主义，等于自然主义，它是人和自然界之间、人和人之间的矛盾的真正解决，是存在和本质、对象化和自我确证、自由和必然、个体和类之间的斗争的真正解决。它是历史之谜的解答，而且知道自己就是这种解答。"[①] 自然主义和人道主义不可割裂和分开实现，二者是在发展和改革的实践中系统发育的，是以人与人的关系体现的自然主义，同时也是以人与自然的关系体现的人道主义。人道主义在自然中得以实现，自然以人的方式而存在，不断推进人和自然界之间、人和人之间的关系的和解，最终达到一种"和谐"状态。

（三）人类解放是马克思主义的最高理想

在马克思、恩格斯看来，资本主义社会中种种不公正、不合理现象产生的根源在于资本主义制度本身所具有的不平等、不自由以及人与人之间剥削与被剥削的关系，生产条件和发展成果都不能由人民共享。因此，马克思主义自产生之日起，就以推翻资本主义制度，建立共同富裕、人人共享的新社会为目标。正如马克思、恩格斯在《共产党宣言》

[①]《马克思恩格斯全集》第42卷，人民出版社1979年版，第120页。

中所指出的："代替那存在着阶级和阶级对立的资产阶级旧社会的，将是这样一个联合体，在那里，每个人的自由发展是一切人的自由发展的条件。"[1] 马克思在《资本论》中又进一步明确指出，未来的共产主义，是"以每个人的全面而自由的发展为基本原则的社会形式"[2]。1894年1月9日，恩格斯在致朱泽培·卡内帕的信中，满足他们"用简短的字句来表达未来的社会主义纪元的基本思想"要求时，又一次强调，如果要用一句话来描述未来社会，"除了《共产党宣言》中的下面这句话，我再也找不出合适的了：'代替那存在着阶级和阶级对立的资产阶级旧社会的，将是这样一个联合体，在那里，每个人的自由发展是一切人的自由发展的条件。'"[3] 在马克思、恩格斯所设想的理想社会中，每个人在自由全面发展的基础上，通过"自由人"的"联合体"共建共享社会发展成果。

由此可见，实现人类解放，成为自由而全面发展的人，是马克思主义逻辑起点、历史使命和最高理想。这个价值理性也一直处在人类共同价值的制高点。

二、共同富裕是社会主义的本质属性

中国特色社会主义的开辟，是从对"什么是社会主义，如何坚持和发展社会主义"这一重大时代课题的追问和探索开始的。邓小平坚持

---

[1]《马克思恩格斯选集》第1卷，人民出版社1995年版，第294页。
[2]《马克思恩格斯选集》第2卷，人民出版社1995年版，第239页。
[3]《马克思恩格斯选集》第4卷，人民出版社1995年版，第730—731页。

解放思想，对社会主义的本质进行了科学界定。针对长期以来人们对于社会主义"一大二公"、平均主义和计划经济体制教条式的认识和理解，邓小平首先指出，长期存留人们思想中的"社会主义"并不是马克思列宁主义意义上的社会主义。他指出，贫穷不是社会主义，社会主义要消灭贫穷；发展太慢不是社会主义，社会主义要有一定的发展速度；两极分化不是社会主义，社会主义要实现共同富裕；剥削不是社会主义，社会主义要消灭剥削；闭关自守不是社会主义，照搬外国也不是社会主义；没有民主就没有社会主义，没有法制也没有社会主义；等等。在深入反思国内外社会主义建设多方面历史教训的基础上，他一针见血地指出："社会主义的本质，是解放生产力，发展生产力，消灭剥削，消除两极分化，最终达到共同富裕。"[①] 从而，他科学回答了"什么是社会主义，如何坚持和发展社会主义"的根本问题，开辟了马克思主义的新境界。

（一）共同富裕要解放生产力，发展生产力

理解邓小平的社会主义本质论，离不开问题意识。邓小平作为政治家，考虑问题的出发点主要是怎么解决问题。他从实践的意义上对社会主义进行了解读。邓小平指出："不搞争论，是我的一个发明，不争论是为了争取时间干。一争论就复杂了，把时间都争掉了，什么也干不成。"[②] 不争论什么？就是不要总是争论"姓资姓社"。为什么不争论，他知道这个问题主要不是一个理论问题，而是一个实践问题，仅仅争论是

[①] 《邓小平文选》第3卷，人民出版社1993年版，第373页。
[②] 《邓小平文选》第3卷，人民出版社1993年版，第374页。

搞不清楚的。邓小平最初对什么是社会主义从来不作正面回答，而是告诉我们什么不是社会主义。他从最简单的问题最容易达成共识的问题入手，给出的第一个答案就是"贫穷不是社会主义"。这个判断，任何人都不能否定。既然"贫穷不是社会主义"，那么从实践上来看、反过来来想，就要解放和发展生产力。

1988年5月25日，邓小平在会见捷克斯洛伐克共产党中央总书记雅克什时谈道："社会主义的根本任务是发展生产力，逐步摆脱贫困，使国家富强起来，使人民生活得到改善。"[1] 在邓小平的理解中，生产力的解放和发展在实现社会主义过程中处于基础性地位。社会主义的优越性归根到底是要体现在它的生产力比资本主义发展得更快一些、更发达一些，并在解放和发展生产力的基础上不断提高人民的生活水平。

从我国国情出发，解放和发展生产力，是解决我国在社会主义初级阶段一切问题的物质基础。我国改革开放史上的每一次改革，其目的也都是为了解放和发展生产力。农村家庭联产承包责任制的推行，极大提高了农民的生产积极性，进一步解放和发展了生产力；改革由农村转向城市，社会主义经济体制、科技体制、政治体制等改革，也使生产力得到了极大的解放和发展。正如邓小平所强调的："根据我们自己的经验，讲社会主义，首先就要使生产力发展，这是主要的。只有这样，才能表明社会主义的优越性。社会主义经济政策对不对，归根到底要看生产力是否发展，人民收入是否增加。这是压倒一切的标准。"[2] 事实证明，任何离开解放和发展生产力，"空讲社会主义不行，人民不相信"[3]。对此，

---

[1] 《邓小平文选》第3卷，人民出版社1993年版，第264—265页。
[2] 《邓小平文选》第2卷，人民出版社1994年版，第314页。
[3] 《邓小平文选》第2卷，人民出版社1994年版，第314页。

习近平总书记指出:"解放和发展社会生产力是社会主义的本质要求,是中国共产党人接力探索、着力解决的重大问题。"[①]

(二)共同富裕要消灭剥削,消除两极分化

消灭剥削,消除两极分化,是社会主义同资本主义的本质区别之一。在资本主义社会中,资本的逻辑是资本主义社会的核心价值追求,资本主义社会的整个制度安排、制度设计和制度理念都是围绕着为资本的逐利本性充分涌流提供有效的制度保障而展开的。由于受资本逻辑逐利本性的不断驱使,资本主义社会不可避免地会产生剥削现象,进而导致两极分化的结果。

社会主义是对资本逻辑的真正扬弃,是对资本主义社会的批判和超越。这是因为,社会主义社会的整个制度安排、制度设计和制度理念都是围绕着为社会的整体利益得到有效满足提供充分的制度保障而展开的。公有制和按劳分配是中国特色社会主义的基础。随着社会主义不断地发展,必将伴随着剥削现象的不断消灭,两极分化完全消除。邓小平多次谈到这个问题。他深刻指出:"如果我们的政策导致两极分化,我们就失败了;如果产生了什么新的资产阶级,那我们就真是走了邪路了。"[②]

我们应该清醒地认识到,真正消灭剥削现象,解决社会不公正、不平等问题,是一个长期的过程。在社会主义初级阶段,生产力还不够发达,多种经济成分共同存在,仍会存在一定程度的剥削,但这种剥削与

[①] 习近平:《在纪念马克思诞辰200周年大会上的讲话》,人民出版社2018年版,第18页。

[②] 《邓小平文选》第3卷,人民出版社1993年版,第111页。

资本主义的剥削制度存在着本质差别，应该严格作出区分。社会主义初级阶段存在的剥削现象是依附并服务于社会主义公有关系的一种暂时的剥削现象，并非在社会中占主体地位的阶级剥削。伴随着国家对经济的不断调控以及生产力的高度发展，这种剥削现象在未来的某一时刻将会彻底消失。这是社会主义社会的内在要求，也是其较之资本主义社会所具有的自身优越性的体现。

（三）共同富裕要共享发展成果

社会主义的根本目的是满足人们日益增长的美好生活需要，实现共同富裕的价值目标。这是满足社会主体自身需要、利益，合乎社会主体目的需要的价值追求，我们要始终不渝地推进共同富裕的价值目标的实现。对此，习近平总书记强调："中国特色社会主义就是要建设社会主义市场经济、民主政治、先进文化、和谐社会、生态文明，促进人的全面发展，促进社会公平正义，逐步实现全体人民共同富裕"[1]，"共同富裕是社会主义的本质要求，是人民群众的共同期盼。我们推动经济社会发展，归根结底是要实现全体人民共同富裕"[2]。

共同富裕是连接社会主义和共产主义的纽带。它是社会主义的终点，更是共产主义的起点。1956年，邓小平在会见国际青年代表团时说："现在要建设社会主义，将来再由社会主义发展到共产主义。"[3] 时隔30年，1986年他在接受华莱士采访时又谈到，社会主义时期的主要任务是"为

---

[1] 习近平：《论坚持推动构建人类命运共同体》，中央文献出版社2018年版，第273页。
[2] 《习近平谈治国理政》第4卷，外文出版社2022年版，第116页。
[3] 《邓小平文选》第1卷，人民出版社1994年版，第257页。

进入共产主义创造物质条件"①。但是，实现共同富裕不是一蹴而就的。对此，邓小平强调，实现共同富裕不要搞同步富裕，更不要搞平均主义。这一论断对新时代新征程上扎实推进共同富裕仍然具有重要的指导意义和现实意义。

邓小平强调："在经济政策上，我认为要允许一部分地区、一部分企业、一部分工人农民，由于辛勤努力成绩大而收入先多一些，生活先好起来。一部分人生活先好起来，就必然产生极大的示范力量，影响左邻右舍，带动其他地区、其他单位的人们向他们学习。这样，就会使整个国民经济不断地波浪式地向前发展，使全国各族人民都能比较快地富裕起来。"②这是因为，我国幅员辽阔，历史原因和现实条件使各地区经济文化发展很不平衡，片面地强调在时间上、空间上各个地区和所有人整齐划一的同步富裕，只会偏离共同富裕的航线。此外，为实现共同富裕的目标，邓小平强调不能搞平均主义。平均主义会严重挫伤人民群众的积极性，会将人民群众越搞越穷，从而导致走向共同贫困。

总而言之，"解放生产力，发展生产力"主要是针对离开生产力抽象谈论社会主义这种历史唯心主义而提出的。"消灭剥削，消除两极分化"是针对资本的逻辑和市场的缺陷而提出的。一个是生产力标准，一个是生产关系标准。一个是服从效率原则，一个是服从公平正义原则。习近平总书记曾经把二者形象地比喻成"做大蛋糕"和"分好蛋糕"。他指出："实现共同富裕的目标，首先要通过全国人民共同奋斗把'蛋糕'做大做好，然后通过合理的制度安排正确处理增长和分配关系，把'蛋糕'切好分好。这是一个长期的历史过程，我们要创造条件、完善

---

① 《邓小平文选》第 3 卷，人民出版社 1993 年版，第 171 页。
② 《邓小平文选》第 2 卷，人民出版社 1994 年版，第 152 页。

制度，稳步朝着这个目标迈进。"①也就是说，二者在对立面中达到统一，不能离开一个方面去认识和把握另外一个方面。如果不把蛋糕做大，就没有蛋糕可分，也就无所谓公平正义。如果不把蛋糕分好，就会影响做蛋糕的积极性，也就没有蛋糕可分。但是，我们的任务不仅仅是做蛋糕和分蛋糕，还要让人民群众吃好蛋糕，这就是邓小平所说的"最终达到共同富裕"。可见，"共享是社会主义的本质属性"。发展成果由人民共享是中国特色社会主义的出发点和落脚点，是中国特色社会主义的本质要求。这也充分反映了我们党在中国特色社会主义道路上的探索和实践中，对社会发展和社会建设科学规律认识的不断深化，充分体现了马克思主义的根本价值追求。

三、人民对美好生活的向往就是我们的奋斗目标

党的十八大以来，以习近平同志为核心的党中央始终坚持"人民对美好生活的向往就是我们的奋斗目标"②，把人民至上的根本价值取向贯穿于改革发展稳定、治党治国治军、内政外交国防等治国理政的现实实践之中，推动中国特色社会主义进入新时代，不断把中国人民对美好生活的向往变为现实。党的十九大报告指出："全党必须牢记，为什么人的问题，是检验一个政党、一个政权性质的试金石。带领人民创造美好生

---

① 《习近平谈治国理政》第 4 卷，外文出版社 2022 年版，第 210 页。
② 《习近平谈治国理政》第 1 卷，外文出版社 2018 年版，第 424 页。

活,是我们党始终不渝的奋斗目标。"[1]党的二十大报告强调,为民造福是立党为公、执政为民的本质要求。党的根基在人民、党的力量在人民。坚持和完善中国特色社会主义制度、推进国家治理体系和治理能力现代化,就必须坚持一切为了人民、一切依靠人民,充分发挥广大人民群众积极性、主动性、创造性,不断把为人民造福的事业推向前进。

(一)人民对美好生活的向往,是我们党始终不渝的奋斗目标

为大多数人谋福利的初心在马克思的心中一经扎根就从未改变,马克思始终以全人类的自由解放为奋斗目标。我们党作为马克思主义政党,一经诞生就将为中国人民谋幸福、为中华民族谋复兴作为初心使命。100多年来,我们党团结带领全国人民干革命、搞建设、抓改革、促发展,归根结底都是为了更好地造福人民、为人民谋福利,坚守了马克思主义的核心价值追求。《中共中央关于党的百年奋斗重大成就和历史经验的决议》指出:"一百年来,党领导人民经过波澜壮阔的伟大斗争,中国人民彻底摆脱了被欺负、被压迫、被奴役的命运,成为国家、社会和自己命运的主人,人民民主不断发展,十四亿多人口实现全面小康,中国人民对美好生活的向往不断变为现实。"[2]

在新民主主义革命时期,我们党始终坚持人民立场,团结带领人民

---

[1] 习近平:《决胜全面建成小康社会 夺取新时代中国特色社会主义伟大胜利——在中国共产党第十九次全国代表大会上的报告》,人民出版社2017年版,第44—45页。

[2] 《中共中央关于党的百年奋斗重大成就和历史经验的决议》,人民出版社2021年版,第62页。

找到了一条以农村包围城市、武装夺取政权的正确革命道路，通过28年的浴血奋战，取得了新民主主义革命的胜利，建立了新中国，实现了中国从几千年封建专制向人民民主的伟大飞跃。

在社会主义革命和建设时期，我们党团结带领人民自力更生、发愤图强，完成了对生产资料私有制的社会主义改造，完成了社会主义革命，"实现了一穷二白、人口众多的东方大国大步迈进社会主义社会的伟大飞跃"[①]。建立起独立的比较完整的工业体系和国民经济体系，农业生产条件显著改变，教育、科学、文化、卫生、体育事业有很大发展，奠定了实现人民对美好生活的向往的根本政治前提和宝贵经验、理论准备、物质基础。

在改革开放和社会主义现代化建设新时期，我们党始终把"人民拥护不拥护""人民赞成不赞成""人民高兴不高兴""人民答应不答应"作为改革开放价值归宿，旗帜鲜明地提出了"三个有利于"并以此作为评判改革开放成败得失的根本判断标准。进入新世纪，中国共产党人先后提出"三个代表"重要思想，强调"代表中国最广大人民的根本利益"；提出科学发展观，强调"核心是以人为本"，这都是基于不断满足人民对美好生活的向往的具体时代表达和实践要求，为中国式现代化提供了充满新的活力的体制保证和快速发展的物质条件。

党的十八大以来，中国特色社会主义进入新时代。以习近平同志为核心的党中央，深入贯彻以人民为中心的发展思想，在幼有所育、学有所教、劳有所得、病有所医、老有所养、住有所居、弱有所扶上持续用力，建成世界上规模最大的教育体系、社会保障体系、医疗卫生体系，

[①] 《中共中央关于党的百年奋斗重大成就和历史经验的决议》，人民出版社2021年版，第14页。

人民获得感、幸福感、安全感更加充实、更有保障、更可持续，共同富裕取得新成效。对此，习近平总书记曾多次指出："必须坚持以人民为中心的发展思想，把增进人民福祉、促进人的全面发展作为发展的出发点和落脚点"[①]，"必须始终把人民利益摆在至高无上的地位，让改革发展成果更多更公平惠及全体人民，朝着实现全体人民共同富裕不断迈进"[②]。这些重要论断和伟大实践，充分展示了中国共产党人永葆初心和不断实现人民对美好生活的向往的担当与奋斗。

（二）人民对美好生活的向往，在新时代具有深刻的时代内涵

2017年5月14日，习近平总书记在"一带一路"国际合作高峰论坛开幕式上指出："历史总是伴随着人们追求美好生活的脚步向前发展的。"[③]全面建成人民幸福安康的小康社会，实现天下为公的大同理想，深深植根于中华民族优秀传统文化之中，凝聚了几千年来中华民族追求梦想和美好生活的理想。

"小康"一词源于《诗经·大雅·民劳》："民亦劳止，汔可小康。""小康"代表着美好安定的生活。后来邓小平把"小康社会"作为了中国式现代化的代名词。他指出："翻两番，国民生产总值人均达到八百美元，

[①] 《中共中央关于制定国民经济和社会发展第十三个五年计划的建议》，人民出版社2015年版，第5页。

[②] 习近平：《决胜全面建成小康社会　夺取新时代中国特色社会主义伟大胜利——在中国共产党第十九次全国代表大会上的报告》，人民出版社2017年版，第45页。

[③] 《习近平谈"一带一路"》，中央文献出版社2018年版，第200页。

就是到本世纪末在中国建立一个小康社会。这个小康社会，叫做中国式的现代化。翻两番、小康社会、中国式的现代化，这些都是我们的新概念。"[1]"大同"作为一种理想社会模式最早见于《礼记·礼运》："大道之行也，天下为公，选贤与能，讲信修睦。故人不独亲其亲，不独子其子，使老有所终，壮有所用，幼有所长，鳏、寡、孤、独、废疾者皆有所养，男有分，女有归。货恶其弃于地也，不必藏于己；力恶其不出于身也，不必为己。是故谋闭而不兴，盗窃乱贼而不作，故外户而不闭，是谓大同。"大同社会代表着丰衣足食、安居乐业的美好生活，是我国古人所设想的人类社会的最高阶段。不论是小康社会还是大同社会，都承载着中国人民对美好生活孜孜不倦的追求和向往。

人民对美好生活的向往作为我们党始终不渝的奋斗目标，一直贯穿党中央治国理政的实践，但是，每一个历史时期、每一个国家和地区所面临的时代背景不同，人民的迫切需要和要求也不同，这就决定了造福人民的具体内容和方略也有所不同。进入新时代，中国共产党人坚持人民至上的价值立场，科学判断我国发展所处的历史方位，牢牢把握人民群众对美好生活的需要所呈现出来的新特点，作出了"人民美好生活需要日益广泛，不仅对物质文化生活提出了更高要求，而且在民主、法治、公平、正义、安全、环境等方面的要求日益增长"和"更加突出的问题是发展不平衡不充分，这已经成为满足人民日益增长的美好生活需要的主要制约因素"的科学判断，指出"我国社会主要矛盾已经转化为人民日益增长的美好生活需要和不平衡不充分的发展之间的矛盾"。[2]

---

[1] 《邓小平文选》第3卷，人民出版社1993年版，第54页。
[2] 习近平：《决胜全面建成小康社会 夺取新时代中国特色社会主义伟大胜利——在中国共产党第十九次全国代表大会上的报告》，人民出版社2017年版，第11页。

正是基于对新时代人民群众美好生活需要的科学把握，我们党立足于中国特色社会主义进入了新时代的历史方位，与时俱进地提出了一系列新思想、新战略、新举措。党的十九大、十九届六中全会提出的"十个明确""十四个坚持""十三个方面成就"概括了习近平新时代中国特色社会主义思想的主要内容。这一科学思想归根结底就是要坚持把实现好、维护好、发展好最广大人民根本利益作为出发点和落脚点，既聚焦解决人民群众最关注的热点、难点、焦点问题，又着力维护和实现人民群众在经济、政治、文化、社会、生态等各方面的权益，强调在整体推进和重点突破相统一的过程中，不断带领人民群众创造美好生活。正如党的十九大报告所指出的："人民是历史的创造者，是决定党和国家前途命运的根本力量。必须坚持人民主体地位，坚持立党为公、执政为民，践行全心全意为人民服务的根本宗旨，把党的群众路线贯彻到治国理政全部活动之中，把人民对美好生活的向往作为奋斗目标，依靠人民创造历史伟业。"[①]

（三）人民对美好生活的向往，要求我们始终坚持人民至上的价值立场

当前，面对世界百年未有之大变局，在以习近平同志为核心的党中央坚强领导下，人民的生活水平得到了显著的提高，但经济社会发展仍存在一些问题。在这一背景下，为不断实现人民对美好生活的向往，我们必须坚持马克思主义的世界观和方法论，也就是要坚持马克思主义的

---

① 习近平：《决胜全面建成小康社会 夺取新时代中国特色社会主义伟大胜利——在中国共产党第十九次全国代表大会上的报告》，人民出版社2017年版，第21页。

基本立场，即人民大众的立场。正如习近平同志一再强调的："始终站在人民大众立场上，始终不脱离、不动摇这个立场，这是共产党人掌握马克思主义世界观的重大问题"[①]，"中国秉持以人民为中心的发展思想，把改善人民的生活、增进人民福祉作为出发点和落脚点，在人民中寻找发展动力、依靠人民推动发展、使发展造福人民"[②]。

坚持人民至上的价值立场，就要坚持全心全意为人民服务的根本宗旨。习近平总书记指出："全心全意为人民服务，是我们党一切行动的根本出发点和落脚点，是我们党区别于其他一切政党的根本标志。党的一切工作，必须以最广大人民根本利益为最高标准。"[③]让人民大众摆脱自然界、人类社会和思想的奴役和压迫，成为自由全面发展的人，这是马克思主义的基本价值追求。作为以马克思主义为指导建立的政党，共产党除了人民利益没有自己的特殊利益。《共产党宣言》指出："共产党人不是同其他工人政党相对立的特殊政党。他们没有任何同整个无产阶级的利益不同的利益。"[④]为实现人民的根本利益可以牺牲自己个人的一切甚至生命，这就是共产党人的价值观和人生观。

坚持人民至上的价值立场，就要坚持把人民利益标准作为最高评判标准。毛泽东指出："共产党人的一切言论行动，必须以合乎最广大人民群众的最大利益，为最广大人民群众所拥护为最高标准。"[⑤]作为贯穿习近平新时代中国特色社会主义思想的一个基本观点，关于人民利益标

[①] 习近平：《深入学习中国特色社会主义理论体系　努力掌握马克思主义立场观点方法》，《求是》2010年第7期。

[②] 习近平：《共担时代责任　共促全球发展——在世界经济论坛2017年年会开幕式上的主旨演讲》，《人民日报》2017年1月18日。

[③] 《习近平谈治国理政》，外文出版社2014年版，第28页。

[④] 《马克思恩格斯选集》第1卷，人民出版社2012年版，第413页。

[⑤] 《毛泽东选集》第3卷，人民出版社1991年版，第1096页。

准的强调和论述在习近平总书记的重要讲话中随处可见，如"党的一切工作必须以最广大人民根本利益为最高标准"[①]，"必须始终把人民利益摆在至高无上的地位，让改革发展成果更多更公平惠及全体人民，朝着实现全体人民共同富裕不断迈进"[②]。他多次强调，要以造福人民为最大政绩。这些都深刻阐明了人民利益的价值标准论。可以说，人民美好生活是中国特色社会主义新时代人民利益的直接现实呈现与反映，与人民利益标准是一致的。它顺应了时代潮流，回应了人民关切，号准了时代发展的脉搏，把握住了社会主要矛盾变化的新特点，为在新的时代条件下坚持和发展中国特色社会主义提供了价值标尺。

坚持人民至上的价值立场，就要坚持以人民为中心的发展思想。习近平新时代中国特色社会主义思想科学判断我国发展的历史方位，深刻把握人民群众需要呈现多样化、多层次、多方面的特点，着眼于人的全面发展和社会全面进步，不断深化对共产党执政规律、社会主义建设规律、人类社会发展规律的认识。坚持人民至上，要统筹推进"五位一体"总体布局、协调推进"四个全面"战略布局，坚定中国特色社会主义道路自信、理论自信、制度自信、文化自信，把实现好、维护好、发展好最广大人民根本利益作为出发点和落脚点，既要聚焦解决人民群众最关注的热点、难点、焦点问题，又要着力维护和实现人民群众在经济、政治、文化、社会、生态等各方面的权益，在整体推进、重点突破中推动中国特色社会主义事业不断向前发展。

[①] 习近平：《在纪念毛泽东同志诞辰 120 周年座谈会上的讲话》，人民出版社 2013 年版，第 19 页。

[②] 习近平：《决胜全面建成小康社会　夺取新时代中国特色社会主义伟大胜利——在中国共产党第十九次全国代表大会上的报告》，人民出版社 2017 年版，第 45 页。

思考题

1. 为什么说人类解放是马克思主义的根本价值追求？
2. 共同富裕是社会主义的本质属性具体体现在哪些方面？
3. 谈一谈对习近平总书记在纪念毛泽东同志诞辰 120 周年座谈会上的这段重要论述的理解："党的一切工作，必须以最广大人民根本利益为最高标准。检验我们一切工作的成效，最终都要看人民是否真正得到了实惠，人民生活是否真正得到了改善，人民权益是否真正得到了保障。"

第二讲
唯物观点与实事求是

　　唯物观点是马克思主义哲学的基本观点,是整个马克思主义哲学的基础。马克思主义的唯物观点就是辩证的唯物论,是辩证法与唯物论的统一,包括了物质观、运动观、时空观等。这些观点相互联系、相互补充,从不同方面揭示了世界的客观物质性,形成了辩证唯物主义的世界物质统一性原理。世界物质统一性原理是我们认识和改造世界的根本立足点和出发点,是党的实事求是思想路线的理论基础。因此,只有真正掌握了世界物质统一性原理,我们才能更加深刻理解和正确坚持党的实事求是的思想路线。

一、物质及其存在的形式

"思维和存在的关系问题"是一切哲学都必须回答的前提性根本性问题，在辩证唯物主义诞生之前，关于这一问题的争论从来没有停息过。马克思主义哲学关于物质及其存在形式的观点，科学地解决了这一哲学基本问题，为我们正确认识世界和改造世界夯实了理论基础。

（一）哲学的基本问题

恩格斯指出："全部哲学，特别是近代哲学的重大的基本问题，是思维和存在的关系问题。"[①]哲学基本问题就是思维和存在的关系问题。这一问题又可表述为物质和意识的关系问题，包括两个方面：其一，存在和思维或物质和意识何为世界本原，即谁是第一性的问题。对这方面问题的不同回答，是唯物主义与唯心主义两大哲学派别划分的基本标准。

---

① 《马克思恩格斯选集》第4卷，人民出版社2012年版，第229页。

凡是认为物质是世界的本原，坚持物质第一性的哲学，都是唯物主义；凡是认为意识是世界的本原，坚持意识第一性的哲学，都是唯心主义。其二，物质和意识有无同一性，即人们的思维能否认识现实世界的问题。对这方面问题的不同回答，是哲学上可知论与不可知论的基本划分标准。凡是认为物质和意识具有同一性，主张世界是可以认识的，就是可知论。但也有极少数的哲学家例外，如休谟和康德，否认物质和意识具有统一性，否认认识世界或彻底认识世界的可能性，这是不可知论。

哲学基本问题两方面的内容中，第一方面的内容是主要的、根本的，第二方面的内容是从属的。对第一方面的回答是对第二方面回答的前提和基础。只有从唯物主义观点出发，才能科学地解决世界可知性的问题；反过来，也只有坚持真正的世界可知性，才能真正贯彻唯物主义的基本观点。哲学基本问题的两个方面是互相联系、不可分割的。只有从唯物主义立场出发，才能科学地解决世界的可知性问题，同时也只有坚持世界的可知性，才能把唯物主义的基本立场贯彻到底。

在哲学发展史上，唯物主义和唯心主义都承认世界有统一性，即认为世界是一个统一的世界，万事万物有统一的基础。我们把认为世界只有一个统一的基础或本原的，称为一元论，与之对立的则是二元论。二元论把物质和意识绝对对立起来，将其看作两个同时存在、各自独立的世界本原。如法国哲学家笛卡儿就是二元论的典型代表。"二元论"徘徊于唯物主义和唯心主义之间，企图调和唯物主义和唯心主义，但最终倒向了唯心主义。

虽然唯物主义和唯心主义都承认世界是统一的，但是，其对于世界到底统一于什么却有不同的回答。唯心主义把"精神""意识"等看作世界的本原。其表现形式有两种：主观唯心主义和客观唯心主义。主观唯心主义把人的主观精神、自由意志等看作世界的本原，认为"存在就是被感知",物不过是"观念的集合",甚至认为"世界是我的观念,我的活动,我的经验";客观唯心主义虽然承认存在着主观以外的客观世界,但认为这个客观世界的本质是某种神秘的"客观"精神,如柏拉图的"理念论"、黑格尔的"绝对精神"、基督教的"上帝"等。

知识链接:理念论

理念论是古希腊哲学家柏拉图所主张的一种客观唯心主义学说。柏拉图在"理念论"中,把世界分为"感觉世界"(可见世界)和"理念世界"(可知世界)。前者是人所能感觉到的具体的物质的世界,这里一切事物都处于不断运动变化之中。柏拉图认为,所有变化不居的感性事物皆非真实存在。后者则是超乎感性世界之上的,只有理智才能把握的理念世界。这是永恒不变的、唯一的真实存在。在柏拉图看来,各种具体事物只是"分有"或"摹仿"理念,它们不过是理念的"影子"或"摹本"而已。

与此相对立的是,唯物主义则认为世界统一的基础就是物质。唯物主义也包含了三种形态:古代朴素唯物主义、近代形而上学唯物主义和辩证唯物主义。古代朴素唯物主义把物质归结为一种或几种常见的具体形态。比如古希腊的"水本原说""火本原说",中国古代的"五行说"等。近代形而上学唯物主义则借助近代自然科学的发展成果,认为物质是物质结构的某一层次和"不可分割"的最小粒子——原子,将原子的基本属性和特征归于物质的基本属性和特征。旧唯物主义把物质看作世界的本原,是与唯心主义根本对立的。但是,旧唯物主义的物质观都仅限于具体的物质形态,未能揭示世界万事万物的共同本质,无法正确理解哲学的物质概念和自然科学的物质概念之间的共性和个性的关系。只是到了辩证唯物主义阶段，即马克思主义哲学那里，世界统一于物质的理论才得到了科学的表达。

（二）世界的物质统一性

19世纪80年代，恩格斯在总结了19世纪自然科学和哲学的发展成果基础上，对物质概念进行了概括。他指出："物质本身是纯粹的思想创造物和纯粹的抽象。当我们用物质概念来概括各种有形地存在着的事物的时候，我们是把它们的质的差异撇开了。因此，物质本身和各种特定的、实存的物质的东西不同，它不是感性地存在着的东西"[1]，"物、物质无非是各种物的总和，而这个概念就是从这一总和中抽象出来的。"[2] 进入20世纪，列宁在《论辩证唯物主义和历史唯物主义》一文中对物质概念作了全面科学的界定："物质是标志客观实在的哲学范畴，这种客观实在是人通过感觉感知的，它不依赖于我们的感觉而存在，为我们的感觉所复写、摄影、反映。"[3] 辩证唯物主义物质观的确立克服了旧唯物主义的缺陷，为彻底的唯物主义奠定了理论基础。列宁关于物质的概念具有重大的理论意义。

第一，坚持了唯物主义一元论，彻底驳斥了唯心主义和二元论。这个观点坚持了物质是世界的本原，坚持了物质第一性、意识第二性的彻

---

[1] 〔德〕恩格斯著，中共中央马克思恩格斯列宁斯大林著作编译局编译：《自然辩证法》，人民出版社2018年版，第130页。

[2] 〔德〕恩格斯著，中共中央马克思恩格斯列宁斯大林著作编译局编译：《自然辩证法》，人民出版社2018年版，第118页。

[3] 《列宁选集》第2卷，人民出版社2012年版，第89页。

底的唯物主义立场，体现了自然观和历史观的统一，构成彻底的唯物主义的出发点，同形形色色的唯心主义划清了界限。

第二，科学概括了客观实在性是物质的唯一特性，从而阐明了哲学的物质范畴同自然科学物质结构理论之间的辩证关系。物质是标志客观实在的哲学范畴，客观实在性是物质的唯一特性。这就把哲学的物质概念同具体的物质形态、物质结构区别开来，从大千世界纷繁复杂的事物和现象中，抽象出它们所具有的共同本质和普遍属性——客观实在性，体现了本体论和认识论的统一，为认识论奠定了唯物辩证法的坚实基础，从而克服了旧唯物主义物质观的根本缺陷。现代科学的发展表明，物质具有极为丰富的形态、极为复杂的结构和极为多样的特性。尽管物质形态具有多样性，但它们都是不依赖于人的意识的客观实在。

第三，坚持了辩证唯物主义反映论，指出物质能为人的意识所反映，驳斥了不可知论。这就是说，物质虽然独立于意识之外，但能够被人的意识所反映、所认识，是可知的，体现了唯物主义和辩证法的统一，同不可知论划清了界限。

马克思主义哲学认为世界统一于物质，包含两层含义：其一，世界的物质统一性是有差别的、多样性的统一。世界上万事万物都根源于物质，是物质发展演变的结果。其二，物质的各种属性都依赖于物质。物质的一系列属性，如运动、时空、能量、结构、功能、层次、信息等，都不能离开物质而独立存在。

世界的多样性统一于物质性的原理，是全部马克思主义哲学的基石，也是我们从事一切实际工作的立足点。既然世界上的万事万物归根到底都统一于物质，物质世界是人们认识、改造的唯一的现实世界，那么，我们无论在任何时候、任何地方和任何条件下，也无论从事何种工作，都必须毫无例外地、坚定不移地从客观物质世界及其运动规律出发，按照世界的本来面貌去认识世界，尊重实际，尊重客观规律。一句话，一切从实际出发，实事求是。

（三）运动是物质的存在方式

辩证唯物主义认为，运动是物质的存在形式和根本属性。所谓运动，即标志一切事物的变化及其过程的哲学范畴。恩格斯在《自然辩证法》中指出："运动，就它被理解为物质的存在方式、物质的固有属性这一最一般的意义来说，涵盖宇宙中发生的一切变化和过程，从单纯的位置变动直到思维。"[①]物质和运动是紧密联系、不可分割的，物质只能是运动着的物质，而运动也只能是物质的运动，换句话来说，运动的主体只能是物质，一切运动形式都有物质承担者，不存在非物质的运动，比如物理运动的物质承担者是分子和原子等，生物运动的物质承担者是蛋白质，等等。而物质也必然是不断运动变化的，不存在不运动的物质，"物质本身的各种不同形式和种类又只有通过运动才能认识，物体的属性只有在运动中才显示出来；关于不运动的物体，是没有什么可说的。因此，运动着的物体的性质是从运动的形式得出来的"。[②]

物质世界处在永恒的运动变化中，运动是物质的固有属性和存在方式，这就是运动的绝对性，或者叫作绝对运动。物质和运动是紧密相连的，因此，在一定程度上说，物质的特性决定着运动的特性。物质作为一种"既有的东西"，是不能创造和消灭的，这便决定了物质是不灭的，

[①]〔德〕恩格斯著，中共中央马克思恩格斯列宁斯大林著作编译局编译：《自然辩证法》，人民出版社 2018 年版，第 132 页。

[②]〔德〕恩格斯著，中共中央马克思恩格斯列宁斯大林著作编译局编译：《自然辩证法》，人民出版社 2018 年版，第 121 页。

因此作为物质存在形式的运动也是不灭的。恩格斯指出:"既然我们面前的物质是某种既有的东西,是某种既不能创造也不能消灭的东西,那么由此得出的结论就是:运动也是既不能创造也不能消灭的。只要认识到宇宙是一个体系,是各种物体相联系的总体,就不能不得出这个结论。"[①]

但是,我们平时往往说某个东西是静止不动的,这又是怎么回事呢?我们所说的静止,指的是相对静止,是物质运动的一种特殊状态。一般而言,静止主要是指这样的一些特殊状态:一是相对于一定的参照系,事物的空间位置相对不变。二是事物处于量变阶段,保持质的稳定性,呈现出相对静止的状态。从概念上我们可以看到,相对静止并不是不动,而是我们忽略其某些相对的运动。例如,我们说小李没有变。实际上,他的外貌特征可能没有变化,但是他的身体内部不停地进行着新陈代谢,血液等在不停地进行循环运动。所以,相对静止只是运动的特殊状态,是标志物质运动在一定条件下、一定范围内处于暂时稳定与平衡的状态。

绝对运动和相对静止是对立统一的。一方面静止是有条件的、暂时的和相对的,而运动则是绝对的和无条件的;另一方面,绝对运动中存在着相对静止,相对静止中存在着绝对运动,即动中有静,静中有动。客观物质世界便是绝对运动和相对静止的辩证统一。只承认相对静止而否认绝对运动,认为事物是固定不变的,就会走向形而上学不变论;只承认绝对运动而否认相对静止,认为事物是瞬息万变、无法捉摸的,则会滑向相对主义诡辩论。

---

① 〔德〕恩格斯著,中共中央马克思恩格斯列宁斯大林著作编译局编译:《自然辩证法》,人民出版社 2018 年版,第 133 页。

（四）物质运动的基本形式

物质运动的具体形式是多种多样的。物质运动形式的多样性主要表现在：物质运动具有不同的主体、不同的过程、不同的形式和不同的结果，从而表现为不同的规律性。根据当前的科学认知水平，可以把无限多样的物质运动形式，按照由低级到高级、由简单到复杂的顺序分为五种基本形式：机械运动、物理运动、化学运动、生物运动和社会运动。每一种基本运动形式又可划分为许多具体的运动形式。随着实践与科学的发展，人们可能还将发现更多的新的物质运动形式。另外，各种物质运动形式之间既相互区别，又相互联系。

第一，各种运动形式之间是相互区别的。不同的运动形式有不同的物质基础和特定的运动规律，即每一种运动形式都有自己特殊的运动规律。既不可把低级运动形式拔高为高级运动形式，也不可把高级运动形式归结为低级运动形式。

第二，各种运动形式不是孤立的，而是相互联系和相互转化的。其一，低级运动形式是高级运动形式的基础，高级运动形式是从低级运动形式发展而来的。比如从机械运动到物理运动、从物理运动到化学运动、从化学运动到生物运动，都是一个从低级到高级、从简单到复杂的发展过程。其二，高级运动形式包含低级运动形式。这种包含不是低级运动形式的机械相加和简单重复，起支配作用的高级运动形式，使其所包括的低级运动形式具有某些新的内容和特征。其三，各种运动形式同时并存、相互制约并在一定条件下相互转化。例如，物体摩擦生热、生电、发光，就是机械运动转化为物理运动。但是要注意，尽管各种运动形式可以相互转化，但运动的能量是守恒的。也就是说，运动和物质一样既不能创造，也不能消灭，只能从一种形式转化为另一种形式。

（五）时间和空间是运动着的物质的存在形式

我们已经明确了物质是运动着的物质，那么，我们又如何判断一个事物是在运动、变化呢？一般来说，我们会说它变老了、变高了，等等。事实上，无论我们如何表达，我们都是从时间和空间上对一个事物的变化进行描述。那么，什么是时间和空间？任何物质的运动都是一个过程，时间就是表明一事物和另一事物、一运动过程和另一运动过程依次出现的先后顺序，表明一事物存在或一运动过程进行的持续性的久暂。时间是物质运动的持续性和顺序性，时间的特点是一维性，即只能按照一个方向加以量度。我们常说"光阴一去不复返"，就是这个意思。

另外，任何一个具体事物都有长度、宽度、高度，都有一定的体积和规模，我们把它叫作空间。空间指的是运动着的物质的广延性、并存性。物质的上下、前后、左右都和其他事物发生距离、排列顺序或位置的空间联系。空间的特性是三维性，即长、宽、高。时间和空间是客观的，不以我们的意志为转移。辩证唯物主义认为物质是无限的，作为物质存在形式的时间和空间也是无限的。

二、人对物质世界的实践把握

实践是使物质世界分化为自然界与人类社会的历史前提，又是使自然界与人类社会统一起来的现实基础。在实践活动过程中，物质世界出现了自然界和人类社会的区分。自然界和人类社会是物质世界存在的两种不同形态。自然界与人类社会都具有客观实在性，它们相互联系、相互作用。自然界是人类社会形成的前提，构成人类社会的客观现实性的自然基础。人的实践活动创造了人类社会。人类社会的存在和发展又反过来影响和制约自然界，不断改变自然界。马克思主义哲学吸取了哲学史上关于实践概念的合理因素，正确地阐明了实践的本质及其在认识世界和改造世界中的作用，创立了科学的实践观。这一实践观不仅揭示了自然界和社会的物质统一性，而且阐明了实践在人类社会生活中的根本地位，构成了马克思主义社会历史观的基础。

（一）实践范畴的内涵、特征和基本形式

实践是人类能动地改造世界的客观物质性活动，其本质含义和基本特征主要有三个方面：其一，实践是物质性的活动，具有直接现实性。构成实践活动的诸要素，即实践的主体（人）、实践的对象（客体）和实践的手段（工具等），都是可感知的客观实在，实践活动本身及其结果也是外在于人们的意识而客观存在的；实践的水平、广度、深度和发展过程，都受客观条件的制约和客观规律的支配。所以，实践是区别于人的意识活动的客观物质活动。其二，实践是人类有意识的活动，体现了主体的自觉能动性。人具有理性思维，所从事的是不同于动物本能活动的有目的、有意识地改造世界的活动。只有这种人的自觉的、能动的活动才具有真正的实践意涵。其三，实践是社会的历史的活动，具有社会历史性。实践不是孤立的个人的活动而是社会活动，并受到一定历史条件的制约。

总体来看，实践的基本形式有：其一，生产劳动实践，也就是处理人和自然之间关系的活动，即物质生产活动。这是人类最基本的实践活

动，是决定其他一切实践活动的根本前提。其二，处理社会关系的实践，即人们的社会交往以及组织、管理和变革社会关系的活动，在阶级社会主要表现为阶级斗争的实践。其三，科学实验。它是从生产实践中分化出来的，是专门为了认识世界而进行的探索性和准备性活动。此外，随着计算机技术、网络技术和虚拟现实技术等现代信息技术的广泛应用，一些新的实践形式也不断产生，比如虚拟实践等。

（二）实践是人类的存在方式

实践的本质、基本特征和基本形式决定了实践在人类生活中具有基础和根本地位。可以说，实践构成了人类存在的基本方式。这是因为：其一，实践是人所独有的活动。作为实践主体的人并非是纯粹生物学意义上的人，而是社会的人。劳动实践不仅创造了人，形成了人类特有的本质，而且只有在实践中，人类的本质力量才能得到充分的体现和确证。其二，实践集中表现了人的本质的社会性。人不仅在实践活动中把自己从自然界中提升出来，使自然界成为自己的对象，而且在改造自然的过程中，人发展着多方面的社会需要，也就有了丰富多彩的社会活动。人的一切社会关系都是在实践活动中产生的。实践创造出了人之为人的一切特征，决定着人的本质的社会性。其三，实践对物质世界的改造是对象性的活动。实践以人为主体，以客观事物为对象，并把人的目的、理想、知识、能力等本质力量对象化为客观实在，创造出一个属人的对象世界。这种改造世界的对象性活动便构成了人的物质生活本身，人在改造世界的同时也在改造着人类自身。

总之，实践是人类不同于动物的特殊生命形式，即它是社会生命的特殊运动形式，是人类的存在方式。

（三）实践是自然界和人类社会的分化与统一的基础

在实践活动过程中，物质世界出现了自然界和人类社会的区分。自然界和人类社会是物质世界存在的两种不同形态。这里说的自然界是指独立于人的活动或未被纳入人的活动范围内的客观世界，其运动变化是自发的。人类社会是人们在特定的物质资料生产基础上相互交往、共同活动形成的各种关系的有机系统。它是在自然界发展到一定阶段上随着人类的产生而出现的。人类社会与人的活动不可分离，是人的实践活动的对象化，是人的对象世界。自然界和人类社会都具有客观实在性，它们相互联系、相互作用。自然界是人类社会形成的前提，是构成人类社会客观现实性的自然基础。人在实践活动中创造了人类社会。人类社会的存在和发展又反过来影响和制约自然界，不断改变着自然界。

（四）社会生活在本质上是实践的

从实践出发去理解社会生活的本质，是马克思主义世界观的重要组成部分。实践是人类社会的基础，一切社会现象只有在社会实践中才能找到最后的根据，才能得到最终的科学说明。马克思主义确认社会生活在本质上是实践的，强调从实践出发去理解社会，也就是把社会生活"当作实践去理解"。

社会生活是对人们各种社会活动的总称。社会生活的实践性主要体现为三个方面：其一，实践是社会关系形成的基础。实践是人有目的、有意识地改造物质世界的社会性活动。实践内在地包含三重关系，即人与自然的关系、人与人的关系以及人与其自身意识的关系，而这些关系又构成了基本的社会关系，即物质的社会关系和思想的社会关系。实践以浓缩的形式包含着全部社会关系，成为社会关系的发源地。其二，实践形成了社会生活的基本领域。人们通过实践活动改造自然、改造社会和改造人自身，形成了社会生活的基本领域，即社会的物质生活、政治生活和精神生活领域。在整个社会生活过程中，物质生产实践具有基础和决定作用。物质生活的生产方式制约着整个社会生活、政治生活和精神生活的过程。其三，实践构成了社会发展的动力。人们自己创造自己的历史，社会发展不过是人的实践活动在时间和空间中展开的过程。物质生产实践构成了社会发展的根本动力，改造社会的实践推动着社会历史的变迁和进步。在阶级社会里，阶级斗争构成了社会发展的直接动力。总之，全部社会生活在本质上是实践的。构成社会的人是从事实践活动的人，推动社会运动的力量是无数人的社会实践活动。社会生活的全部内容就是不断进行的社会实践，实践既是人的自觉能动性的表现，也是人的自觉能动性的根源，是人的生命表现的本质特征。

三、坚持实事求是的思想路线

辩证唯物主义世界观从世界的物质统一性原理出发，主张物质决定意识，意识只是人脑对客观事物的反映，这就要求我们不能从主观愿望、情感或理性原则出发，而要一切从实际出发，实事求是地去看待问题和分析问题。实事求是是马克思主义的精髓，是中国共产党的根本思想路线。毛泽东运用"实事求是"这一中国话语精辟概括了马克思主义的世界观和方法论，并在现实实践中将其上升为中国共产党的思想路线，作为中国共产党人认识世界和改造世界的根本要求,成为党团结带领人民推动各项事业取得成功的根本思想武器。正如习近平总书记所明确指出的:"实事求是,是马克思主义的根本观点,是中国共产党人认识世界、改造世界的根本要求,是我们党的基本思想方法、工作方法、领导方法。不论过去、现在和将来,我们都要坚持一切从实际出发,理论联系实际,在实践中检验真理和发展真理。"[①]

(一)实事求是是共产党人的重要思想方法

坚持实事求是,开辟了中国特色的新民主主义革命道路。新民主主义革命时期,中国共产党坚持实事求是,开创性地将马克思主义基本原理与中国实际相结合,创立了毛泽东思想。早在1930年,毛泽东在《反对本本主义》一文中就提出:"中国革命斗争的胜利要靠中国同志了解中国情况","马克思主义的'本本'是要学习的,但是必须同我国的实际情况相结合","没有调查,就没有发言权"[②]。1941年5月,毛泽东在《改造我们的学习》一文中对实事求是进行了完整表述:"'实事'就是客观存在着的一切事物,'是'就是客观事物的内部联系,即规律性,'求'就是我们去研究。"[③]之后,经过延安整风与党的七大,"实事求是"被确立为党的思想路线,并被正式写入党章。党的七大以后,党的实事求是的思想路线在中国革命、建设和改革的实践中继续丰富与发展。正是在实事求是的思想路线指引下,以毛泽东为代表的中国共产党人,找到了

---

① 《习近平谈治国理政》第1卷,外文出版社2018年版,第25页。
② 《毛泽东文集》第2卷,人民出版社1993年版,第382页。
③ 《毛泽东选集》第3卷,人民出版社1991年版,第801页。

"农村包围城市、武装夺取政权"这一符合中国国情的革命道路。沿着这条道路，我们党最终取得了新民主主义革命胜利，建立了新中国。

坚持实事求是，开启了中国特色社会主义的历史进程。正是在实事求是的思想路线指引下，以邓小平为主要代表的中国共产党人，冲破思想的束缚，顺应时代的要求和群众的期盼，创造性地将马克思主义与中国改革开放具体实际相结合，探索出了一条符合中国国情的社会主义建设道路，由此开启了建设中国特色社会主义的伟大历程。正如习近平总书记所指出的："党的十一届三中全会以后，以邓小平同志为主要代表的中国共产党人，团结带领全党全国各族人民，深刻总结我国社会主义建设正反两方面经验，借鉴世界社会主义历史经验，创立了邓小平理论，作出把党和国家工作中心转移到经济建设上来、实行改革开放的历史性决策，深刻揭示社会主义本质，确立社会主义初级阶段基本路线，明确提出走自己的路、建设中国特色社会主义，科学回答了建设中国特色社会主义的一系列基本问题，制定了到21世纪中叶分三步走、基本实现社会主义现代化的发展战略，成功开创了中国特色社会主义。"[1]

坚持实事求是，开创了新时代中国特色社会主义事业新局面。党的十八大以来，在实事求是的思想路线指引下，以习近平同志为核心的党中央，立足当代中国新的历史方位，把准时代声音，回应时代课题，使党和国家事业取得历史性成就、发生历史性变革。十年来，我们经过接续奋斗，实现了小康这个中华民族的千年梦想，我国发展站在了更高历史起点上。我们坚持精准扶贫、尽锐出战，打赢了人类历史上规模最大的脱贫攻坚战，全国832个贫困县全部摘帽，近1亿农村贫困人口实现

---

[1] 习近平：《在庆祝改革开放40周年大会上的讲话》，人民出版社2018年版，第5页。

脱贫，960多万贫困人口实现易地搬迁，历史性地解决了绝对贫困问题，为全球减贫事业作出了重大贡献；我国经济实力实现历史性跃升，国内生产总值增长到121万亿元，我国经济总量稳居世界第二位；人均国内生产总值从39800元增加到81000元；人民生活全方位改善。人均预期寿命增长到78.2岁。居民人均可支配收入从16500元增加到35100元。城镇新增就业年均1300万人以上。建成世界上规模最大的教育体系、社会保障体系、医疗卫生体系，教育普及水平实现历史性跨越，基本养老保险覆盖10.5亿人，基本医疗保险参保率稳定在百分之95%……[①]

习近平总书记强调："在新时代，中国共产党人把马克思主义基本原理同新时代中国具体实际结合起来，团结带领人民进行伟大斗争、建设伟大工程、推进伟大事业、实现伟大梦想，推动党和国家事业取得全方位、开创性历史成就，发生深层次、根本性历史变革，中华民族迎来了从富起来到强起来的伟大飞跃。"[②]

（二）坚持实事求是的基本要求

坚持实事求是，要把握好基础和关键。坚持实事求是，最基础的工作在于搞清楚"实事"。要做到坚持实事求是并非易事，其困难之处就在于我们要搞清楚的"实事"是错综复杂、变化多端的。这就要求我们

[①] 参见李克强：《政府工作报告——2023年3月5日在第十四届全国人民代表大会第一次会议上》，《人民日报》2023年3月15日；王文：《中国人民更加自信自强》，《人民日报》2022年11月4日；周人杰：《让现代化建设成果惠及全体人民》，《人民日报》2022年10月19日。

[②] 习近平：《在纪念马克思诞辰200周年大会上的讲话》，人民出版社2018年版，第13—14页。

必须不断对实际情况作深入系统而不是浅尝辄止的调查研究,使思想、行动、决策符合客观实际。而如果"情况不明决心大,心中无数点子多",就会像毛泽东所批判的:"老爷们既然完全不认识这个世界,又妄欲改造这个世界,结果不但碰破了自己的脑壳,并引导一群人也碰破了脑壳。老爷们对于中国革命这个必然性既然是瞎子,却妄欲充当人们的向导,真是所谓'盲人骑瞎马,夜半临深池'了。"[1]坚持实事求是,关键在于"求是"。"求是"即是"求真",就是探求真相、真知、真理,而真理就是"客观事物的内部联系,即规律性"。这就要求我们既要发现规律、认识规律,做到从真实情况出发,深入实际,透过纷繁复杂的诸多表象把握事物的本来面目,发现事物内部存在的必然联系和客观规律,也要把握规律、遵循规律,按照客观规律办事,提升分析和解决问题的科学性和有效性。

解放思想是实事求是的内在要求。解放思想就是打破僵化的思维观念束缚,使主观认知与发展变化的客观现实相统一,其实质就是我们党历来强调的实事求是。对此,邓小平在1980年的一次重要讲话中有过精辟的阐述:"解放思想就是要使思想和实际相符合,使主观与客观相符合,就是实事求是。"[2]要实事求是,必须首先解放思想,只有思想解放了,才能真正实事求是。实事求是必须和解放思想相统一,离开了解放思想就不可能实事求是,真正的实事求是就是在不断的解放思想中实现的,这就要求我们不断对实际情况进行深入的调查与研究,随时使我们的思想和客观相符合。历史与实践已反复证明,要想取得胜利,必须坚持实事求是;而要真正实事求是,必须首先解放思想。

---

[1] 《毛泽东文集》第2卷,人民出版社1993年版,第344页。
[2] 《邓小平文选》第2卷,人民出版社1994年版,第364页。

解放思想要防止走岔路。思想解放不是乱解放，也是有原则、有轨道的。解放思想的具体内容会随着形势的发展而有所变化，但无论在任何时候、任何情况下，都要使解放思想始终沿着实事求是的正确轨道前进，自觉地服从于实事求是、服务于实事求是，并最终体现为实事求是。解放思想若离开了实事求是，就必然成为思想和实际相脱离、主观和客观相分裂的胡思乱想，其实质都是对实事求是的背离，从而造成对党和国家事业的危害。

坚持实事求是就要始终坚持群众路线。群众路线是我们党的生命线和根本工作路线，是我们党站稳根本立场、制定正确决策和把握历史规律的重要工作方法。群众路线和实事求是的思想路线在本质上是统一的。首先，群众路线主张的"从群众中来、到群众中去"，坚持了马克思主义认识论和唯物史观的基本观点，集中体现了实事求是这一基本方法。其次，群众路线体现了马克思主义政党人民至上的根本政治立场。只有坚持这一立场，我们才能做到实事求是，才能把握历史前进的基本规律。只有按历史规律办事，我们才能无往而不胜。

（三）自觉做到实事求是

加强党性修养，树立正确的世界观人生观价值观。习近平同志指出："领导干部一定要加强党性修养，坚持一切以人民利益和党的事业为重，这是坚持实事求是的思想基础。敢不敢坚持实事求是，考验着我们的政治立场，考验着我们的道德品质，始终是领导干部党性纯不纯、强不强的一个重要体现。要做到实事求是，不仅要有正确的思想方法和工作方法，还必须有公而忘私和不计个人得失的品格。所以，领导干部必须带头加强党性修养，带头践行全心全意为人民服务的根本宗旨，为了人民利益敢于坚持真理、修正错误，自觉为党分忧、为国尽责、为民奉献，以坚强的党性来保证做到实事求是。"①因此，要自觉做到实事求是，就要坚持为了人民利益坚持真理、修正错误，要有光明磊落、无私无畏、以事实为依据、敢于说出事实真相的勇气和正气，及时发现和纠正思想认识上的偏差、决策中的失误、工作中的缺点，及时发现和解决存在的各种矛盾和问题，使我们的思想和行动更加符合客观规律、符合时代要求、符合人民愿望。

坚决反对和克服主观主义、形式主义、教条主义、官僚主义。坚持按客观规律办事，反对主观主义。唯物论要求我们，要坚持实事求是，就必须按照客观事物的本来面目来分析问题和解决问题，一切从实际出发。可以说，能否坚持实事求是，能否按客观规律办事，是决定我们的工作特别是领导工作有无主动权和得失成败的关键所在。坚持在"务实"上做文章，反对形式主义。习近平总书记指出："形式主义实质是主观主义、功利主义，根源是政绩观错位、责任心缺失，用轰轰烈烈的形式代替了扎扎实实的落实，用光鲜亮丽的外表掩盖了矛盾和问题。"②要从根本上破除形式主义，就必须始终坚持实事求是的工作要求，坚持问题导向，多注重一些内容，少在意一些形式，求真务实做实，踏踏实实做人。坚持理论联系实际，反对教条主义。在具体工作中，要坚持理论联系实际，具体问题具体分析，审时度势，因时而异，因势利导，因地制宜。也就是说，我们在认识事物的时候要始终坚持具体问题具体分析的基本原则，把分析问题和解决问题的整个过程都放到具体事物的具体条件中

---

① 习近平：《坚持实事求是的思想路线》，《学习时报》2012年5月28日。
② 中共中央党史和文献研究院、中央"不忘初心、牢记使命"主题教育领导小组办公室编：《习近平关于"不忘初心、牢记使命"论述摘编》，党建读物出版社、中央文献出版社2019年版，第189页。

去考察，避免教条主义的刻舟求剑思维方式。坚持自我革命，反对官僚主义。官僚主义最大的危害便是脱离群众。我们要充分认识到官僚主义作风的危害，持之以恒正风肃纪，坚决反对一切官僚主义。各级党组织要坚持以上率下，从自身做起勇于自我革命，自觉摒弃官僚主义的陈规陋习和错误思想，对那些敢于触碰纪律"红线"，特别是顶风违反政治纪律、政治规矩的党员干部严肃问责，使全体党员知敬畏、存戒惧、守底线，使党不断自我净化、自我完善、自我革新、自我提高，保持先进性和纯洁性。

注重调查研究。习近平同志指出："重视调查研究，是我们党在革命、建设、改革各个历史时期做好领导工作的重要传家宝。马克思主义的辩证唯物主义、历史唯物主义世界观和方法论，党的实事求是的思想路线，党的从群众中来、到群众中去的根本工作路线，都要求我们的领导工作和领导干部必须始终坚持和不断加强调查研究。只有这样，才能真正做到一切从实际出发、理论联系实际、实事求是，真正保持党同人民群众的密切联系，也才能从根本上保证党的路线方针政策和各项决策的正确制定与贯彻执行，保证我们在工作中尽可能防止和减少失误，即使发生了失误也能迅速得到纠正而又继续胜利前进。"[①] 从根本意义上讲，调查研究的过程就是实事求是的过程。做好调查研究，就必须着眼实际，勤于实践，要解放双脚，走出屋子，眼睛向下，深入群众和实地调研，从而真正掌握更贴合实际的信息和情况。做好调查研究，就必须全面深入，不可马马虎虎，走走过场，流于形式。要始终秉持实事求是的基本原则，坚持以问题为导向，在调查研究过程中不断地发现问题、分析问题和解决问题。做好调查研究，关键是要做到"心至"。所谓"心至"，就是要心里真正装着

---

① 习近平：《谈谈调查研究》，《学习时报》2011年11月21日。

老百姓，真心实意体民情、询民意、解民忧，急老百姓之所急，想老百姓之所想，切实地去了解和解决老百姓的困难和需求。

真抓实干，注重实效。"空谈误国，实干兴邦。"习近平同志指出："我们的所有成就，都是干出来的。这里的关键，就是始终注重抓落实。如果落实工作抓得不好，再好的方针、政策、措施也会落空，再伟大的目标任务也实现不了。因此，抓落实是领导工作中一个极为重要的环节，是党的思想路线和群众路线的根本要求，也是衡量党员领导干部世界观正确与否和党性强不强的一个重要标志。"[①] 要自觉做到实事求是，就要发扬钉钉子精神，要把钉钉子精神落在谋实事、出实招、求实效上。钉钉子往往不是一锤子就能钉好的，而是要一锤一锤接着敲，直到把钉子钉实钉牢；钉牢一颗再钉下一颗，不断钉下去，必然大有成效。很多时候，有没有新面貌，有没有新气象，并不在于制定一打一打的新规划，喊出一个一个的新口号，而在于结合新的实际，用新的思路、新的举措，脚踏实地地把既定的科学目标、好的工作蓝图变为现实。因此，要坚持"一分部署，九分落实"。要以踏石留印、抓铁有痕的劲头，切实干出成效来，做到言必信、行必果。任务一经确定，就要一步一个脚印、稳扎稳打向前走，不断积小胜为大胜。

思考题

1. 如何理解物质的唯一特性是客观实在性？
2. 为什么说实践是人类的存在方式？
3. 结合实际，谈一谈如何自觉做到实事求是。

---

① 习近平：《关键在于落实》，《求是》2011年第6期。

第三讲
辩证观点与辩证思维

唯物辩证法的本质是批判的和革命的。对立统一规律是唯物辩证法的本质与核心。对立统一规律和唯物辩证法的一系列基本范畴组成的规律体系，从各个角度和层面揭示了事物存在和发展变化的规律和机制，对于我们提高照辩证法办事的能力具有重要意义。

一、唯物辩证法的批判性和革命性

马克思在《资本论》第1卷第2版的跋文中指出："辩证法在对现存事物的肯定的理解中同时包含对现存事物的否定的理解，即对现存事物的必然灭亡的理解；辩证法对每一种既成的形式都是从不断的运动中，因而也是从它的暂时性方面去理解；辩证法不崇拜任何东西，按其本质来说，它是批判的和革命的。"[1] 这段话精辟地阐明了唯物主义辩证法的批判的和革命的本质。

（一）马克思主义辩证法的批判性揭示了所有客观事物存在的条件

传统的形而上学观念将世界划分为绝对对立的经验世界和理念世界，认为在变动不居的现象中是无法获得事物的本质认识的，只能得到因人

---

[1] 《马克思恩格斯文集》第5卷，人民出版社2009年版，第22页。

而异的不同意见，主张到事物的本质中去寻找永恒不变的绝对真理。唯物辩证法则破除了这种所谓的永恒真理观，认为万物皆流、无物常驻，所有的经验世界的存在都是有条件的，都有其产生的前提，同样也都有其存在的界限，都作为一定的过程而存在，也就是说都有一个产生、发展和灭亡的历史，世界不过是过程的集合体而已。恩格斯在《路德维希·费尔巴哈和德国古典哲学的终结》中指出："这种辩证哲学推翻了一切关于最终的绝对真理和与之相应的绝对的人类状态的观念。在它面前，不存在任何最终的东西，绝对的东西、神圣的东西；它指出所有一切事物的暂时性；在它面前，除了生成和灭亡的不断过程、无止境地由低级上升到高级的不断过程，什么都不存在。"[①] 无论是理论认识、自然事物还是社会历史都概莫能外，从来不存在所谓的绝对性永恒存在和终极真理。从理论认识方面来说，并不存在放之四海而皆准的终极真理。即使如欧氏几何的一系列公理，也是具有一定条件性的相对真理。以三角形内角和为例，"三角形内角和等于180度"这一结论只有在平面几何中才成立，即其真理性的条件是同一平面范围，超出了这个条件就失去了真理性。

在自然领域中，所有客观事物都是在时间中不断展开着的存在，也必然会随着时间流逝而不断变化。所有现存的事物在产生之前都是最终要毁灭的，其必然会超出自己存在的界限。因此，所有客观事物都只是具备历史的合理性，是有条件的历史性存在。

人类历史亦是如此。每一个历史阶段都是在既有的前提下生成，也必然会随着历史的发展超越自己存在的界限，最终丧失存在的条件而走向灭亡。马克思在《〈政治经济学批判〉导言》中指出："无论哪一个社

[①]《马克思恩格斯文集》第4卷，人民出版社2009年版，第270页。

会形态在它所能容纳的全部生产力发挥出来以前,是决不会灭亡的;而新的更高的生产关系,在他的物质存在条件在旧社会的胎胞里成熟以前,是决不会出现的。"①

(二)马克思主义辩证法的革命性阐明事物发展永无止境的过程性

马克思指出:"辩证法在对现存事物的肯定的理解中同时包含对现存事物的否定的理解,即对现存事物的必然灭亡的理解"②。相对于形而上学的固定的僵化的思维方式,辩证法指明了现存事物的自我否定、不断革命、超越自身的革命逻辑。辩证法的这种革命性,实质上是一种范式转换,新的范式能够容纳和保存旧的范式运动中的所有积极成果,其中蕴含着不断发展的进步的历史过程。

形而上学的思维方式基于彼此二分、绝对对立的世界观,是不可能容忍"对现存事物的肯定的理解中同时包含对现存事物的否定的理解",当然也就不可能接受革命性的辩证法逻辑。对于形而上学思维方式的局限性,恩格斯在《社会主义从空想到科学的发展》中指出:"形而上学者看来,事物及其在思想上的反映即概念,是孤立的、应当逐个地和分别地加以考察的、固定的、僵硬的、一成不变的研究对象。他们在绝对不相容的对立中思维;他们的说法是:'是就是,不是就不是;除此以外,都是鬼话'。"③因此,如果对于一个僵化静止不变的事物进行分析,形而

---

① 《马克思恩格斯文集》第 2 卷,人民出版社 2009 年版,第 592 页。
② 《马克思恩格斯选集》第 2 卷,人民出版社 1972 年版,第 218 页。
③ 《马克思恩格斯文集》第 3 卷,人民出版社 2009 年版,第 539—540 页。

上学的思维方式，也许还能够发挥其本质主义追问方式的功能，但是对于一个不断处于运动变化过程的客观世界来说，其想要给出合理的解释和说明，很显然是无能为力的。

正如恩格斯所指出的："形而上学的考察方式，虽然在相当广泛的、各依对象的性质而大小不同的领域中是合理的，甚至必要的，可是它每一次迟早都要达到一个界限，一超过这个界限，它就会变成片面的、狭隘的、抽象的，并且陷入无法解决的矛盾，因为它看到一个一个的事物，忘记它们互相间的联系；看到它们的存在，忘记它们的生成和消逝；看到它们的静止，忘记它们的运动。"[①] 恰恰相反，辩证法深刻揭示了所有客观事物存在的历史性和条件性，揭示了其内在蕴含着存在的有限性和条件性。这也意味着，事物在自我肯定的同时也在进行着自我否定，一旦超越了自身存在条件的界限，就必然产生彻底自我否定和自我革命，上升到一个更高的阶段，从而呈现为一个不断发展的过程。

在理论领域是如此。库恩《科学革命的结构》以范式理论说明了科学革命的逻辑，认为范式就是在一定时期内规定着科学发展的范围与方向的基本思维方式。在范式之内科学家们可以不断地丰富和完善理论体系，解决难题或消除疑点，但是，随着观察与实验的深入，科学研究必须不断地揭示意料之外的新现象，逐渐发现原有范式解决不了的难题，这个时候就必然通过范式转换实现科学的革命。例如，欧氏几何从古希腊时代一直被认为真理体系，但是遇到了不断涌现的曲面问题，平行线公理和其他公理失去了真理性，所以后来才有了黎曼几何、罗氏几何等非欧几何的科学革命，对欧氏几何进行了范式转换。这种方式转换并不是抛弃了欧氏几何所有的成果，而是把欧氏几何作为自己的一个特例，

[①] 《马克思恩格斯文集》第 3 卷，人民出版社 2009 年版，第 540 页。

即在平面的条件下而得以保留。非欧几何能够解释和说明欧氏几何的所有问题，欧氏几何只能部分解释和说明非欧几何的问题。从这个意义上来说，非欧几何对欧氏几何实现了革命。

社会历史领域也是如此。例如，工资作为可变资本是用来购买劳动力的部分，以换取劳动力可以创造剩余劳动的使用价值。如果遇到了经济危机，工厂破产，工人失业，那么按照资本的逻辑，工人没有成为雇佣工人，不提供创造剩余劳动的使用价值，是不是就不该获得生活资料呢？但是，如果工人不能够获得生活资料，那么后果是什么呢？没有消费就没有生产，资本通过不断生产榨取剩余价值的增殖的需要就不能够得到满足和维持。资本主义为了肯定资本逻辑的存在，就不得不引进自己的对立面，例如救济制度或者其他的福利安排。资本主义为了肯定自身，而不断容纳了自己的否定因素。这样的结果正如《共产党宣言》所指出的："资产阶级的灭亡和无产阶级的胜利是同样不可避免的。"[①]

（三）马克思主义的辩证法的实践性指明了人类解放历史运动的现实性

马克思在《关于费尔巴哈的提纲》中指出："从前的一切唯物主义（包括费尔巴哈的唯物主义）的主要缺点是：对对象、现实、感性，只是从客体的或者直观的形式去理解，而不是把它们当作感性的人的活动，当作实践去理解，不是从主体方面去理解。因此，和唯物主义相反，能动的方面却被唯心主义抽象地发展了，当然，唯心主义是不知道现实的、感性的活动本身的。"费尔巴哈"在《基督教的本质》中仅仅把理论的活

---

① 《马克思恩格斯文集》第 2 卷，人民出版社 2009 年版，第 43 页。

动看做是真正人的活动，而对于实践则只是从它的卑污的犹太人的表现形式去理解和确定。因此，他不了解'革命的'、'实践批判的'活动的意义"①。马克思的这一经典论断既是对一切旧形而上学的批判，也阐明了唯物辩证法的实践本质。实践的观点是马克思主义哲学首要的、基本的观点。正是基于实践范畴，马克思实现了自然主义和人道主义、自然观和历史观、唯物主义和辩证法的内在统一，从而超越了包括费尔巴哈在内的旧唯物主义和黑格尔的概念辩证法，实现了哲学的革命。

历史是在自我批判和自我革命的辩证法中，不断自我展开和自我生成的过程。整个人类社会历史，不过是在生产力和生产关系的交互作用中，在人与自然的矛盾和人与人的矛盾的斗争中，不断通过创造性的历史实践而自我诞生和不断生成的过程。正如马克思、恩格斯在《德意志意识形态》中所指出的："历史不外是各个世代的依次交替。每一代都利用以前各代遗留下来的材料、资金和生产力；由于这个缘故，每一代一方面在完全改变了的环境下继续从事所继承的活动，另一方面又通过完全改变了的活动来变更旧的环境。"②人们通过实践不断创生着人与自然的关系，同时也在创生着人和人的关系。正是在生产力和生产关系的辩证运动中，不断实现着自我革命和社会革命，在批判旧世界中发现新世界，最终走向自由人联合体。

共产主义作为人类解放的历史运动，充分体现了辩证法的实践本质。正如马克思、恩格斯在《德意志意识形态》中所指出的："实际上，而且对实践的唯物主义者即共产主义者来说，全部问题都在于使现存世界革命化，实际地反对并改变现存的事物。"共产主义就是实践唯物主义，也

---

① 《马克思恩格斯文集》第1卷，人民出版社2009年版，第499页。
② 《马克思恩格斯文集》第1卷，人民出版社2009年版，第540页。

就是在实践中不断革命的辩证法逻辑，指明了人类解放的现实路径和历史道路，从而超越了空想社会主义的虚幻性和概念辩证法的封闭性，破除了"历史终结论"。按照辩证法的逻辑，"历史同认识一样，永远不会在人类的一种完美的理想状态中最终结束；完美的社会、完美的'国家'是只有在幻想中才能存在的东西。"[①] 因此，"共产主义对我们来说不是应当确立的状况，不是现实应当与之相适应的理想。我们所称为共产主义的是那种消灭现存状况的现实的运动。这个运动的条件是由现有的前提产生的。"[②]

可见，人类解放是一个按照辩证法不断自我批判和自我革命的历史过程，不要寄希望毕其功于一役，也不要认为是遥不可及的虚无缥缈的乌托邦。正如马克思在《〈黑格尔法哲学批判〉导言》中所说的："批判的武器当然不能代替武器的批判，物质力量只能用物质力量来摧毁。"[③] 正是在革命性实践中，人类才不断从必然王国走向自由王国。

二、唯物辩证法的基本规律

对立统一规律揭示了事物联系和发展的源泉和动力，是唯物辩证法的核心和本质。矛盾是客观事物本身所固有的既对立又统一的本性及其在人们头脑中的正确反映。对立统一规律中的内外因辩证关系原理，矛

---

① 《马克思恩格斯文集》第 4 卷，人民出版社 2009 年版，第 270 页。
② 《马克思恩格斯文集》第 1 卷，人民出版社 2009 年版，第 539 页。
③ 《马克思恩格斯文集》第 1 卷，人民出版社 2009 年版，第 11 页。

盾的普遍性与特殊性关系原理以及矛盾发展的不平衡性原理，在此基础上提出的"两点论""重点论"，都是辩证思维应遵循的重要原则。

对立统一规律可以从四个方面具体把握。

（一）矛盾的同一性和斗争性原理

矛盾的同一性是指矛盾双方相互联系、相互吸引的性质和趋势。这就是说，两者相互依存，相互渗透，共处于一个统一体，并在一定条件下相互转化。矛盾的斗争性是指矛盾双方相互分离、相互排斥的性质和趋势。矛盾的同一性和斗争性是相互联系相互制约的。同一性的作用是保持事物相对稳定，矛盾双方在互相利用、促进中得到发展，规定事物发展方向——向对立面转化。斗争性的作用是矛盾双方发展和转化的决定性力量。同一性和斗争性相互结合，共同推动事物的发展。这个原理教导我们要摒弃"非此即彼""顾此失彼"的形而上学思维方式，树立"亦此亦彼"的辩证思维方式，要在对立中看到统一，在统一中看到对立，在矛盾对立面的统一中把握它的每一个方面。

矛盾的同一性和斗争性原理的方法论意义在于：要努力寻求一种使矛盾双方协调共存、共同发展的解决方法，"求同存异"，达到"双赢"或者多赢的结果。

（二）矛盾的普遍性和特殊性原理

矛盾的普遍性即共性，指矛盾无处不在，无时不有。特殊性即个性，指具体事物所包含的矛盾及每一矛盾的各个方面都有其特点。两者相互区别、相互依存、相互联结，一定的条件下还可以相互转化。从理论上看，矛盾普遍性和特殊性关系的原理是矛盾学说的精髓，是掌握唯物辩证法的关键。只有弄清了这一原理，才能掌握矛盾分析的方法，正确地认识事物、解决矛盾。从实践上看，矛盾普遍性和特殊性辩证关系的原理，是中国特色社会主义建设的重要哲学依据。只有弄清了这一原理，才能更加深刻地理解和运用马克思主义基本原理。从认识论上看，矛盾的普遍性和特殊性辩证关系原理既是科学的认识方法，也是科学的工作方法、领导方法的哲学基础。学习这一原理，有利于我们领会这些科学方法的精神实质，并在实践中加以应用。

矛盾的普遍性和特殊性原理的方法论意义在于以下两点。其一，普遍性与特殊性、共性与个性的原理是理论和实践相结合的理论根据。理论是从具体实践中总结和概括出来的普遍性的东西，具有共性，而具体实践相对来说表现为个性、特殊性。普遍性与特殊性、共性与个性的原理是把马克思主义的基本原理与中国具体实践相结合这一基本原理的哲学基础。其二，普遍性与特殊性、共性与个性的原理又是科学的领导方法和工作方法的哲学基础。我们党所倡导的"群众路线""典型分析"等一系列领导方法和工作方法，就是普遍性与特殊性、共性与个性辩证关系原理的具体体现。

（三）主要矛盾和次要矛盾、矛盾主要方面和矛盾次要方面关系的原理

在复杂的矛盾系统中，矛盾可分为主、次矛盾。主要矛盾是指居于支配地位，对事物的发展起决定性作用的矛盾。次要矛盾是指处于服从地位，对事物发展不起决定作用的矛盾。主要矛盾在矛盾体系中起主导作用，它制约着次要矛盾。次要矛盾影响主要矛盾。主要矛盾和次要矛

盾在一定条件下可以相互转化。同时，矛盾的两个方面还有主、次之分。矛盾的主要方面是指处于支配地位、起主导作用的方面。矛盾的次要方面是指处于被支配地位的方面。矛盾的主要方面支配次要方面，事物的性质主要由矛盾的主要方面决定。矛盾的次要方面也影响、制约矛盾的主要方面。矛盾的主、次双方在一定条件下可以易位，在这种情况下，事物的性质会发生变化。

辩证法的两点论，就是在研究复杂事物的发展过程中，既要看到主要矛盾和矛盾的主要方面，又要看到次要矛盾和矛盾的次要方面。辩证法的重点论，就是在研究复杂事物的发展过程时，要着重把握主要矛盾和矛盾的主要方面，而不是把二者等量齐观、平等对待。如果不抓住重点，甚至否认重点，而把各种矛盾和矛盾的两个方面平均看待，就变成了形而上学的均衡论。一点论和均衡论在理论上都是错误的，在实践上都是有害的。

主要矛盾和次要矛盾、矛盾主要方面和矛盾次要方面关系原理的方法论意义在于：看问题既要全面把握，又要善于分清主流和支流。事物的性质主要是由矛盾的主要方面所规定的。因此我们要正确认识事物，要把握事物的本质，就必须分清矛盾的主要方面和次要方面，着重把握矛盾的主要方面。看问题要分清主次，决不意味着可以忽视矛盾的次要方面。矛盾主、次方面相互依赖、相互影响，并且在一定条件下可以相互转化。因此我们要正确认识事物，对矛盾的次要方面也不能放任自流不加控制，要防止它影响和改变事物的性质。

（四）内因和外因关系的原理

内因是事物的内在矛盾，外因是事物之间的相互作用和相互影响。内外因的区分是就具体事物而言的，是相对的。内因是事物发展的根本原因、第一位的原因。因为它是事物发展的自身的内在根据，归根到底决定着事物发展方向、速度以及外因作用的效果大小，外因通过内因而起作用。外因是事物发展的条件，是第二位原因，它影响事物发展的方向、速度和具体过程，在一定条件下起着特殊重要的作用。事物发展是内因和外因综合作用的结果。

内因和外因关系的原理的方法论意义在于：这一原理是我们党和国家独立自主、自力更生的方针和对外开放政策的重要哲学根据。一是以中国式现代化全面推进中华民族伟大复兴，首先要搞好党的自身建设，就要依靠自己制定的路线方针政策的正确性、人民群众的力量和社会主义制度的优越性这些内在因素。这是把党建设好，把国家建设好的关键。二是同时也要利用外部条件和环境，坚持对外开放，大力引进和吸收国外先进科学技术、经验、现代管理方法和人类文明一切优秀成果，以促进中国式现代化事业迅速发展。

三、唯物辩证法的基本范畴

范畴就是基本概念，是人的思维对事物、现象普遍本质的概括和反映，从不同侧面揭示了事物普遍联系和发展的基本环节。唯物辩证法的基本范畴主要由五对矛盾关系组成：一是现象与本质，二是必然和偶然，三是原因和结果，四是可能与现实，五是内容和形式。它们都是成双成对的矛盾关系，主要是从不同侧面揭示事物的联系和发展，是普遍的辩证关系的反映，适用于一切领域，对于我们辩证地看问题、办事情、作决策具有重要的方法论意义。

（一）现象和本质

现象和本质是揭示事物的外部表现和内部联系相互关系的范畴。现象是指事物的外部联系和表面特征，是事物的外在表现。现象是外在的、丰富多彩的、变动不居的、凭借感觉感知的。本质是指事物的根本性质，是组成事物基本的内在联系。本质是内在的、比较深刻的、相对稳定的、凭借理性思维把握的。本质具有多层次、多等级的特点——一级本质、二级本质……从不甚深刻的本质到比较深刻的本质和规律。两者的辩证关系是：本质通过现象表现出来，现象是本质的外在表现。两者既是相互区别的，又是相互统一的。

现象和本质的方法论意义在于：我们要坚持客观地观察问题，切忌浮躁、跟风跑，防止拍脑门决策。要善于从规律层面思考问题，不能跟着感觉走。要善于求真务实，注意区别真相和假象，层层深入地认识和把握事物的本质和规律。要注重深入调查研究，掌握真实情况，防止被假象蒙蔽。

（二）必然和偶然

必然性是指客观事物联系和发展中合乎规律的、一定要发生的、确定不移的趋势。偶然性是指客观事物联系和发展中并非确定发生的、可以出现也可以不出现的、可以这样出现也可以那样出现的、不确定的趋势。二者的辩证关系是：两者既相互区别，又相互联系。必然性存在于偶然性中，通过大量的偶然性为自己开辟道路。偶然性体现并受必然性的制约，是必然性的表现形式和补充。一定条件下两者可以转化。

必然性和偶然性范畴的方法论意义是：既要注意把握事物发展的必然趋势，还要着力研究偶然性问题。既要把握机遇，规避风险，还要从宏观战略高度对偶然的突发事件进行研究，偶然性对事物的发展趋势和方向有的时候可以有重大的影响。

（三）原因和结果

原因和结果是揭示事物或现象间普遍联系和相互作用的哲学范畴。原因是指引起一定现象的现象，结果是指由原因起作用而被引起的现象。事物或现象之间这种引起或被引起的关系，就是因果关系。因果关系往往是有时间顺序，前因后果是因果关系的一个特点。但有时间顺序的不一定是因果关系。因果关系的本质规定和根本特征是事物之间的引起和被引起的关系。所以判断两个现象之间有无因果关系，不是仅仅看它们有无时间的顺序性，而是看它们之间是不是引起和被引起的关系。"在此之后，并不一定是因此之故。"两者的辩证关系是：其一，原因和结果的区分既是确定的又是不确定的；其二，在事物的发展过程中，原因和结果又是相互转化、互为因果的；其三，原因和结果的关系是复杂多样的，要超越线性因果而走向统计因果。

原因和结果范畴的方法论意义在于：要注意防止宿命论和神学目的论。宿命论不注意人的主观能动性，持一种机械的因果论、因果报应论。神学目的论认为上帝是世界的第一原因和最终目的。辩证的因果关系认为事物的终极原因是物质世界本身，是物质世界所固有的永恒运动和事物之间的相互作用，从而给科学预测提供了基础，使人们的活动更具有自觉性、预测性和调控性。

（四）可能和现实

现实指现在的一切事物、现象的实际存在，是对相互联系、变化发展的客观事实、现象的综合。可能指现实事物包含的预示事物发展前途的种种趋势，是潜在的、尚未实现的东西。可能性在一定条件下转化为现实，新的现实包含向更高阶段发展的可能性。缺乏一定的必要的条件，可能性是不会转化为现实的。要积极稳妥地创造由可能性转化为现实性的条件，但不能蛮干。两者的辩证关系是：其一，可能与现实相互区别；其二，可能与现实紧密相连；其三，可能与现实相互转化。还要注意区分可能性的不同情况：一是要区别可能性和不可能性；二是要区别现实的可能性和抽象的可能性；三是要区别有利的可能性和不利的可能性。

可能和现实范畴的方法论意义在于：一是要正确认识客观存在的各种可能性，特别是现实的可能性和有利的可能性；二是正确分析变可能为现实的条件，发挥主观能动作用，通过改变和创造条件，促进有利的可能性转化为现实。

（五）内容和形式

内容是指构成事物的一切要素的总和，也就是事物的各种内在矛盾，以及由它们所规定的事物的特性、成分、运动过程和发展趋势的总和。形式是指把内容诸要素统一起来的结构或表现内容的方式。两者的辩证关系表现为：内容与形式的关系不仅是对立统一的关系，而且是相互作用的关系。内容与形式是对立的统一。内容和形式是现实事物的内在要素和结构方式这两个不同方面，两者是对立的。同时，内容和形式又是相互依存的。任何内容都具有某种形式，离开了形式，内容就不能存在；任何形式都是一定内容的形式，离开了内容就没有形式。内容和形式又是相互作用的：其一，内容决定形式；其二，形式对内容有重大的反作用；其三，内容和形式相互作用，构成两者的矛盾运动。

内容和形式范畴的方法论意义：其一，内容决定形式。在观察处理问题时，必须要先注意事物的内容。其二，形式对内容有反作用。不能忽视形式，要善于选择、利用和创造适当的形式，促进内容的发展，把充实的内容和恰当的形式结合起来。

辩证思维是我们研究问题、分析问题、解决问题的一把金钥匙。它要求我们做到以下几点。一是要坚持"实事求是"的方法，要以事实为依据，要坚持在实事求是中解放思想，在尊重客观规律中发挥主观能动性，提出解决问题的科学对策，努力促进各项工作，推动科学发展。二是要坚持"一分为二"的方法，要善于从劣势中看到优势，从危机中看到机遇，从落后中看到潜力，才能真正研究提出解决问题的好思路、好办法。三是要坚持"对症下药"的方法，要坚持具体问题具体分析，善于区别不同情况，在发展变化中认识问题、观察问题、分析问题，找准症结，针对不同的问题采取不同的方法。四是要坚持"牵牛鼻子"的方法，研究重大问题，一定要善于抓住主要问题、抓住关键环节、抓住重点工作，做到纲举目张。五是要坚持"解剖麻雀"的方法，要深入基层，抓住典型突出、特色鲜明、具有代表性的问题进行深入调研，了解情况，分析原因，在典型中找出经验，找到解决问题的突破口和新对策。六是要坚持"弹钢琴"的方法，既要围绕中心工作来研究问题，又要研究与中心工作有关的其他工作、其他问题，既要吃透上情，又要把握下情，做到上下结合、一般和个别结合，胸怀全局、统筹兼顾，使各项工作稳妥有序、协调推进。

四、一切照辩证法办事

唯物辩证法是我们认识世界和改造世界的科学方法论。唯物辩证法要求用全面的观点而不是片面的观点看问题，用联系的观点而不是孤立的观点看问题，用发展的观点而不是静止的观点看问题，用"两点论"和"重点论"相结合的原则而不是"一点论"和"均衡论"的原则看问题。基于此，我们要推进党和国家事业深入发展，就必须照辩证法办事，坚持用全面、辩证、长远的眼光，在得与失的价值选择中正确处理手段和目的、局部和全局、当前和长远、重点和非重点等各种关系，站在战略和全局的高度处理问题，在不断应对风险挑战的伟大斗争中，走向中华民族伟大复兴的辉煌未来。

（一）全面贯彻新发展理念，实现发展的良性互动

党的十八届五中全会鲜明提出的"创新、协调、绿色、开放、共享"的发展理念，集中反映了我们党对经济社会发展规律认识的深化，极大地丰富了马克思主义发展观，是马克思主义辩证法的生动体现。

创新、协调、绿色、开放、共享的发展理念，相互贯通、相互促进，是具有内在联系的集合体，要统一贯彻，不能顾此失彼，也不能相互替代。创新发展体现了对经济规律认识和把握的深化，是新常态下着眼经济社会长远发展动力的战略抉择。协调发展旨在解决发展中的不平衡、

不协调、不可持续问题，进一步拓展发展空间、增强发展后劲，打牢共同富裕的基础。绿色发展既符合人类文明发展大势，又符合我国经济发展新常态，不仅关系当前，更决定长远。开放发展总结了国内外发展经验教训，抓住经济全球化时代发展的关键。共享发展指明发展价值取向，是充分体现社会主义本质和共产党宗旨、科学谋划人民福祉和国家长治久安的重要发展理念。

新发展理念揭示了发展本质上是一个遵循社会规律、不断优化结构、实现协调发展的过程。协调既是发展手段又是发展目标，同时还是评价发展的标准和尺度，是发展两点论和重点论的统一，是发展平衡和不平衡的统一，是发展短板和潜力的统一。坚持协调发展，学会"弹钢琴"，增强发展的整体性协调性，这是我国经济社会发展必须遵循的基本原则和基本规律。我们要善于"弹钢琴"，处理好局部和全局、当前和长远、重点和非重点的关系，着力推动区域协调发展、城乡协调发展、物质文明和精神文明协调发展，推动经济建设和国防建设融合发展。

新发展理念揭示了发展本质上是一个遵循自然规律、实现人与自然和谐共生的过程。人类社会发展活动必须尊重自然、顺应自然、保护自然，遵循自然发展规律，否则就会遭到大自然的报复。绿水青山就是金山银山，保护环境就是保护生产力，改善环境就是发展生产力。在生态环境保护上，一定要树立大局观、长远观、整体观，不能因小失大、顾此失彼、寅吃卯粮、急功近利。我们要坚持节约资源和保护环境的基本国策，像保护眼睛一样保护生态环境，像对待生命一样对待生态环境，推动形成绿色发展方式和生活方式，协同推进人民富裕、国家强盛。

贯彻新发展理念是新时代我国发展壮大的必由之路。新发展理念相互贯通、相互依存、相辅相成，体现了发展的整体性、协调性、平衡性、包容性、可持续性，形成了一个系统的发展理念体系。创新、协调、绿色、开放、共享的发展理念，主题主旨相通、目标指向一致，统一于"四个全面"战略布局和"五位一体"总体布局中，统一于坚持和发展中国特色社会主义的实践中，统一于以中国式现代化推进实现中华民族伟大复兴中国梦的历史进程中。新时代我们要深入贯彻落实新发展理念，将新发展理念全面贯彻到经济社会发展的全过程和全领域，实现发展的良性互动。

（二）正确处理中央和地方的关系，善于发挥两个积极性

全面贯彻新发展理念，加快构建新发展格局，着力推动高质量发展，必须统筹兼顾中央和地方的关系，善于发挥两个积极性，既坚持全国一盘棋，保证中央政令畅通、令行禁止，又支持地方因地制宜、创造性地开展工作。

首先，我国中央与地方的关系，是国家的全局性利益与地方的局部性利益，国家的全局性问题与地方的区域性问题之间的关系。统筹兼顾要处理好全局和局部的关系。要把全局作为我们考虑问题、研究问题、解决问题的出发点和落脚点。一方面，当全局利益与局部利益不可兼得时，要以局部服从全局，即谋大利、避大害，而不计局部一时一地之得失。"有所进有所退""有所为有所不为""将欲取之必先与之"等，说的就是这个道理。另一方面，照顾全局的同时，也要求对局部"统筹兼顾，全面安排"。全局由局部组成，全局的胜利要靠各个局部的共同努力。一般的局部对全局虽然不起主要的决定的作用，但是，如果多数局部失败了，全局也会起根本的变化。所以，指挥全局的人要善于调动一切局部的积极性为全局服务。在社会主义革命和建设时期，毛泽东把调动一切积极因素作为建设社会主义的一项基本方针，他说："统筹兼顾，各得

其所，这是我们历来的方针。"[1]处理所有问题，都要从对全体人民统筹兼顾这个观点出发。尤其是各级领导干部要坚持战略思维的方式，在中央和地方的关系上做到统筹兼顾，正确处理这一关系的目标和原则，是既要有体现全局利益，有利于解决全局性问题的统一性，又要有统一指导下兼顾局部利益，有利于解决区域性问题的灵活性；既要有维护国家宏观调控权的集中，又要有集中指导下赋予地方的必要的自主权，从而发挥中央和地方两个积极性。

其次，正确处理中央和地方的关系的关键是发挥中央和地方两个积极性。我们党历来十分重视处理好中央和地方的关系。改革开放以来，实行权力下放，地方积极性得到充分发挥，有力地推动了改革和发展。这是一条重要经验，应当充分加以肯定。但在这个过程中，也出现了一些新的矛盾和问题。有的地方和部门过多地考虑本地区、本部门的局部利益，贯彻执行中央的方针政策不力，甚至出现了上有政策、下有对策，有令不行、有禁不止的现象；应当由中央集中的则集中不够，某些方面存在过于分散的现象。我们既不允许存在损害国家全局利益的地方利益，也不允许存在损害国家全局利益的部门利益。在新形势下，必须更好地坚持发挥中央和地方两个积极性的方针。总的原则应当是：既要有体现全局利益的统一性，又要有统一指导下兼顾局部利益的灵活性；既要有维护国家宏观调控权的集中，又要在集中指导下赋予地方必要的权力。充分发挥中央和地方两个积极性，是国家政治生活和经济生活中的一个重要原则问题，直接关系到国家的统一、民族的团结和全国经济的协调发展。我们国家大、人口多，情况复杂，各地经济发展不平衡。赋予地方必要权力，让地方有更多的因地制宜的灵活性，发挥地方发展经济的

---

[1] 《毛泽东文集》第7卷，人民出版社1999年版，第186页。

积极性和创造性，有利于增强整个经济的生机和活力。同时，全国是一个有机的整体，中央必须制定和实施全国性的法律、方针、政策，才能保证总量平衡和结构优化，维护全国市场的统一，促进国民经济有序运行和协调发展。

最后，要始终做到两个维护。正所谓事在四方，要在中央。党中央有权威，党就有力。《中共中央关于加强党的政治建设的意见》中明确指出：坚持和加强党的全面领导，最重要的是坚决维护党中央权威和集中统一领导；坚决维护党中央权威和集中统一领导，最关键的是坚决维护习近平总书记党中央的核心、全党的核心地位。当前，面对更加艰巨繁重的历史任务，面对越加复杂的风险考验，坚决维护以习近平同志为核心的党中央权威和集中统一领导，不断增强"四个意识"，坚定"四个自信"，才能确保我们党团结带领人民有效应对重大挑战、抵御重大风险、克服重大阻力、解决重大矛盾，不断从胜利走向新的胜利。在风险挑战发生时坚决听从党中央的命令和指挥，树立全国一盘棋思想，这样才能有效破除主观主义和本位主义，消除各自为政的不利局面，建立起集中管理、统一高效、反应迅速、务实有力的应急管理机制，推动重大风险挑战的妥善解决。

（三）坚持自信自立，不断推进和拓展中国式现代化

人类社会发展具有普遍的规律性，同时由于每个国家和民族的历史文化传统、所处历史方位、面临的具体问题不同，发展的具体形式和具体道路又具有多样性。事实证明，人类历史上没有一个民族、一个国家可以通过依赖外部力量、照搬外国模式、跟在他人后面亦步亦趋实现强大和振兴。从现代化道路的生成规律来看，虽然不同的民族和国家在谋

求现代化的征程中存在着共性的一面，但由于各个民族和国家存在着诸多差异，在道路选择上也必定存在诸多差异。

党的二十大提出："从现在起，中国共产党的中心任务就是团结带领全国各族人民全面建成社会主义现代化强国、实现第二个百年奋斗目标，以中国式现代化全面推进中华民族伟大复兴"[①]。中国式现代化，是中国共产党领导的社会主义现代化，既有各国现代化的共同特征，更有基于自己国情的中国特色。

中国共产党人坚持守正创新，坚持科学社会主义基本原则同本国具体实际、历史文化传统、时代要求紧密结合，坚持问题导向，成功找到了一条适合中国国情的社会主义现代化道路，破解了落后国家如何建设社会主义的难题，推动党和国家事业取得历史性成就、发生历史性变革，科学社会主义在21世纪的中国焕发出新的蓬勃生机。我们坚持和发展中国特色社会主义，推动物质文明、政治文明、精神文明、社会文明、生态文明协调发展，开辟了一条与西方资本主义现代化不同的新道路，创造了人类文明新形态。

坚持独立自主走自己的现代化道路，既不意味着消灭文明的差异性，也不意味着抗拒其他文明的成果。任何一种文明中总有其有益之处，总有其值得别人借鉴之处。任何一种文明，也不可能囊括人类的全部智慧、解决人类面临的所有问题，总会有其不足之处。我们秉持开放包容的态度，积极学习借鉴其他文明的有益成果，思考其他文明与自身文明的关系，寻找文明交汇的契合点，将这些有益成果吸收进自身文明中来，最

[①] 习近平：《高举中国特色社会主义伟大旗帜　为全面建设社会主义现代化国家而团结奋斗——在中国共产党第二十次全国代表大会上的报告》，人民出版社2022年版，第21页。

终达到为我所用的目的。

在新征程上，我们推进和拓展中国式现代化，必须坚定不移走自己的路，坚持把国家和民族发展放在自己力量的基点上、把中国发展进步的命运牢牢掌握在自己手中，中国式现代化就一定能够永葆正确前进方向，最终到达中华民族伟大复兴的光辉彼岸。

思考题

1. 为什么说对立统一规律是唯物辩证法的本质与核心？
2. 选一对唯物辩证法的基本范畴，谈谈这对范畴的方法论意义。
3. 结合自身实际谈谈如何照辩证法办事。

第四讲
联系观点与系统思维

唯物辩证法认为，世界上的一切事物都处于普遍联系之中，系统是联系的一种存在形态。党的二十大报告指出："万事万物是相互联系、相互依存的。只有用普遍联系的、全面系统的、发展变化的观点观察事物，才能把握事物发展规律。"[①]马克思主义哲学肯定世界的物质统一性，坚持唯物主义一元论，同肯定物质世界的普遍联系，坚持科学的辩证法观点，是紧密结合在一起的。面对普遍联系的世界，我们必须坚持系统思维加以认识和改造。系统观念是具有基础性的思想和工作方法。在新时代新征程上，要坚持系统思维加强顶层设计，善于"抓重点""弹钢琴"，协同配合统筹推进各项工作。

---

① 习近平：《高举中国特色社会主义伟大旗帜 为全面建设社会主义现代化国家而团结奋斗——在中国共产党第二十次全国代表大会上的报告》，人民出版社2022年版，第20页。

一、世界普遍联系的系统性

唯物辩证法认为，世界上的一切事物都处在相互依存、相互制约、相互作用的普遍联系之中。对此，恩格斯有一段十分形象的描述："当我们深思熟虑地考察自然界或人类历史或我们自己的精神活动的时候，首先呈现在我们眼前的，是一幅由种种联系和相互作用无穷无尽地交织起来的画面"[①]。越深入考察，我们就越会发现事物普遍联系的多样性和复杂性，世界就越来越呈现出一个错综复杂的普遍联系的整体，体现了普遍联系的系统性。

知识链接："弹钢琴"

"弹钢琴"，是毛泽东对开展工作既要突出重点又要兼顾一般的形象概括。毛泽东认为，无论是干革命还是搞建设，在任何时期、

---

① 《马克思恩格斯选集》第3卷，人民出版社1995年版，第359页。

对任何单位负有主要领导责任的人，都必须对工作全面谋划，分清主次和轻重缓急，围绕解决主要矛盾抓全局。毛泽东曾形象地把围绕解决主要矛盾抓全局的工作方法比喻为"弹钢琴"。他在《党委会的工作方法》中指出："弹钢琴要十个指头都动作，不能有的动，有的不动。但是，十个指头同时都按下去，那也不能成调子。要产生好的音乐，十个指头的动作要有节奏，要互相配合。党委要抓紧中心工作，又要围绕中心工作而同时开展其它方面工作。……不能只注意一部分问题而把别的丢掉。凡是有问题的地方都要点一下，这个方法我们一定要学会。"

（一）联系的含义与特征

所谓联系，指的是事物、现象、过程之间以及它们内部诸要素、成分、阶段之间的相互影响、相互制约和相互作用。联系具有客观性、普遍性、多样性、条件性等特征。要把握好联系这个哲学范畴，首先必须理解这些特征。

第一，联系具有客观性。联系的客观性指联系是客观事物本身所固有的，是不以人的主观意志为转移的。按照与人的实践的关系来说，事物之间的联系可分为自在事物的联系与人为事物的联系。不仅自在事物之间的联系是客观的，就是人类实践活动创造的社会生活各个领域之间、各种事物之间的联系即人为事物之间联系也是客观的。可以说，只有客观的联系才是真实的联系。这就要求我们在实际工作中必须实事求是，坚持从实际出发，坚决反对用主观臆想的联系代替客观的真实的联系。

第二，联系具有普遍性。自然界中的各种事物和现象，从宏观的星系到微观的粒子，从无机界到有机界，都处于普遍的、复杂的联系之中。

人类社会是在同自然界相互作用中存在和发展的，是自然界长期发展的结果。人类社会的各个方面，从物质生活到精神生活的各个领域、各种现象之间，也都存在着密不可分的联系。任何事物只有在普遍联系中才能存在和发展，事物之间存在联系的普遍性，这是不以人的主观意志为转移的。联系的普遍性要求我们在实际工作中必须用普遍联系的观点分析、考察问题，反对孤立、片面的形而上学思维。

第三，联系具有多样性。物质世界是无限复杂的整体，这就决定了事物之间的联系及其形式也必然是多种多样的。总的来说，事物的联系可以分为内部联系与外部联系、本质联系与非本质联系、偶然联系与必然联系、主要联系与次要联系、直接联系与间接联系等。外部的、非本质的、偶然的联系对事物的发展只能起到加速或者延缓的作用。而事物内部的、本质的、必然的联系，却可以对事物的基本性质和发展趋向产生决定性的影响。联系的多样性要求我们对事物的联系进行具体分析。既然不同的联系在事物发展中起着不同的作用，那么，就要善于区分不同的联系，不能把各种联系等量齐观，否则，就无法揭示事物的本质及其规律。同时，又必须看到不同联系之间的辩证关系，不能把它们绝对对立起来。

第四，联系具有条件性。物质世界普遍联系的多样性，决定了任何事物都会受到周围事物具体的、历史的条件所制约。从这一点上说，唯物辩证法也是辩证的条件论者。所谓条件，就是指事物同其周围事物之间的关系，是对该事物存在和发展起到制约作用的一切因素的综合。唯物辩证法认为，一切事物的存在和发展都是有条件的。虽然条件对事物的性质和发展起不到主要的、决定性的作用，但是没有一定的条件，任何事物都不可能存在和发展；没有一定的条件，任何事情都办不成；没有一定的条件，任何事物也认识不了。这就要求我们想问题、做事情都要科学评价相关条件的作用，具体地分析客观条件与主观条件、有利条件与不利条件等。不顾条件办事情，往往是竹篮打水一场空；离开条件想问题，只能是空想一枕黄粱梦。唯物辩证法也认为，条件是可以改变的。经过人的主观努力，就有可能创造出原来并不具备的条件，也有可能变不利条件为有利条件。这就要求我们既不能坐等不具备的条件出现，也不能一厢情愿地等待不利条件转变为有利条件。当然，改变条件也是要具备一定的条件的。我们不可能主观任意地改变条件或者创造条件。只有在尊重客观规律的前提下，正确发挥人的主观能动性，我们才能更好地创造有利条件、改变不利条件，从而把事情做得更好。

（二）系统的含义与特征

联系与系统密切相关。事物的相互作用形成系统，系统是普遍联系中的系统，是联系的一种存在形态。作为哲学范畴的系统，是指由相互联系、相互作用的若干要素按一定方式组成，并同周围环境相互联系，相互作用的统一整体。系统性是事物的基本属性。"系统"这一概念，既古老又新颖。说它古老，是因为早在古希腊时期，哲学家德谟克利特就使用了"系统"这一术语，并且还著有《世界大系统》一书。说它新颖，是因为只是随着现代系统科学的产生和发展，"系统"这一概念才逐步被人们接受和使用。唯物辩证法立足于现代科学和实践发展的基础，是经过对形而上学世界观和方法论的否定而产生的新的世界观和方法论，是对普遍联系辩证把握的现代形式。系统具有整体性、结构性、层次性和开放性的特征，研究系统的这些基本特征，对于认识和解决各种系统问题具有重要的方法论意义。

第一，系统具有整体性的特征。系统的整体性是系统的本质特征，是指系统中的诸多要素作为一个相互联系的整体而起作用。它有两层含义，第一层是说系统作为一个整体，具有它的每个要素都不单独具有的性质和功能。系统的整体性能只存在于各个组成要素的相互联系、相互作用之中，各个孤立要素性能的总和不能反映系统的整体的性能。无论在自然界还是在社会生活中，整体的功能都不是其组成要素功能的简单相加。系统的整体性的第二层含义是说，作为系统组成部分中的要素，其性能受到该系统整体的影响和制约。要素作为系统的组成部分，并不是孤立地存在于系统之中，其与系统的其他要素存在着相互联系、相互作用。这就使得要素的性能与脱离这种联系时具有质上的不同。系统的整体性特征要求在我们处理问题、进行决策时，要立足整体、总揽全局，努力寻求实现整体功能和效益的最佳方案。

第二，系统具有结构性的特征。其中包括系统结构的有序性特征，以及系统内部结构优化趋向的特征。结构是系统中诸要素相互联系、相互作用的方式，其中包括要素相互间一定的比例、一定的秩序、一定的结合形式等。所谓系统结构的有序性特征，即系统内部结构具有层次等级式的组织化特征。系统内部诸要素之间构成层次等级式的结构，系统中的各个要素都保持其特定的位置和整体性功能，它们之间的相互作用和信息传递遵循一定的顺序和规则。系统并非由要素的任意结合而构成。当若干要素结合成为一个系统时，它们的功能也相互综合，这种综合可能使整体的功能大于各部分功能的总和，也可能小于它。合理的结构能促进功能的优化，不合理的结构则造成系统功能的内耗。只有通过结构的合理化才能实现系统功能的优化。系统的这种特征使得系统总是要朝着优化的方向调整，否则系统的存在和发展便难以持续。正因为如此，在世界上越是组织化程度高即系统性强的事物，其内部结构优化的程度也就越高。系统的结构性特征要求我们在实际工作中，要注重推动结构的合理化，从而实现系统整体功能的优化。

第三，系统具有开放性的特征。我们周围的一切事物、现象和过程都是自成系统并且又互为系统的。对一个特定的系统来说，其他诸系统则是该系统存在的外部环境。任何系统都要与外界环境进行物质、能量和信息的交流，否则这个系统就不可能创新，就没有生命力。系统的开放性要求我们在思考和决断问题时，要重视收集利用信息情报，重视事物的发展变化，克服思维的僵化封闭；要根据不断变化的环境、条件来改变自己的思维和决策。特别是面对严峻复杂的国际形势和巨大风险挑战，领导干部要具备宽阔的世界眼光，善于从国际范围来考虑国内问题，从国内范围来考虑本地区本部门的问题，从地区范围来考虑本单位、本部门的问题，在开放和学习中调整发展思路，作出最优决策。

二、系统思维的基本结构

系统思维就是在确认事物普遍联系的基础上，具体揭示对象的系统存在、系统关系及其规律的观点和方法。系统思维要求人们着眼于整体，运用系统理论的观点和方法认识事物，把认识对象作为具有一定结构和功能并且多方面相互联系的有机整体，在动态中探索和把握系统内部不同层次之间、系统与外部环境之间的相互作用和变化规律，坚持系统性的原则，实现系统整体功能的优化。通过科学揭示系统存在、系统特性、系统关系及其内在规律来认识系统和优化系统，系统思维在辩证唯物主义中取得了哲学表达形式。坚持系统思维要求我们要着眼整体，关注结构，保持开放，科学把握其作为进行分析与综合思维工具所蕴含的丰富内涵和所彰显的鲜明辩证品格。

（一）系统整体性思维

一般系统论的创始人贝塔朗菲，将系统定义为若干相互作用着的要素有机联系形成的整体，即系统是由要素组成，各个要素之间又是相互联系、相互影响的。所谓系统整体性思维，就是从整体出发认识和把握系统，使系统在整体上呈现的新的属性和功能的思维方式。系统的整体性并不是指各系统要素简单的叠加，而是指通过一定结构将各个要素有机联系起来，使系统的整体具备单个要素所不具备的新的属性和功能。整体性同时也是中国传统文化鲜明的思维特征。中国古代著作《易经》《尚书》提出了蕴含有系统整体性思维的阴阳、五行、八卦等学说。经典医著《黄帝内经》也把人体看作由各种器官有机地联系在一起的整体，主张从整体上研究人体的病因。

系统整体性思维要求主体在认识客观对象时，要从内部看到事物具有的整体性，认识到整体不等于各部分特征和作用的线性叠加，而是具有与部分完全不同的新特征和新性质，同时整体规定并限制部分的发展趋势。从外部看整体性原则要求主体必须从纵横交错、延续不断的发展网络和发展过程中考察客体，深刻认识对象同其他不同系统之间的关系。把系统整体性思维运用在现实社会实践活动中，就是要从事物的整体出发，弄清各个事物组成部分之间的相互联系相互作用，从事物的关联性上思考问题，不仅看到树木看到森林，更要看到森林之所以为森林的系统关联性。

（二）系统结构性思维

如前所述，系统中诸要素相互联系、相互作用的方式，包括要素相互间一定的比例、一定的秩序、一定的结合形式等形成系统结构。所谓系统结构性思维，就是从系统结构的角度去认识系统功能的思维方式。诚然，要素作为系统功能实现的基础固然重要，但是从要素到功能必须通过结构作为中介。系统结构一旦发生变化，系统特性与功能也将发生变化。自然界中石墨与金刚石同样都是由碳原子组成的，因结构不同导致性质迥异；人类社会中生产方式、交往方式、生产关系等制度性安排不同，社会状态及其发展和治理绩效大相径庭。因此系统结构性思维要求主体认识系统要素是按照怎样的结构模式联系在一起，以及如何实现互动互应的，重视系统间结构关系状态，通过结构调整实现系统整体功能的优化。

从系统结构性思维的角度来说，改革开放就是对社会资源进行的结构性调整，通过制度变革、资源整合和思想解放，让社会一切劳动、知识、技术、管理、资本等要素的活力竞相迸发，让一切创造社会财富的源泉充分涌流。具体体现在经济发展上，伴随着中国特色社会主义进入新时代，我国社会主要矛盾已经从人民日益增长的物质文化需要同落后的社会生产之间的矛盾，转化为人民日益增长的美好生活需要和不平衡不充分的发展之间的矛盾。"有没有"的问题已经得到了很好的解决，人民群众对美好生活的期待使得"好不好"的问题开始凸显。如何化解这一矛盾，党中央开始进行供给侧结构性改革。供给侧结构性改革重在"结构性"。习近平总书记曾特别强调"结构性"的重要："我们提的供给侧改革，完整地说是'供给侧结构性改革'，我在中央经济工作会议上就是这样说的。'结构性'三个字十分重要，简称'供给侧改革'也可以，但不能忘了'结构性'三个字。"[1]通过供给侧结构性改革，不仅可以减少无效和低端供给，扩大有效和中高端供给，增强供给结构对需求变化的适应性和灵活

---

[1]《习近平谈治国理政》第2卷，外文出版社2017年版，第252页。

性，更重要的是提高了全要素生产率，有效地解放和发展了社会生产力。

（三）系统开放性思维

系统不是封闭的孤立的事物，与外界的相互作用使得系统充满生机与活力。系统开放性思维认为凡是系统都是开放的，都要与外部环境进行物质、能量和信息的交换，从外界吸收负熵流，抑制系统内部的熵的增长，从而逐步从低级有序走向高级有序，实现系统自身的生存和发展。一般来说，一个系统发展的潜能往往是同它的开放性成正比例的，这就要求认识主体在对待特定的社会系统时，必须认识到其具有的两种基本向度：一是对于自然环境的开放，即与自然环境总是进行着物质、能量和信息的交换；二是对其他社会系统层面的开放，因为一个社会系统如果离开了与其他社会系统的相互作用，其自身也将无法生存和发展。中国共产党人始终坚持胸怀天下，自成立之日起就把为中国人民谋幸福、为中华民族谋复兴确立为自己的初心和使命。新时代的中国共产党人为中华民族伟大复兴营造良好外部环境，就是系统开放性思维的生动体现。

邓小平曾说过："任何国家要发达起来，闭关自守都不可能。我们吃过这个苦头，我们的老祖宗吃过这个苦头……长期闭关自守，把中国搞得贫穷落后，愚昧无知。"[①] 改革开放 40 多年来，中国坚持对外开放的基本国策，坚定奉行互利共赢的开放战略，不断以中国新发展为世界提供新机遇，推动建设开放型世界经济，更好惠及各国人民，实现了从封闭半封闭到全方位开放的伟大历史转折。人类社会发展实践表明，推动人类社会文明进步的力量只有在世界历史的意义上才可能真正存在，更

[①] 《邓小平文选》第 3 卷，人民出版社 1993 年版，第 90 页。

加美好的人类社会发展状态也只有在世界历史的意义上才可能真正实现。中国举起捍卫推动经济全球化的大旗，围绕"一带一路"倡议采取创建自由贸易区、建设亚洲基础设施投资银行等有利于推进全球经济治理的举措，事实上提供了一种开放包容、合作共赢的经济全球化新样态。

三、系统观念是具有基础性的思想和工作方法

思想方法是认识方法，工作方法是实践方法。有什么样的世界观就有什么样的方法论，以什么样的认识方法认识世界，相应地就会用什么样的工作方法改造世界。党和国家事业涉及经济、政治、文化、社会、生态文明等多个领域，各领域之间相互联系、相互作用，推进党和国家各项事业，绝不是某一领域的单打独斗，任何一个领域的发展都有可能牵动其他领域，同时也需要其他领域的密切配合，必须坚持系统观念统筹谋划与推进。习近平总书记指出："系统观念是具有基础性的思想和工作方法。"[①] 这一重要论断进一步丰富和发展了马克思主义科学方法论，彰显了马克思主义辩证法的实践品格，不仅具有深刻的理论创新意义，更具有深刻的实践指导意义；不仅体现出中国共产党人在发扬中国传统思想基础上坚持马克思主义系统观的思想自觉，更体现出把系统观念创造性运用于新时代中国特色社会主义事业的实践自觉。

所谓系统观念，是运用系统理论的观点和方法来认识事物，争取实现最优处理问题的思维方式，集中体现了人类社会在时代的条件下所达

[①] 《习近平谈治国理政》第 4 卷，外文出版社 2022 年版，第 117 页。

到的思维认识水平，是认识和改造世界的重要思想工具。系统观念是解决社会现实问题的有效方法，同时也是中国共产党百年奋斗历程的优良传统。坚持系统观念是新时代新征程的必然要求，我们要在工作中坚持系统观念，加强各项事业间的关联性、系统性、可行性研究，做到统筹考虑、全面论证、科学决策，更加注重各领域的相互促进、良性互动，形成推进党和国家各项事业的强大合力。

（一）系统观念是解决社会现实问题的有效方法

自然界和人类社会都是作为系统而存在的。马克思主义从社会生产实践出发，把人类社会看作一个由人口系统、自然环境系统、生产力系统、生产关系系统、上层建筑系统组成的大系统，并以此出发解释人类历史。恩格斯对人类历史与社会结构的关系曾有过这样一段描述："每一历史时代主要的经济生产方式和交换方式以及必然由此产生的社会结构，是该时代政治的和精神的历史所赖以确立的基础，并且只有从这一基础出发，这一历史才能得到说明。"[①] 人类社会是一个大系统，从社会结构出发理解和把握人类历史，说明在马克思主义创始人那里就已经将系统观念作为思想方法，运用于解决社会现实问题。

正如一般系统论的创始人贝塔朗菲所说："'系统'概念构成了一个库恩所说的新'范式'"。系统作为一个新的科学范式，"与经典科学那种分析的、机械的、单项因果关系的范式大不相同"，引起了"思想和世

[①] 《马克思恩格斯文集》第 2 卷，人民出版社 2009 年版，第 14 页。

界观的重新定向"。①所谓"范式",亦可称"规范""范型",主要指把握研究对象的概念框架的理论与方法论。建立在近代科学基础上的形而上学的思维方式,因在研究问题时局限于对事物进行孤立静止的分析,在面对复杂事物时便具有了不可避免的片面性。人类社会是一个大系统,社会大系统中的各个要素都处于不断地生成和变化中,社会现实问题往往体现为复杂的系统性问题。对此,想要合理应对并加以解决,必须坚持系统观念。中国改革开放的实践证明,改革是一项复杂的社会系统工程,系统观念是指导改革不可或缺的方法论武器。

(二)坚持系统观念是党百年奋斗历程的优良传统

中国共产党已走过百年奋斗历程。无论是在革命战争年代,还是在和平建设时期,党都重视坚持和运用系统观念。在井冈山时期,毛泽东立足系统观念,从整体上研究了当时国内军阀割据的形势,回答了红色政权为什么能够存在的疑问。在抗日战争时期,毛泽东坚持世界眼光,在整体上研究了国内外反法西斯战争的形势,分析敌我双方在战争中的基本要素,作出抗日战争是持久战的科学判断。在解放战争时期,毛泽东从全国革命整体形势出发,提出不计较一城一地的得失、以歼灭敌人有生力量为目标的战略,使解放战争取得了全面的胜利。系统观念在邓小平那里也有鲜明的体现。邓小平明确指出:"现代化建设的任务是多方面的,各个方面需要综合平衡,不能单打一",②必须用系统观念统

---

① 〔美〕贝塔朗菲著,林康义、魏宏森译:《一般系统论——基础、发展和应用》,清华大学出版社1987年版,第4页。

② 《邓小平文选》第2卷,人民出版社1994年版,第250页。

筹推进改革开放和社会主义现代化建设。

当代中国共产党人更加自觉地坚持和运用系统观念分析和解决问题。江泽民同志在纪念建党 70 周年的讲话中指出："我们的改革，是一项复杂的巨大的系统工程，包括经济、政治、教育、科技、文化体制等各方面的改革，需要相互协调，配套进行。"① 以江泽民同志为核心的党中央明确了经济建设、政治建设、文化建设"三位一体"的社会主义建设布局。以胡锦涛同志为总书记的党中央领导集体在此基础上确立中国特色社会主义"五位一体"总体布局，即统筹推进经济建设、政治建设、文化建设、社会建设、生态文明建设五个方面。从"三位一体"建设布局到"五位一体"总体布局的发展体现了党的指导思想的一脉相承和与时俱进，无论是"三位一体"还是"五位一体"都体现着鲜明的系统观念。党的十八大以后，以习近平同志为核心的党中央强调全面深化改革是一个复杂的系统工程、统筹推进"五位一体"总体布局、协调推进"四个全面"战略布局等等，这些都是系统观念的直接体现。

（三）坚持系统观念是新时代新征程的必然要求

未来五年是全面建设社会主义现代化国家开局起步的关键时期，同时我国的发展也进入了战略机遇和风险挑战并存、不确定难预料因素增多的时期。面对复杂多变的国际国内政治局面，必须坚持系统观念加以处理和应对。党的二十大报告首次系统阐明了习近平新时代中国特色社会主义思想的世界观和方法论，即"六个必须坚持"：必须坚持人民至上、坚持自信自立、坚持守正创新、坚持问题导向、坚持系统观念、坚

---

① 《江泽民文选》第 1 卷，人民出版社 2006 年版，第 162 页。

持胸怀天下。"六个必须坚持"构成相互联系、内在统一的有机整体。坚持系统观念是其中重要的一环。

面对错综复杂的国内外局面,必须坚持系统观念,为前瞻性思考、全局性谋划、整体性推进党和国家各项事业提供科学思想方法。我们要认识到全面深化改革的系统性特征,把握好全局和局部、当前和长远、宏观和微观、主要矛盾和次要矛盾、特殊和一般的关系,将广大人民群众的根本利益、全局利益、长远利益作为着力点,以满足人民日益增长的美好生活需要为根本目的,进行战略谋划和系统推进。我们要统筹兼顾、综合施策,既以目标为着眼点,又以问题为着力点,系统协调推进新时代中国特色社会主义建设事业。

四、坚持系统思维,加强顶层设计

习近平总书记指出:"全面深化改革是一项复杂的系统工程,需要加强顶层设计和整体谋划,加强各项改革关联性、系统性、可行性研究。"[1]"顶层设计"这一概念源自系统工程学,原本指运用系统论的方法,从系统全局和高端出发,对工程的各个层次、要素进行总体构想和战略设计。后来人们把这一理念引入社会科学领域,意在强调规划设计要突出整体战略和理性思维。在改革中强调"顶层设计",要求我们在改革中具备系统思维和全局视野,通过统筹考虑完善改革的整体思路、重点任务、关键领域和先后顺序等,从而全面系统、积极稳妥地推进改革。

---

[1] 《中共中央召开党外人士座谈会》,《人民日报》2013年11月14日。

（一）全面深化改革必须加强顶层设计

改革开放以来，我们不断推动中国特色社会主义建设，取得了举世瞩目的成就。加强改革的顶层设计，实际就是加强对未来中国改革的整体谋划，也是从人民的根本利益出发，对制约我国未来改革发展的全局性、关键性问题作出战略判断，提出解决的整体思路和框架，以此作为规范各类具体改革的标杆，作为制定具体改革政策的依据，从而最大限度地化解改革的阻力，降低改革的风险，确保改革的顺利推进。

党的二十大报告指出："从现在起，中国共产党的中心任务就是团结带领全国各族人民全面建成社会主义现代化强国、实现第二个百年奋斗目标，以中国式现代化全面推进中华民族伟大复兴。"[①] 推进中国式现代化需要坚持全面深化改革，加强顶层设计。中国式现代化是人口规模巨大、全体人民共同富裕的现代化，14亿多人民构成了一个整体。带领全国人民整体迈进现代化社会，最终实现共同富裕，需要坚持运用系统整体性思维、加强顶层设计加以谋划和解决。中国式现代化同时是物质文明和精神文明相协调、人与自然和谐共生的现代化。物质文明建设和精神文明建设内在统一于新时代中国特色社会主义建设全局中，是其中的两个基本要素；人与自然是生命共同体，内在统一于整个生态系统中，在一定程度上相互影响、相互制约。如何同时实现物质富足和精神富有，实现人与自然和谐共生，同样需要坚持运用系统结构性思维、加强顶层

---

① 习近平：《高举中国特色社会主义伟大旗帜 为全面建设社会主义现代化国家而团结奋斗——在中国共产党第二十次全国代表大会上的报告》，人民出版社2022年版，第21页。

设计加以谋划和解决。中国式现代化又是走和平发展道路的现代化。如何在坚定维护世界和平与发展中谋求自身发展，又以自身发展更好维护世界和平与发展、创造人类文明新形态，这也需要坚持运用系统开放性思维、加强顶层设计加以谋划和解决。

（二）顶层设计要坚持系统思维

"十四五"时期推动经济社会发展，有很多系统性工作摆在我们面前。对此，在进行顶层设计时，要坚持系统思维，坚持全国一盘棋，全面推进各领域各方面各环节现代化建设，全面系统、积极稳妥地推进改革。具体而言，要做到以下三点。

第一，顶层设计要坚持统筹兼顾。这是立足于系统整体性思维来说的。建设中国特色社会主义是按照统筹推进经济建设、政治建设、文化建设、社会建设、生态文明建设五个方面，即"五位一体"总体布局来进行的。这其中的任何一个方面都不可偏废。拿经济发展与生态保护的关系来说，我们不能走西方国家先污染后治理的老路，而是应该统筹经济建设与生态文明建设，兼顾经济发展与生态保护。人与自然是生命共同体，无止境地向自然索取甚至破坏自然必然会遭到大自然的报复。只有坚定不移走生产发展、生活富裕、生态良好的文明发展道路，才能实现中华民族永续发展。顶层设计要立足整体、总揽全局，努力寻求实现整体功能和效益的最佳方案。

第二，顶层设计要坚持优化结构。这是立足于系统结构性思维来说的。拿经济建设来说，经过改革开放40多年来的发展，中国成功融入世界经济的大潮，积极构建开放型经济新体制。与此同时，近年来，西方一些国家民粹主义盛行、贸易保护主义抬头，经济全球化遭遇逆流。新冠疫情影响广泛深远，逆全球化趋势更加明显。面对外部环境变化带来的新矛盾新挑战，党中央提出加快构建以国内大循环为主体、国内国际双循环相互促进的新发展格局。从系统的角度来说，国内循环和国际循环共同构成了经济循环系统，构建新发展格局实际上就是要推动结构的合理化，从而实现系统整体功能的优化。

第三，顶层设计要坚持兼收并蓄。这是立足于系统开放性思维来说的。开放带来进步，封闭导致落后，落后就要挨打。中国特色社会主义是一项前无古人的伟大事业，必须坚持博采众长，取长补短的原则，借鉴吸收国际共产主义运动和各国现代化建设中正反两方面的经验，不走封闭僵化的老路，始终以开放的姿态拥抱世界，为中华民族伟大复兴营造良好外部环境。同时，兼收并蓄并不意味着全盘接收，面对不同的信息也要提高鉴别能力，在顶层设计时要坚持以我为主、为我所用，坚持党对意识形态工作的领导权，坚决防范和遏制外部势力干预我国内政，不走改旗易帜的邪路。

思考题

1. 什么是联系的普遍性？
2. 结合具体事例，谈一谈为什么说系统观念是具有基础性的思想和工作方法。
3. 从唯物辩证法的角度谈一谈对党的二十大报告中"只有用普遍联系的、全面系统的、发展变化的观点观察事物，才能把握事物发展规律"这段话的理解。

第五讲
发展观点与创新思维

唯物辩证法认为，整个物质世界处于永恒的运动、变化和发展之中。恩格斯对此曾有一段十分形象的表述："整个自然界，从最小的东西到最大的东西，从沙粒到太阳，从原生生物到人，都处于永恒的产生和消逝中，处于不断的流动中，处于不息的运动和变化中。"[①] 发展的观点是唯物辩证法的一个基本原则和基本观点。世界在变，创新不变。创新和发展是密不可分的。在一定意义上可以说，创新就是发展，发展也就意味着创新。深入理解和掌握世界永恒发展的科学内涵和基本规律，洞悉发展的创新本质，有助于我们进一步提高创新思维能力，从而更好地适应这个变幻莫测的世界，在新时代新征程上再立新功，再创佳绩。

---

① 《马克思恩格斯文集》第9卷，人民出版社2009年版，第418页。

一、世界的永恒发展

唯物辩证法关于普遍联系和永恒发展的观点是密不可分的，是"最完备最深刻最无片面性的关于发展的学说"[①]。唯物辩证法肯定事物的普遍联系，就是承认世界万物的相互作用。事物的普遍联系和相互作用，必然导致事物的运动、变化和发展，并由此构成宇宙万物千变万化的生动图景。在世界的整体图景中，无论是自然界的进化、人类社会的变迁，还是人的思维变化，总体上都是不断由低级向高级发展的过程。

（一）运动、变化与发展

唯物辩证法肯定事物的普遍联系，承认世界万物的相互作用。恩格斯认为，自然界的各种物体"处于某种联系之中，这就包含了这样

---

① 《列宁选集》第2卷，人民出版社2012年版，第310页。

的意思：它们是相互作用着的，而它们的相互作用就是运动"①。作为哲学范畴的运动，就是指一般的变化，即宇宙中发生的一切变化和过程中所有的东西。运动是物质存在的方式，从位置移动到人类社会的变迁，以及人的思维的变化都属于运动。

就一般意义上来说，"运动"和"变化"是同等意义的概念。但是二者也有一定的区别，"运动"比"变化"更侧重于表述存在的一般方式，而"变化"则较侧重于强调运动中所产生的不同内容。变化既包括事物量的变化，也包括事物质的变化。它可以是上升的、前进的运动，也可以是下降的、倒退的运动。

唯物辩证法的"发展"范畴，就是在运动、变化的基础上进一步揭示物质世界运动的整体趋势和方向性的范畴。现实世界中的运动多种多样，但是有三种基本的方向：单一水平的转化、下降的运动以及上升的运动。发展就是指前进性、上升性运动，即由简单到复杂、由低级到高级的运动。作为哲学范畴的发展，是指事物由简单到复杂、由低级到高级的前进的、上升的过程。从这个意义上来说，同一事物的简单重复不是发展，事物数量的增减和位置的移动不是发展，事物由高级到低级的倒退的变化也不是发展，新事物代替旧事物的运动变化才是发展。

知识链接：辩证法

辩证法，出自希腊语，原意为谈话、论战的艺术。在西方哲学史上，辩证法这一术语曾在各种不同意义上被使用过。辩证法经历了三种基本的历史形态：古代朴素辩证法，以黑格尔为代表的唯心

---

① 《马克思恩格斯文集》第9卷，人民出版社2009年版，第514页。

辩证法和马克思主义的唯物辩证法。马克思主义的唯物辩证法是辩证法发展的全新的阶段，唯物辩证法是客观物质世界的发展规律和认识发展规律的正确反映。就其本质来说，它是批判的和革命的。它是无产阶级的世界观和方法论，是无产阶级认识世界和改造世界的锐利武器。

（二）发展的特征

唯物辩证法认为，整个物质世界处于永恒的运动、变化和发展中，物质世界的发展具有以下特征。

第一，物质世界的发展具有普遍性。世界上的一切事物，包括自然界、人类社会和人的思维活动都处在永恒的发展过程之中。生物进化论表明，我们面前的丰富多彩的生物世界，是由简单的生命个体经过漫长的演变发展的结果。现代地质学和天文学研究表明，我们居住的地球是由一个具有碳、氧、镁、铁、镍等元素混杂的物质球体逐渐发展的结果。各种社会科学的研究也表明，人类社会的现代文明也是由原始社会的渔猎文明演化发展的结果。思维科学的研究发现，今天人类高度的抽象思维能力也是由原始人类的模糊、直观、简单的认识能力逐渐进化发展的结果。

第二，物质世界的发展具有永恒性，事物的发展是一个过程。世界上的事物发展是永无止境的。所谓过程，就是指事物发生、发展和灭亡的历史。唯物辩证法认为，事物发展的整体方向和主导趋势是上升的、前进的运动，新事物必将战胜、取代旧事物，事物都是作为过程而存在的，世界是过程的集合体。对此，恩格斯曾作过生动的阐述："一个伟大的基本思想，即认为世界不是既成事物的集合体，而是过程的集合体，其中各个似乎稳定的事物同它们在我们头脑中的思想映象即概念一样都处在生成和灭亡的不断变化中，在这种变化中，尽管有种种表面的偶然性，尽管有种种暂时的倒退，前进的发展终究会实现。"①恩格斯把世界是"过程的集合体"看成"一个伟大的基本思想"，可见它在唯物辩证法体系中的重要地位。

认为世界是过程的集合体还是一成不变的事物的集合体，是辩证法与形而上学的根本分歧之一。世界是既成事物的还是过程的，是一成不变的还是发生发展的，对这些问题的不同回答构成了两种不同的世界观和方法论。辩证法的过程论思想颠覆了传统的形而上学所认为的世界是既成事物的集合体的思想。正如马克思在《资本论》第1卷第2版跋中指出的："辩证法，在其合理形态上，引起资产阶级及其空论主义的代言人的恼怒和恐怖，因为辩证法在对现存事物的肯定的理解中同时包含对现存事物的否定的理解，即对现存事物的必然灭亡的理解；辩证法对每一种既成的形式都是从不断的运动中，因而也是从它的暂时性方面去理解；辩证法不崇拜任何东西，按其本质来说，它是批判的和革命的。"②在辩证法看来，任何事物都有其产生、成长、灭亡的过程，没有永远存在的事物。自然界的一切事物的发展都是永无止境的，人类社会的一切领域的发展也是永无止境的，人的思维发展也是永无止境的。一切事物都处于发展过程之中，世界上不存在任何最终的、绝对的、永恒的东西。

唯物辩证法的过程论思想给我们提供了重要的方法论启示。建设中国特色社会主义是一项前无古人的事业，是一个很长的历史过程，这要求我们的思想和行动要符合客观的历史进程，在前进的道路上既不能缺乏信心、过于保守，又不能忽视客观条件、片面激进。具体而言要做

---

① 《马克思恩格斯文集》第4卷，人民出版社2009年版，第298页。
② 《马克思恩格斯文集》第5卷，人民出版社2009年版，第22页。

到以下两点：第一，要明确我国社会目前所处的历史方位和发展阶段。邓小平明确指出："社会主义本身是共产主义的初级阶段，而我们中国又处在社会主义的初级阶段，就是不发达的阶段。一切都要从这个实际出发，根据这个实际来制订规划。"[1] 社会主义初级阶段的主要任务就是解放和发展生产力，生产关系的调整必须同生产力的发展水平相适应，不能做超越生产力的发展水平的事情。第二，要对中国特色社会主义伟大事业充满信心。根据辩证法的逻辑，一切事物都处于发展过程之中，社会主义取代资本主义是历史的必然。马克思、恩格斯在《共产党宣言》中将其表述为"两个必然"：资本主义必然灭亡，社会主义必然胜利。为此，我们要树立共产主义远大理想和中国特色社会主义共同理想，信心百倍地投身于新时代中国特色社会主义事业。

二、发展的创新本质

恩格斯指出："所谓的客观辩证法是在整个自然界中起支配作用的，而所谓的主观辩证法，即辩证的思维，不过是在自然界中到处发生作用的、对立中的运动的反映。"[2] 根据唯物辩证法的观点，创新是对客观辩证法的主观反映和实际运用，发展是客观辩证法的一个实质内容，发展的本质就是创新。发展的实质是旧事物的灭亡和新事物的产生，创新体现着发展的实质和要求；事物的发展过程是质变和量变的统一，积累量

---

[1] 《邓小平文选》第 3 卷，人民出版社 1993 年版，第 252 页。
[2] 《马克思恩格斯文集》第 9 卷，人民出版社 2009 年版，第 464 页。

变、促成质变就是创新的应有之义；事物的发展是通过否定之否定从而获得进步的螺旋式上升和波浪式前进的过程，否定之否定规律蕴含着创新的精神。

（一）创新体现着发展的实质和要求

发展就是新事物代替旧事物的运动变化，发展的实质就是旧事物的灭亡和新事物的产生。这里就涉及哲学意义上新事物与旧事物的概念。所谓新事物，是指符合世界发展的客观规律和前进方向，具有强大生命力的事物。旧事物是指丧失了存在的必然性而日趋灭亡的事物。发展的实质要求我们在实际工作中树立创新思维，悉心培养、呵护新事物成长壮大，勇于用新事物代替旧事物。创新是创造性的破坏过程，它所破坏的是旧事物，创造的是新事物，本身体现着发展的实质和要求。

我们在以创新思维推动新事物代替旧事物时，必须注意到过程中的曲折性。新事物在最初出现的时候往往比较弱小，旧事物往往反而比较强大，对此我们要有充分的认识。拿社会领域来说，相比较于以往的社会制度，社会主义是一种新事物。社会主义符合人民群众的根本利益和要求，因而得到广大人民群众的拥护和支持，所以它必然会战胜资本主义。但是，正如毛泽东指出的："任何新生事物成长都要经过艰难曲折的，社会主义事业中，要想不经过艰难曲折，不付出巨大努力，总是一帆风顺，容易得到成功，这种想法，只是幻想。"[1]

社会主义作为一种新事物，在取代资本主义的过程中不是一帆风顺的，建设社会主义绝对不是轻轻松松、敲锣打鼓就能实现的。自 20 世纪

---

[1]《毛泽东文集》第 7 卷，人民出版社 1999 年版，第 220 页。

90年代以来，东欧剧变、苏联解体，国际共产主义运动陷入低潮，西方一些学者开始鼓吹"历史终结论"，提出人类历史将终结于资本主义，认为资本主义是人类历史中最后的制度。对于这种论断，我们要自觉运用唯物辩证法的立场观点方法加以驳斥。从唯物辩证法关于发展的观点来看，新事物取代旧事物并不是一蹴而就的，而是需要经过艰难曲折甚至循环往复的过程。在这个过程中，陷入一时的低谷绝对不意味着新事物的失败。我们必须看到，社会主义是对资本主义的超越和扬弃，社会主义取代资本主义是历史的必然。在马克思、恩格斯看来，资本主义社会中种种不公正、不合理现象产生的根源在于资本主义制度本身所具有的历史局限性，以及相对于社会主义的不平等、不自由以及人与人之间剥削与被剥削的关系，集中体现为生产条件和发展成果都不能由人民共享。

作为对资本主义经济制度的扬弃，建立在以生产资料公有制为主体基础上的中国特色社会主义经济制度实现了发展成果由人民共享，是符合人民群众的根本利益和要求的制度。对此，我们要坚定对中国特色社会主义的道路自信、理论自信、制度自信、文化自信，坚持中国特色社会主义不动摇，积极投身于建设中国特色社会主义伟大事业中，推动人类历史取得进步。

（二）推动事物实现质变是创新的应有之义

事物的发展以质量互变规律为主要内容的渐进性与飞跃性的统一。积累量变、推动事物实现质变是创新的应有之义。质和量是事物存在的最具有普遍性的规定，世界上一切事物都会有质和量这两种规定性的变化，即质变和量变。渐进性是指事物在量上发生的变化，是一种连续性的量变；飞跃性是指事物在质上的变化，是从旧质到新质的飞跃，是渐进过程的中断。事物不是处在量变之中，就是处在质变之中，整个世界就是质变和量变交织的活动过程。渐进性与飞跃性的统一是量变与质变辩证关系的体现。

任何事物都有质的规定性。作为哲学范畴，质是指事物成为它自身并区别于另一事物的内在规定性。世界上的事物之所以千差万别，就是因为他们各有自己特殊的质的规定性。事物的质是客观的，质与事物的存在是不可分割、直接同一的。事物的质保持着，该事物就存在着；事物一旦失去它特定的质，就不再是这一事物而变为另外的事物了。同时，质是一定事物的质，离开特定事物的质是不存在的。了解事物的质的规定性具有重要的方法论意义，把握事物的质是认识事物的起点和基础。只有正确把握事物的质，才能区别事物、划清事物的界限，掌握事物发展的特殊规律，从而找到解决各种事物矛盾的特殊方法，有效地认识和改造世界。

任何事物都有量的规定性。作为哲学范畴，量是指事物存在和发展的规模、程度、速度以及事物构成因素在空间上的排列等可以用数量或形状表示的规定性。比如，物体的大小、运动的快慢、分子中原子的多少和排列顺序、生产力的发展水平和配置等，都是事物量的规定性及其表现。事物的量的规定性也是事物本身所固有的，是客观存在的，同事物不可分离。量的规定性不同于质的规定性，质与事物的存在是不可分割、直接同一的。量却不是这样，在一定的范围内，量的增减并不影响某物之为某物。比如在一个标准大气压下，将温度30℃的水加热到60℃，水没有改变它作为水的质，水依然是水。区分事物的质是认识事物的开始，是认识量的前提，而由质进到量，则是对事物质的认识的深化。了解事物的量的规定性具有重要的方法论意义。无论做什么工作，都要在把握事物质的规定性的同时把握事物量的规定性，做到"胸中有数"。制订计划、指导建设时要注重综合平衡，注意各经济部门的比例关系，实现协调发展。

任何事物都同时具有质和量，都是质和量的统一体。质和量的统一，深刻地体现在"度"这个范畴中。作为哲学范畴，度是指一定事物保持自己质和量的限度，是和事物的质相统一的限量。度的两端都存在着关节点或临界点。关节点或临界点是一定质的事物所能容纳的量的活动范围的最高界限和最低界限。度就是关节点范围内的量变幅度。事物的量在度的范围内变化，事物不会发生质变。量变超出度的范围，事物就会发生质变。例如在一个标准大气压下，水的温度就是0℃到100℃。在这个温度范围内水保持液态，如果温度的变化突破度的两个关节点（0℃或100℃），水就会变成冰或水蒸气了。

事物的发展是由量变和质变两种状态构成的。量变是事物的量的规定性的变化，是事物数量的增减和场所的变更，是在度的范围内的连续的、逐渐的变化，表现为渐进性。日常见到的统一、相持、平衡、静止等，都是事物在量变过程中呈现的面貌。质变是事物的质的规定性的变化，是事物由一种质态向另一种质态的跃迁，是原有度范围内的连续和渐进的中断，表现为飞跃性。质变是对原有度的突破和超越。事物的分解、相持、平衡、静止等状态的破坏，就是事物处在质变过程中呈现的面貌。作为一个完整的发展过程，事物自身的发展必须有渐进性的量的积累，然后才有跃迁性的质的飞跃。

事物的发展过程是质变和量变的统一。量变引起质变，质变又引起新的量变，由量变到质变和由质变到量变，循环往复以至无穷，构成了事物无限多样的发展过程。量变和质变的互相转化即质量互变规律，是自然界、人类社会和人类思维的普遍的客观规律。在质量互变规律中，量变是质变的准备，质变实际上就是旧事物的灭亡和新事物的产生。如前所述，创新是创造性的破坏过程，它所破坏的是旧事物，创造的是新事物，推动事物实现质变本身就是创新的应有之义。

质量互变规律揭示了事物发展的状态和过程——渐进性和飞跃性的统一。其方法论意义在于以下几点。

第一，事物的发展都是从量变开始的。为了推动事物的发展，我们做事情必须具有脚踏实地的务实精神。古人云："千里之行，始于足下"，"不积跬步，无以至千里；不积细流，无以成江海"。要促成事物的质变，就必须首先做好量变的积累工作。工作要一步步地做，事业要一茬接着一茬干，如果不愿做脚踏实地、埋头苦干的努力，而是急于求成、拔苗助长，或者急功近利、企求"侥幸"，是不可能取得成功的。

第二，事物发展过程中质变是量变的必然结果。要有勇于变革的创新精神，不失时机地推动事物质的转化。在实际工作中，在事物的根本质变尚未到来时，应当埋头苦干、脚踏实地地做好量的积累工作，努力为根本质变创造条件。当量变积累到一定程度，不实现质的变革，事物就不能继续发展的时候，就必须要有不断创新的勇气和能力，积极推动事物质的转化，为新事物的壮大发展铺平道路。

第三，要坚持适度原则。正确把握事物的度，在实践中有重要意义。"适度"的基本含义就是，主观的认识和行动必须同客观事物的度相符合。发展要适度，创新也要适度，如果超越了具体的历史条件，这样的创新有可能具有负价值，造成不利的后果。当我们需要改变某种事物的质的时候，就要创造条件，使量的变化突破度的界限。但是，也应注意，并不是在任何情况下都要使量的变化破坏质的规定性和超出度的界限，相反，在很多场合是要求保持事物的度，使量的变化只在一定范围内进行。所谓"注意分寸""掌握火候""过犹不及"等，说的都是这个道理。

（三）否定之否定规律蕴含着创新的精神

如前所述，创新是创造性的破坏过程，它所破坏的是旧事物，创造的是新事物。否定之否定规律直接蕴含着创新的精神，其中的每一次否定都是对旧阶段的创新。否定之否定规律表明，任何事物内部都包含着肯定方面和否定方面。当肯定方面是矛盾的主要方面时，事物处于稳定和发展阶段；由于否定方面的作用及其发展，当否定方面上升为矛盾的主要方面时，事物就会逐渐转化为自己的对立面，由肯定达到对自身的否定，致使事物发生质变。新事物内部的否定方面再经过作用和发展，对否定阶段再一次否定，事物就进入否定之否定阶段。这就是事物发展的由肯定到否定，再到否定之否定的三个阶段。

由此，事物的发展就表现为自我发展的完整过程：经过两次辩证的否定，由肯定阶段到否定阶段，再到否定之否定阶段，从而使事物的发展表现为螺旋式上升和波浪式前进的过程。否定之否定阶段既是前一个周期的终点，又是下一个周期的起点，事物的发展就是不断地从肯定到否定，又由否定到否定之否定这样循环往复以至无穷的过程，这就是否定之否定规律。否定之否定规律揭示了事物发展的总趋势，即前进性与曲折性的统一。

否定之否定规律通过两次辩证的否定，实现了事物质的飞跃，每一次否定都蕴含着创新的精神。创新是一个扬弃的过程。而否定之否定规律中的"否定"，就是辩证的否定，就是"扬弃"。所谓"扬弃"就是既克服又保留。克服，就是克服旧事物中陈旧的消极的东西，克服是发展中的非连续性，是连续性的中断；保留，就是吸取和继承旧事物中有益的、积极的因素，是发展中的连续性。

事物发展的总趋势之所以是前进的、上升的，是因为事物的自我发展是由辩证否定所组成的链条。每一次辩证否定，不仅抛弃了以前发展环节中陈旧的消极的东西，而且继承了其中有益的、积极的因素，并且加进了具有强大生命力的新内容。因此，每一次辩证否定都产生出新的东西，从而使事物的发展呈现出前进的、上升的趋势。事物发展的道路之所以是迂回曲折的，是因为在否定之否定的过程中，第一次否定是前进，它克服了旧事物中陈旧的消极的东西，又保留了旧事物中有益的、积极的因素。第二次否定也还是前进，它综合了肯定阶段和否定阶段的全部积极成果。经过两次否定，矛盾双方两次向对立面转化，使得否定之否定阶段会重复肯定阶段的某些特征，出现了某种仿佛是向原来的出发点复归的情况，这是曲折性的主要表现。

三、提高创新思维能力

世界的永恒发展要求我们必须树立创新思维的观念，不断提高创新思维的能力。创新思维是创新的核心，引领创新行动，产生创新成果。提高创新思维能力有助于我们深刻把握理解这个不断变化发展的世界，在不断的变化中寻求机遇开创未来新世界。当前，世界百年未有之大变局加速演进，新一轮科技革命和产业变革深入发展，国际力量对比深刻调整，我国发展面临新的战略机遇。同时，世纪疫情影响深远，逆全球化思潮抬头，单边主义、保护主义明显上升，世界经济复苏乏力，局部冲突和动荡频发，全球性问题加剧，世界进入新的动荡变革期，我国发展进入战略机遇和风险挑战并存、不确定难预料因素增多的时期，各种

"黑天鹅""灰犀牛"事件随时可能发生。恩格斯指出:"每一时代的理论思维,都是一种历史的产物,不同的时代具有非常不同的形式,并因而具有不同的内容。"① 面对世界百年未有之大变局,我们必须形成一种创新思维的理论自觉和行动指南,不断创新创造,实现革命性进步。

(一)创新思维的内涵和特征

所谓创新思维,就是破除迷信、超越陈规,善于因时制宜、知难而进、开拓创新的思维能力。作为一种具有开创意义的思维活动,创新思维往往表现为发明新技术,形成新观念,提出新方案,作出新决策,创建新理论。从广义上讲,创新思维不仅表现为作出了完整的新发现和新发明的思维过程,而且还表现为在思考的方法和技巧上,在某些局部的结论和见解上具有新奇独到之处的思维活动。创新思维广泛存在于政治、军事决策中和生产、教育、艺术及科学研究活动中。如领导工作实践中,具有创新思维的人可以想别人所未想、见别人所未见、做别人所未做的事,敢于突破原有的框架,或是从多种原有规范的交叉处着手,或是反向思考问题,从而取得创造性、突破性的成就。

从创新思维的含义中可以看出,它具有以下几个特征。

1. 独创性和新颖性。创新思维是对习惯性思维带来的思维定式的突破。创新思维贵在创新,它或者在思路的选择上,或者在思考的技巧上,或者在思维的结论上,具有"前无古人"的独到之处,具有一定范围内的首创性、开拓性。中国特色社会主义的开创就是独创性和新颖性的鲜明体现。囿于对马克思主义的片面理解,人们一度认为社会主义只能搞

---

① 《马克思恩格斯选集》第 3 卷,人民出版社 2012 年版,第 873 页。

计划经济，而市场经济只能属于资本主义社会。对此，邓小平指出："说市场经济只存在于资本主义社会，只有资本主义的市场经济，这肯定是不正确的。社会主义为什么不可以搞市场经济……市场经济不能说只是资本主义的。市场经济，在封建社会时期就有了萌芽。社会主义也可以搞市场经济。"①社会主义基本制度能够与市场经济相结合，是对社会主义理论的创造性发展，也是创新思维的生动体现。

2. 极大的灵活性。创新思维并无现成的思维方法和程序可循，所以它的方式、方法、程序、途径等都没有固定的框架。进行创新思维活动的人在考虑问题时可以迅速地从一个思路转向另一个思路，从一种意境进入另一种意境，多方位地探索解决问题的办法。这样，创新思维活动就表现出不同的结果或不同的方法、技巧。

3. 艺术性和非拟化。创新思维活动是一种开放的、灵活多变的思维活动。它的发生伴随有"直觉""灵感""想象"之类的非逻辑。非规范思维活动，如"直觉""灵感""想象"等往往因人而异、因时而异、因问题和对象而异，所以创新思维活动具有极大的特殊性、随机性和技巧性，他人不可以完全模仿、模拟。创新思维活动的上述特点同艺术活动有相似之处，艺术活动就是每个人充分发挥自己的才能，包括利用"直觉""灵感""想象"等非理性的活动。艺术活动的表面现象和过程可以模仿，如凡·高的名画《向日葵》。人们都可以去画"向日葵"，且大小、颜色都可以模仿甚至临摹。

4. 对象的潜在性。创新思维活动虽从现实的活动和客体出发，但它的指向不是现存的客体，而是一个潜在的、尚未被认识和实践的对象。例如，在以人工智能、大数据为代表的科学技术浪潮席卷全球的今天，

---

① 《邓小平文选》第2卷，人民出版社1994年版，第236页。

无论是发达国家还是发展中国家，都在寻求科技领域的重大突破。面对充满不确定性的对象，如何将科学技术的发展转化为现实的生产力，这条路至今还不太清晰，还是潜在的，至多是处在由潜在向现实的不断转变之中。所以，创新思维的对象或者是刚刚进入人类的实践范围，尚未被人类所认识的客体，人们只能猜测它的存在状况，或者是人们虽然有了一定的认识，但认识尚不完全，还可以从深度和广度上加以进一步认识的客体。这两类客体无疑都具有潜在性。

5. 风险性。由于创新思维活动是一种探索未知的活动，因而要受到多种因素的限制和影响，如事物发展及其本质暴露的程度、实践的条件与水平、认识的水平与能力等，这就决定了创新思维并不能每次都能取得成功，甚至有可能毫无成效或者作出错误的结论。创新思维活动的风险性还表现在它对传统势力、偏见等的冲击上。传统势力、现有权威往往会竭力维护自己的利益，对创新思维活动的成果抱有抵抗，甚至仇视的心理。例如，在西欧中世纪，宗教在社会生活中占据着绝对统治地位，一切与宗教相悖的观点都被称为"异端邪说"，一切违背此原则的人都会受到"宗教裁判所"的严厉惩罚。但是，创新思维活动是扼杀不了的，布鲁诺置生命于不顾，提倡并论证了"日心说"，证明教皇生活于其上的地球不是宇宙的中心。无法想象，如果没有科学家们甘冒此风险，"日心说"不知何时被提出。所以，风险与机会、成功并存。消除了风险，创新思维活动就变为了习惯性思维活动。

（二）培养创新思维能力的主要途径

创新思维是在实践中有意识地锻炼、培养出来的。习近平总书记指出："要树立科学精神、培养创新思维、挖掘创新潜能、提高创新能力，在继承前人的基础上不断超越。"①党的二十大报告指出："不断提高战略思维、历史思维、辩证思维、系统思维、创新思维、法治思维、底线思维能力，为前瞻性思考、全局性谋划、整体性推进党和国家各项事业提供科学思想方法。"②为了有效提高创新思维能力，就要遵循一些基本途径。

培养创新思维，应当克服畏惧情绪、懒惰习气、保守思想。有的人刚刚萌生创新的念头，便怕这怕那，畏首畏尾，结果只能在原地踏步；有的人思想懒惰，安于现状，浑浑噩噩，做一天和尚撞一天钟，根本没有创新的想法；有的人思想保守，循规蹈矩，总是认为自己这也不行、那也不好，不敢创新。一个人一旦在思想上存在这样的问题，自然就无法具有创新的勇气和毅力，也就谈不上取得创新成果。

培养创新思维，还应当善于运用各种不同的思维方式进行思维训练。比如，注意培养聚合思维和发散思维，重视直觉和灵感的作用，把形象思维和抽象思维结合起来，善于运用归纳、演绎、推理等多种逻辑思维方式，等等。实践表明，不同的思维方式对于创新具有不同的作用。把接收到的各种信息聚合起来，运用逻辑思维得出正确答案或寻找解决方案，这是聚合思维的作用；就同一个问题沿着不同的方向去思考，寻求多种解决方案或在多种解决方案中寻求最佳选择，这是发散思维的用处。现代思维科学研究认为，直觉和灵感都是十分重要的思维方式，在人类创造性活动中具有不可忽视的作用和意义。至于形象思维和抽象思维，更是人们普遍运用、行之有效的思维方式。真正把各种不同的思维方式运用好，实质上也就形成了创新思维。具有了创新思维，才能获得创新能力，推动创新实践。

---

① 《习近平谈治国理政》第 1 卷，外文出版社 2018 年版，第 128 页。
② 习近平：《高举中国特色社会主义伟大旗帜　为全面建设社会主义现代化国家而团结奋斗——在中国共产党第二十次全国代表大会上的报告》，人民出版社 2022 年版，第 21 页。

培养创新思维，最关键的是要落实到实践当中。实践的观点是马克思主义首要的、基本的观点，创新思维只有在实践中才具有意义。创新思维的培养应该坚持从实践中来、到实践中去，在实践中检验和发展。正如马克思指出的："人应该在实践中证明自己思维的真理性，即自己思维的现实性和力量，自己思维的此岸性。"[1]创新思维落实到实践中就是创新活动，创新活动是一种高级形式的创造性实践活动，其主体是现实的人，需要通过现实的人的实践展现出来。马克思指出："自然界没有创造出任何机器，没有制造出机床、铁路、电报、走精纺机，等等。它们是人类劳动的产物，是变成了人类意志驾驭自然的器官或人类在自然界活动的器官的自然物质。它们是人类的手创造出来的人类头脑的器官，是物化的知识力量。"[2]因此，要在全社会营造解放思想、勇于创新的氛围，鼓励创新实践，完善创新机制，宽容创新挫折，使创新思维的培养和提高成为人们自觉的不懈追求。

思考题

1. 发展的实质和特征是什么？
2. 谈一谈唯物辩证法关于发展的基本规律及其方法论意义。
3. 结合具体事例，谈一谈如何理解"社会主义事业中，要想不经过艰难曲折，不付出巨大努力，总是一帆风顺，容易得到成功，这种想法，只是幻想"。

---

[1]《马克思恩格斯文集》第1卷，人民出版社2009年版，第500页。
[2]《马克思恩格斯文集》第8卷，人民出版社2009年版，第197—198页。

第六讲
整体原则与战略思维

习近平总书记强调:"战略问题是一个政党、一个国家的根本问题。战略上判断得准确,战略上谋划得科学,战略上赢得主动,党和人民事业就大有希望。"[1]要想在战略问题上有所突破,就需要培养和提高战略思维能力。所谓战略思维能力,就是高瞻远瞩、统揽全局,善于把握事物发展总体趋势和方向的能力。提高战略思维能力,要以小见大、见微知著,站在时代前沿和战略全局的高度观察、思考和处理问题,从政治上认识和判断形势,透过纷繁复杂的表面现象把握事物的本质和发展的内在规律,在解决突出问题中实现战略突破,在把握战略全局中推进各项工作。战略思维的核心是全局性思维,基本着眼点是用宏观的战略眼光分析问题,特点是全局性、长远性,最终达到工具理性与价值理性的统一。学习和运用战略思维,其方法论原则就是要善于从全局出发,做到总揽全局。

---

[1] 《习近平谈治国理政》第 2 卷,外文出版社 2018 年版,第 10 页。

一、战略思维是着眼于全局和长远的整体性谋划

战略思维是从实际出发，正确处理全局与局部、未来与现实的关系，并抓住主要矛盾制订相应规划，为实现全局性、长远性目标而进行的思维。战略思维的质量反映着人们概括直接经验与间接经验并对客观世界产生影响所能达到的深度与广度。战略思维的核心是全局性思维，其基本着眼点是正确处理全局与局部、当前与长远、重点与非重点的关系，最终实现战略目的。

（一）实现战略目标的总体谋划

进行战略思维，必须科学地确立一定的战略目标，并通过切实可行的手段实现这一目标，为此要调动一切战略资源，包括物质的和精神的、自然的和社会的、经济的和政治的。目的性原则说到底是利益性原则，就是怎样做才能趋利避害，达到我方的目的。党的十八大以来，习近平总书记高瞻远瞩，依据国内外大局，提出了一系列治国理政的战略思想，从内政外交各个领域，在经济、政治、文化、社会、生态文明、

党的建设、国际关系及军事等多个方面，进一步阐明了战略思维的根本价值取向，即根本价值目标必须牢牢定位于人民群众的根本利益实现上。2012年11月15日，习近平总书记在十八届中央政治局常委同中外记者见面时的重要讲话中就提出，"人民对美好生活的向往，就是我们的奋斗目标。"[①]2013年12月26日，在纪念毛泽东同志诞辰120周年座谈会上，他强调："党的一切工作，必须以最广大人民根本利益为最高标准。检验我们一切工作的成效，最终都要看人民是否真正得到了实惠，人民生活是否真正得到了改善，人民权益是否真正得到了保障。"[②]在庆祝中国共产党成立95周年大会上发表的重要讲话中，他强调，"带领人民创造幸福生活，是我们党始终不渝的奋斗目标。"[③]在庆祝中国共产党成立100周年大会上发表的重要讲话中，他强调，"江山就是人民、人民就是江山，打江山、守江山，守的是人民的心。中国共产党根基在人民、血脉在人民、力量在人民。中国共产党始终代表最广大人民根本利益，与人民休戚与共、生死相依，没有任何自己特殊的利益，从来不代表任何利益集团、任何权势团体、任何特权阶层的利益。"[④]在党的二十大报告中，他强调："坚持以人民为中心的发展思想。维护人民根本利益，增进民生福祉，不断实现发展为了人民、发展依靠人民、发展成果由人民共享，让现代化建设成果更多更公平惠及全体人民。"[⑤]可见，始终关注人民群众

[①]《习近平谈治国理政》第1卷，外文出版社2018年版，第4页。
[②]《习近平谈治国理政》第1卷，外文出版社2018年版，第28页。
[③]《习近平谈治国理政》第2卷，外文出版社2017年版，第40页。
[④] 习近平：《在庆祝中国共产党成立100周年大会上的讲话》，人民出版社2021年版，第11—12页。
[⑤] 习近平：《高举中国特色社会主义伟大旗帜　为全面建设社会主义现代化国家而团结奋斗——在中国共产党第二十次全国代表大会上的报告》，人民出版社2022年版，第27页。

的根本利益，不仅是我们党的根本宗旨和立党之本，更是当代中国共产党人战略思维价值取向的核心目标。

以人民根本利益为战略价值目标，体现在国际战略上就是要以维护国家核心利益为导向。2013年1月28日，习近平总书记在十八届中央政治局第三次集体学习时指出："走和平发展道路，是我们党根据时代发展潮流和我国根本利益作出的战略抉择。"[①] 在庆祝中国共产党成立95周年大会上的重要讲话中，他又一次重申："中国人民不信邪也不怕邪，不惹事也不怕事，任何外国不要指望我们会拿自己的核心利益做交易，不要指望我们会吞下损害我国主权、安全、发展利益的苦果。"[②] 而中华民族伟大复兴的中国梦这一总体战略目标集中体现了人民利益、民族利益和国家利益的价值取向。

（二）着眼全局的战略准则

进行战略思维，必须围绕实现战略目标正确处理全局与局部的关系，争取全局利益与局部利益的统一，当二者出现矛盾时要牺牲局部利益而保障全局利益，这就要坚持全局性原则。习近平总书记十分重视从全局视角看待问题。早在1989年，他在福建宁德工作的时候就在《新形势下闽东财政经济的辩证观》一文中指出："全局和局部的关系，从财力上讲，主要指集中和分散的关系。当前国家财政有困难，地方各级财政也有困难，我们闽东地区的困难更大。在这种情况下，更有必要处理好集中与分散的关系。……我们有必要强调全局的观念。闽东这个全

[①] 《习近平谈治国理政》第1卷，外文出版社2018年版，第247页。
[②] 《习近平谈治国理政》第2卷，外文出版社2017年版，第42页。

局只能服从全省乃至全国这个全局。在当前整个宏观经济的调整工作中，如果需要牺牲局部的利益，还是应该乐于承担的。我们贫困地区还没有资格谈为国家大财政作贡献，但有一点是可以尽力而为的，这就是：不该向上伸手的不伸手，可以少向上伸手的就少伸手。"①他多次强调在改革和发展的各项工作中都要有战略思维。在谈到改革工作时，他指出，要"善于观大势、谋大事，站在国内国际两个大局、党和国家工作大局、全面深化改革全局来思考和研究问题"②，"全面深化改革是关系党和国家事业发展全局的重大战略部署，不是某个领域某个方面的单项改革。'不谋全局者，不足谋一域。'大家来自不同部门和单位，都要从全局看问题，首先要看提出的重大改革举措是否符合全局需要，是否有利于党和国家事业长远发展。要真正向前展望、超前思维、提前谋局。只有这样，最后形成的文件才能真正符合党和人民事业发展要求"③。在谈到外交工作时，他强调，要紧密结合统筹国内国际两个大局的要求推进党的对外工作，自觉把党的对外工作放到党和国家工作大局中来认识，放到中国与世界关系的发展变化中来把握，放到国家总体外交的战略部署中来谋划。要"谋大势、讲战略、重运筹"，把周边外交工作做得更好。

（三）抓主要矛盾的重点原则

进行战略思维，必须要抓住主要矛盾，确定战略重点，不能平均使用力量。这就是我们常讲的"一子不慎，全盘皆输""一招棋活，全

---

① 习近平：《摆脱贫困》，福建人民出版社1992年版，第101页。
② 中共中央文献研究室编：《习近平关于全面深化改革论述摘编》，中央文献出版社2014年版，第148页。
③ 《习近平谈治国理政》第1卷，外文出版社2018年版，第87—88页。

盘皆活"。习近平总书记一再强调,作为领导干部,在工作的摆布和时间的安排上,要善于统筹兼顾,打好"总体战",明确主攻方向;要善于分清主次和轻重缓急,学会"弹钢琴",抓住工作的"中心"和"重点",而不能眉毛胡子一把抓、芝麻西瓜一块抱,搞"四面出击"。早在浙江工作时他就指出:"作为党委书记,要总揽而不包揽,学会'弹钢琴',善于抓重点,充分发挥党委的领导核心作用,发挥各个班子的职能作用,而不能事必躬亲,专权武断,干预具体政务。"①面对波澜壮阔的改革开放历程,领导干部要处理好整体推进和重点突破的关系、顶层设计和摸着石头过河的关系、胆子要大和步子要稳的关系,善于把眼前利益与长远利益结合起来、把解决具体问题与解决深层次问题结合起来、把局部利益放在全局利益中去考量把握,找准"牵一发而动全身"的重点领域,抓住"落一子而满盘活"的关键环节,牵住事物发展的"牛鼻子",努力取得以点带面、纲举目张的效果。在纷繁复杂的形势和任务面前,习近平总书记强调:"在全面深化改革中,我们要坚持发展仍是解决我国所有问题的关键这个重大战略判断。"②全面改革并不是没有重点,2013年11月9日他在《关于〈中共中央关于全面深化改革若干重大问题的决定〉的说明》中指出:"经济体制改革仍然是全面深化改革的重点,核心问题是处理好政府和市场关系。"③在党的建设方面,也要抓住重点。2014年10月8日,他在党的群众路线教育实践活动总结大会上指出:"必须突出重点、聚焦问题。'伤其十指,不如断其一指。'党中央在谋划这次活动时认为,这次活动的重点是促使全党更好执行党的群众路

---

① 习近平:《之江新语》,浙江人民出版社2007年版,第23页。
② 习近平:《坚持历史唯物主义不断开辟当代中国马克思主义发展新境界》,《求是》2020年第2期。
③ 《习近平谈治国理政》第1卷,外文出版社2018年版,第75页。

线，而当前影响执行党的群众路线的要害是作风问题，必须突出改进作风这个主题。而作风又有很多方面，需要进一步聚焦，我们就聚焦到形式主义、官僚主义、享乐主义和奢靡之风这些群众反映强烈的突出问题上。党中央明确提出以反'四风'为突破口，以点带面，不搞面面俱到，打到了七寸。"[1]在党的十九大报告中，他强调："紧扣我国社会主要矛盾变化，突出抓重点、补短板、强弱项，特别是要坚决打好防范化解重大风险、精准脱贫、污染防治的攻坚战，使全面建成小康社会得到人民认可、经得起历史检验。"[2]在党的二十大报告中，他强调："我们要增强问题意识，聚焦实践遇到的新问题、改革发展稳定存在的深层次问题、人民群众急难愁盼问题、国际变局中的重大问题、党的建设面临的突出问题，不断提出真正解决问题的新理念新思路新办法。"[3]

（四）放眼长远的发展原则

进行战略思维，还必须围绕实现战略目标正确处理各个阶段的关系，使当前目标的实现为长远目标的实现创造条件，必要时要牺牲眼前利益确保长远利益，这就要坚持长远性原则。这就是所谓"不谋长远者不足以谋一时"。有些事情尽管从眼前看是有利的，但从长远看却是有

---

[1] 习近平：《在党的群众路线教育实践活动总结大会上的讲话》，《人民日报》2014年10月9日。

[2] 习近平：《决胜全面建成小康社会　夺取新时代中国特色社会主义伟大胜利——在中国共产党第十九次全国代表大会上的报告》，人民出版社2017年版，第27-28页。

[3] 习近平：《高举中国特色社会主义伟大旗帜　为全面建设社会主义现代化国家而团结奋斗——在中国共产党第二十次全国代表大会上的报告》，人民出版社2022年版，第20页。

害的。如果为了眼前利益而牺牲长远利益，就叫作缺乏谋"势"的眼光，应该力戒和避免这种急功近利的短期行为。习近平同志早在宁德工作离任临别赠言时就语重心长地指出："各级领导干部应时刻牢记'欲速则不达'、'过犹不及'的道理，克服经济建设中的急躁情绪和短期行为，做长期艰苦的努力。"[①]习近平总书记还一再强调坚持一张蓝图绘到底。他指出："我们要牢记一个道理，政贵有恒。为官一方，为政一时，当然要大胆开展工作、锐意进取，同时也要保持工作的稳定性和连续性。"[②]一张好的蓝图，只要是科学的、切合实际的、符合人民愿望的，就要一茬一茬接着干，干出来的都是实绩，广大干部群众都会看在眼里、记在心里。三天打鱼两天晒网，朝令夕改，那就什么事情也干不成。领导干部要有"功成不必在我"的思想境界，始终坚持为人民谋利益的政绩观，正确处理大我和小我的关系，长远利益、根本利益和个人抱负、个人利益的关系，多做打基础、利长远的事，不搞脱离实际的盲目攀比，不搞劳民伤财的"形象工程""政绩工程"，真正做到对历史和人民负责。

总之，各级领导干部要牢牢把握战略思维的基本原则，提高战略思维能力，做到像邓小平所要求的那样："从大局看问题，放眼世界，放眼未来，也放眼当前，放眼一切方面"，善于用宏观战略的眼光分析问题，自觉把工作放到党和国家工作大局中来认识，放到发展变化中来把握，放到总体战略部署中来谋划，做到"谋大势、讲战略、重运筹"，既为一域争先，更为全局添彩。

[①] 习近平：《摆脱贫困》，福建人民出版社1992年版，第213页。
[②] 《习近平谈治国理政》第1卷，外文出版社2018年版，第399页。

二、善于运用战略思维观大势、谋大局、抓大事

战略思维体现的是一种战略整体观、全局观和敏锐的洞察力、预见性,是科学的世界观方法论在实际工作中的自觉运用。在现代社会,战略思维是各级领导干部分析和解决全局性、长远性、宏观性、前瞻性、政策性等重大战略问题的立场、观点和方法,也是各级领导干部必须具备的一项基本能力。习近平总书记反复强调,要善于观大势、谋大局、抓大事,体现的就是一种战略思维和战略眼光。各级领导干部主管一方、分管一域,更要站在全局的战略高度,增强"识势"之明、提高"布局"之能、掌握"干事"之道,善于运用战略思维处理好工作中方方面面的问题。

(一)善于运用战略思维洞察事物发展的长远趋势

观大势,主要是科学预见把握事物的变化和发展方向。《史记·淮南衡山列传》有云:"臣闻聪者听于无声,明者见于未形,故圣人万举万全。"今天,这句典故多被用于强调见微知著,增强对未来形势发展的预判和准备。对领导干部来说,具备立足当前、科学预见未来的战略思维能力是十分重要的。在党的七大上,毛泽东讲了这样一段话:"坐在指挥台上,如果什么也看不见,就不能叫领导。坐在指挥台上,只看见地平线上已经出现的大量的普遍的东西,那是平平常常的,也不能算领导。只有当着还没有出现大量的明显的东西的时候,当桅杆顶刚刚露出的时

候，就能看出这是要发展成为大量的普遍的东西，并能掌握住它，这才叫领导。"桅杆意味着事物的先兆，是晴雨表和风向标。真正富有预见和远见的人，都懂得并善于"看桅杆"。广大领导干部要善于透过现象看本质，在纷繁复杂的局势中，从事物的发展变化中把握发展趋势，辨明发展方向。

面对当今世界百年未有之大变局，各级领导干部要做"桅杆上的瞭望者"，准确把握国内外发展形势，对时与势始终保持清醒洞察。既要用好历史的"长镜头"，善于运用历史眼光和发展眼光，把正在做的事放到历史长河中去观察、来谋划，总结经验规律，把握发展脉络，坚定前进方向；也要用好世界的"广镜头"，立起全球视野，跟踪把握世情国情党情最新变化，瞄准世界一流新方位，抢占制高点，抓住重要战略机遇期；还要用好求是的"微镜头"，透过纷繁复杂的表面现象和苗头性倾向性问题，把握事物本质和变化走向，增强"观大势"的能力。

（二）善于运用战略思维对工作进行全局谋划

清朝的陈澹然在《寤言二·迁都建藩议》中说："不谋万世者，不足谋一时；不谋全局者，不足谋一域。"意思是说，看问题必须眼光长远。不能为长远利益考虑的，也必然不能够作出合理的短期计划。看问题也必须全面。不能从全局角度出发想问题，在小的方面也不会有所成就。

"谋大局"，这里说的是全局之谋。这就要求广大领导干部要善用战略思维，经常思考那些带全局性的大问题。"不谋全局者，不足谋一域。"谋大局，关键要识大局、讲大局、为大局，在大局中审视自身工作，坚持全面、整体的工作思路。领导干部无论是思考问题、研究对策，还是制订方案、推动工作，都必须从党、国家和军队建设的大局出发。事务主义者的特点就是不重视想长远问题，整天陷于具体事务之中，头疼医头，脚疼医脚，只见树木、不见森林，只管当前、不管长远，"日计有余，岁计不足"，这样是做不好全局工作的。

面对时代重任，领导干部必须一切着眼全局，要心怀大局、把握大局、服从大局。要站得高一点、看得远一点、想得深一点，做到大局里有政治、大局里有品格、大局里有担当。对分管的各项工作，要加强整体统筹，善于把分管工作放在全局中来思考，把具体问题提到原则高度来把握，防止坐井观天、急功近利。对是非得失的判断标准，要以大局利益为重，防止因小失大。

（三）善于运用战略思维把握主要矛盾

"抓大事"，指的是战略思维必须抓住主要矛盾，确定战略重点，不能平均使用力量。这就是我们常讲的"一子不慎，全盘皆输""一招棋活，全盘皆活"。这就要求各级领导干部把主要精力放在抓战略问题、全局指导、宏观决策上，善于从根本的、关键的、主要的环节上着手，以重点突破带动整体跃升。问题有大小，矛盾也有主次，把准事物发展的主要矛盾才能产生"牵一发而动全身"的效益，才能取得"一子落而满盘活"的效果。

知识链接：主要矛盾

表征诸种矛盾在矛盾体系中不同地位和作用的哲学范畴。唯物辩证法认为，在事物或过程的多种矛盾中，各种矛盾的地位和作用是不平衡的。在事物发展的任何阶段上，必有而且只有一种矛盾居于支配的地位，起着规定或影响其他矛盾的作用，这种矛盾就是主要矛盾，其他矛盾则是非主要矛盾。主要矛盾在不同的事物中和事物发展的不同阶段上呈现出复杂的情况。在有些事物中，主要矛盾与基本矛盾是同一的，贯穿于事物发展全过程的始终。在有些事物中，主要矛盾与基本矛盾不完全同一，它可能是基本矛盾中的一个矛盾，也可能是基本矛盾中某几个矛盾的综合，也可能是非基本矛盾。

《荀子·王霸》有云："主好要则百事详，主好详则百事荒。"这句话的意思是说，如果君主善于提纲挈领抓住要点，那么百事都会做得十分周详；如果君主喜欢什么都管，那么什么事情都会荒废。君主应该是统揽大局，掌握重点，而不是事必躬亲。面对纷繁复杂的工作，有的领导干部囿于固有工作模式和惯性思维，大事小事都要管、眉毛胡子一把抓，陷入事务主义，看似忙忙碌碌，上下都很疲惫，成效却不明显。毛泽东在为中共中央起草的《关于领导方法的若干问题》中指出："任何一级首长，应当把自己注意的重心"，放在那些"最重要最有决定意义的问题或动作上，而不应当放在其他的问题或动作上"。这段话就要求领导干部在面对千头万绪、复杂繁重的工作时，必须把握先后主次，分清轻重缓急，把准对全局影响最大、最有决定意义的关键问题，牵住"牛鼻子"，找准"金钥匙"，精准发力、务求实效。

无论对哪一级领导干部来讲，战略思维都不是可有可无的，而是其必须具备的思维素质。因为，任何一级领导干部都是这样或那样地处于大与小、长与短、主与次的辩证关系之中，必须处理好全局与局部、未来与现实、重点与非重点以及认识世界和改造世界之间的关系。可以说，一个领导干部素质怎样，在很大程度上可以归结到他是否具有战略思维能力。领导干部肩负着组织群众、带领群众推进中国式现代化事业的重任。缺少战略思维，缺乏大局意识，就可能自觉或不自觉地作出损害党和国家事业的决定。

三、运用战略思维做好总揽全局的整体工作

习近平总书记指出，培养科学的思想方法和工作方法，就要"站在时代前沿观察思考问题，把党和人民事业放到历史长河和全球视野中来谋划，以小见大、见微知著，在解决突出问题中实现战略突破，在把握战略全局中推进各项工作"[1]。只有养成这种战略思维方式，提高从大局出发谋划工作的能力，才能做好总揽全局工作，推动各项事业的全面发展和进步。

（一）坚持理论学习拓宽视野

战略思维说到底是一种主体素质，它的形成和提升需要多方面的学习和锻炼，坚持理论学习拓宽视野是其中的重要一环。掌握总揽全局的工作方法，离不开理论的学习。毛泽东曾指出："如果我们党有一百个至二百个系统地而不是零碎地、实际地而不是空洞地学会了马克思列宁主义的同志，就会大大地提高我们党的战斗力量。"[2] 今天，坚持理论学习，特别是系统学习马克思主义立场观点方法、切实学懂弄通做实党的创新

---

[1] 《习近平谈治国理政》第 2 卷，外文出版社 2017 年版，第 10 页。
[2] 《毛泽东选集》第 2 卷，人民出版社 1991 年版，第 533 页。

理论，并坚持用其提高战略格局、保持战略定力的主体自觉的任务依旧摆在我们面前。正如习近平总书记所强调的："必须高度重视理论的作用，增强理论自信和战略定力，对经过反复实践和比较得出的正确理论，要坚定不移坚持。"①

马克思主义是科学的世界观和方法论。它深刻地揭示了人类社会历史的发展规律，为社会主义道路的发展指明了前进的方向。只有认真学习理解马克思主义立场观点方法，才能深刻掌握现象与本质、特殊与普遍、部分与整体、当前与长远的辩证关系，才能站在较高的格局上正确认识和妥善处理中国特色社会主义事业中诸多重大关系，不断增强战略定力。把握了战略思维的整体性原则，才能站在较高的位置审视思考问题，坚定理论自信、道路自信、制度自信、文化自信，保持牢不可破、坚不可摧的战略定力。

（二）坚持立足整体考虑问题

坚持立足整体考虑问题，增强统揽全局、高瞻远瞩、善于把握事物发展总体趋势和方向的能力，不断深化保持战略定力的逻辑认知，是提高战略格局的题中应有之义。习近平同志反复强调："要努力增强总揽全局的能力，放眼全局谋一域，把握形势谋大事"②，要"胸怀大局、把握大势、着眼大事"③。要做到这些，就必须处理好全局与局部的关系，树立大局意识；处理好长远与当前的关系，着眼长远，求得长远之效。

---

① 《坚持运用辩证唯物主义世界观方法论　提高解决我国改革发展基本问题本领》，《人民日报》2015年1月25日。
② 习近平：《之江新语》，浙江人民出版社2007年版，第20页。
③ 《习近平谈治国理政》第1卷，外文出版社2018年版，第153页。

做事情看问题，要始终把整体作为观察和处理问题的出发点和落脚点。战略总是立足于全局的，全局性是战略的根本属性。习近平总书记强调："全面深化改革是关系党和国家事业发展全局的重大战略部署，不是某个领域某个方面的单项改革。'不谋全局者，不足谋一域。'大家来自不同部门和单位，都要从全局看问题，首先要看提出的重大改革举措是否符合全局需要，是否有利于党和国家事业长远发展。"① 这就要求决策主体必须具有较高的战略格局，树立整体观念，培养系统思维，注重顶层设计，做好战略全局谋划，同时又能够全局地、整体地、系统地分析问题，抓住问题的"牛鼻子"，达到事半功倍的效果。

要坚持培养放眼长远的胸襟和把握未来发展的能力。习近平总书记指出："我们做一切工作，都必须统筹兼顾，处理好当前和长远的关系。我们强调求实效、谋长远，求的不仅是一时之效，更有意义的是求得长远之效。"② 这就启示我们，干工作要真正做到既能放眼长远、胸怀大势，又能合理规划、成竹在胸，对事物发展的形势有科学的认知和准确的把握。战略思维也要求我们要有"功成不必在我、功成一定有我"的思想境界，正确处理量变工作与质变工作的关系。习近平总书记强调："青年干部不能只热衷于做'质变'的突破工作，而要注重做'量变'的积累工作。"③ 但量变的工作不是轻而易举就能够做到的，这就需要我们提高战略格局，以滴水穿石、默默奉献的精神，着眼长远把工作干实干好。

---

① 《习近平谈治国理政》第1卷，外文出版社2018年版，第87—88页。
② 习近平：《之江新语》，浙江人民出版社2007年版，第86页。
③ 习近平：《摆脱贫困》，福建人民出版社1992年版，第26页。

（三）善于审时度势

要想做到总揽全局就要善于审时度势，注重对现实状况的分析和研判。制定战略只有从客观实际出发，从我国所处的发展阶段和客观条件出发，才能够产生战略定力。当前，对中国共产党人来讲，我们最大的战略，就体现在对"两个大局"的谋划和应对。一个就是世界百年未有之大变局，这也是一个客观的形势；另一个就是中华民族伟大复兴战略全局。我们的路线方针政策，我们的内政外交国防，所有的战略谋划都要立足于中华民族伟大复兴的战略全局，都要把世界百年未有之大变局作为我们分析问题、解决问题的战略基点。正如习近平总书记所指出的："面对复杂形势和艰巨任务，我们要全面把握世界百年未有之大变局和中华民族伟大复兴战略全局，有力应对重大挑战、抵御重大风险、克服重大阻力、化解重大矛盾，进行具有许多新的历史特点的伟大斗争，实现中华民族伟大复兴。"[①]

党的十八大以来，以习近平同志为核心的党中央坚持以马克思主义为指导，深入分析和研判当今国际局势现状和发展走向，作出了世界正处于百年未有之大变局的重大判断。世界百年未有之大变局主要体现在以下几个方面：一是世界一体化趋势深入发展。习近平总书记指出："没有哪个国家能够独自应对人类面临的各种挑战，也没有哪个国家能够退回到自我封闭的孤岛。"[②] 随着世界各国之间经贸、文化等往来的增多，

[①] 习近平：《贯彻落实新时代党的组织路线 不断把党建设得更加坚强有力》，《求是》2020年第14期。

[②] 《习近平谈治国理政》第3卷，外文出版社2020年版，第46页。

世界日益成为一个命运共同体,一方面是各国之间的发展依存度日益加深,各国之间都在共享发展的成果;另一方面全球性问题也层出不穷,例如气候变化、重大传染性疾病等问题也不再是单单依靠某一个国家就可以解决,越来越需要世界各国之间的密切配合。二是国际秩序和全球治理体系正在加速变革。国际力量对比已经发生新的变化,旧有的国际秩序正在表现出更多的问题和不合理性,广大新兴市场国家和一大批发展中国家普遍希望全球治理体系朝着更加公正合理的方向发展。三是世界发展局势机遇与挑战并存。一方面是和平与发展仍是世界的主题,世界多极化、经济全球化、社会信息化、文化多样化深入发展;另一方面是全球发展深层次矛盾突出,逆全球化趋势和冷战思维抬头,霸权主义、强权政治依然存在,保护主义、单边主义层出不穷,世界发展的不稳定性和不确定性突出。总揽全局离不开对外部环境的分析和把握。我们只有深入理解世界百年未有之大变局,才能做出正确的战略抉择,从而不断提高我国的国际竞争力和影响力。

党的二十大报告指出:"十年来,我们坚持马克思列宁主义、毛泽东思想、邓小平理论、'三个代表'重要思想、科学发展观,全面贯彻新时代中国特色社会主义思想,全面贯彻党的基本路线、基本方略,采取一系列战略性举措,推进一系列变革性实践,实现一系列突破性进展,取得一系列标志性成果,经受住了来自政治、经济、意识形态、自然界等方面的风险挑战考验,党和国家事业取得历史性成就、发生历史性变革,推动我国迈上全面建设社会主义现代化国家新征程。"[①]实现中华民族伟

---

① 习近平:《高举中国特色社会主义伟大旗帜 为全面建设社会主义现代化国家而团结奋斗——在中国共产党第二十次全国代表大会上的报告》,人民出版社2022年版,第6页。

大复兴是我们的战略全局,要牢牢立足于这一全局,以"咬定青山不放松"的定力,统筹推进"五位一体"总体布局,协调推进"四个全面"战略布局,为实现第二个百年奋斗目标,实现人民对美好生活的向往而努力工作。

(四)善于把握规律

党的十八大以来,以习近平同志为核心的党中央,基于对"新时代坚持和发展什么样的中国特色社会主义、怎样坚持和发展中国特色社会主义"这一重大时代课题的规律性把握,运用辩证唯物主义和历史唯物主义,分析时代问题,指导中国实践,创立了习近平新时代中国特色社会主义思想,以全新的视野深化了对共产党执政规律、社会主义建设规律、人类社会发展规律的认识,进一步明确了中国共产党在新时代中国特色社会主义建设进程中的战略方向。

把握共产党执政规律。进入新时代,我们党面对复杂的执政环境,仍然面临着"四大考验""四种危险"等挑战。在这一背景下,以习近平同志为核心的党中央,科学总结我们党执政的历史经验,从不同方面深化了对共产党执政规律的认识。只有充分认识和把握共产党执政规律,才能在复杂形势中始终保持党的执政地位,确保我们党始终成为走在时代前列、人民衷心拥护、经得起各种考验的马克思主义政党。

把握社会主义建设规律。新中国成立后,中国共产党人充分认识到:只有社会主义才能救中国、只有中国特色社会主义才能发展中国。进入新时代,结合中国特色社会主义建设的新形势新情况新挑战,以习近平同志为核心的党中央坚定不移地把发展作为我们党执政兴国的第一要务,从社会主义发展主体、发展战略、发展方位、发展路径等多方面深化了对社会主义建设规律的认识。其中，为实现中华民族伟大复兴的中国梦不懈奋斗，重点在于要在坚持走中国特色社会主义道路上保持坚定的战略定力。领导干部在工作中要始终保持战略定力，就必须深化对社会主义建设规律的认识和把握，坚定不移坚持和完善中国特色社会主义。"事实雄辩地证明，要发展中国、稳定中国，要全面建成小康社会、加快推进社会主义现代化，要实现中华民族伟大复兴，必须坚定不移坚持和发展中国特色社会主义。"①

把握人类社会发展规律。对于人类社会发展的历史趋势，习近平总书记以历史唯物主义的宽广视野，深刻审视社会主义与资本主义的关系，指出："马克思、恩格斯关于资本主义社会基本矛盾的分析没有过时，关于资本主义必然消亡、社会主义必然胜利的历史唯物主义观点也没有过时。这是社会历史发展不可逆转的总趋势"②，"必须认识到，我们现在的努力以及将来多少代人的持续努力，都是朝着最终实现共产主义这个大目标前进的。"③对于人类社会发展的国际秩序，习近平总书记强调："为人类不断作出新的更大的贡献，是中国共产党和中国人民早就作出的庄严承诺。"在人类社会发展规律的指导下，我们才能有坚持走和平发展的战略定力。正如习近平总书记所指出的："走和平发展道路，是我们党根据时代发展潮流和我国根本利益作出的战略抉择。"④我们要"加强战略

---

① 习近平:《全面贯彻落实党的十八大精神要突出抓好六个方面工作》,《求是》2013年第1期。

② 习近平:《关于坚持和发展中国特色社会主义的几个问题》,《求是》2019年第7期。

③ 习近平:《关于坚持和发展中国特色社会主义的几个问题》,《求是》2019年第7期。

④ 钱彤、李学仁:《为我国发展争取良好周边环境 推动我国发展更多惠及周边国家》,《人民日报》2013年10月26日。

思维，增强战略定力，更好统筹国内国际两个大局"[①]。

思考题

1. 战略思维的基本特征有哪些？
2. 结合自身实际谈谈如何增强战略思维能力。
3. 毛泽东在《中国革命战争的战略问题》中指出："全局性的东西，不能脱离局部而独立，全局是由它的一切局部构成的。有的时候，有些局部破坏了或失败了，对全局可以不起重大的影响，就是因为这些局部不是对于全局有决定意义的东西。战争中有些战术上或战役上的失败或不成功，常常不至于引起战争全局的变坏，就是因为这些失败不是有决定意义的东西。但若组成战争全局的多数战役失败了，或有决定意义的某一二个战役失败了，全局就立即起变化。这里说的多数战役和某一二个战役，就都是决定的东西了。"请结合这段话，谈一谈对全局与局部关系的理解。

[①]《习近平谈治国理政》第1卷，外文出版社2018年版，第247页。

第七讲
实践观点与知行合一

　　实践的观点是马克思主义哲学首要的、基本的观点，是马克思主义哲学区别于旧哲学的根本标志。"实践的唯物主义"是马克思主义哲学的确切表述。它从人改造世界的现实活动出发去理解自然、社会和人自身，是倾听实践呼声、探究实践问题、接受实践检验，并在实践中不断丰富、发展和超越自身的唯物主义。坚持和发展马克思主义哲学，就要坚持实践第一的观点，突出问题导向，一切从实际出发，做到实事求是、知行合一。

一、实践基础上的哲学革命

　　黑格尔曾说过,哲学是"思想所集中表现的时代"[①]。马克思将黑格尔的论断作了进一步发挥。他指出:"真正的哲学是自己时代精神的精华",同时又是"文明的活的灵魂"[②]。因此,任何一种哲学体系不仅是一定历史条件和时代问题的产物,还是一定文化传统和文明形态的产物。马克思主义哲学诞生于人类社会从封建时代转向资本主义时代的历史转型期,回答了资本主义社会将向何处去以及人类如何实现自身解放的时代课题。与此同时,马克思主义哲学又处在西方传统哲学向现代哲学转型的历史节点上,不仅延展了传统哲学的原有论题,而且实现了哲学理论主题的根本性转换,即从"认识世界何以可能"转向"人类解放何以可能",由此构建了全新的哲学观。

[①] 乌杰:《系统哲学》,人民出版社2008年版,第26页。
[②]《马克思恩格斯全集》第1卷,人民出版社1956年版,第121页。

（一）西方文明的唯心主义传统

任何哲学体系都有其文化传统。西方文明的哲学传统集中表现为"唯心主义"的世界观。唯心主义亦称"观念论""理念论"。这里的"理念"不是指人头脑中的某个想法，而是指存在于感官世界之上的、可知而不可感的"形而上者"。

在西方哲学史上，巴门尼德是唯心主义的奠基者。他第一个提出了将"存在者"作为哲学研究的对象。此后，柏拉图作出了可感世界和理念世界的划分。感性世界即现象世界，是通过感官经验可以感知的世界。理念世界是不能够通过感官经验直接把握的，必须通过理智才能领悟。所有感性世界的事物之所以能够存在，是因为它们分有了理念世界的理念。但是，分有毕竟只是分有，现象不可能等同于理念本身。感性世界的事物都处于不断的变动不居之中，因此，这是一个"假象世界"。而真正不变的永恒真理是在理念世界之中的。由于现象世界只不过是对理念世界的模仿，相对于绝对的、无限的、圆满的理念世界，感性世界只是一个有限的、相对的和有缺陷的不完美世界。因此，想要正确地认识世界，就必须摒弃现象世界纷繁复杂的干扰，追求理念世界的真理。这样，柏拉图的理念论就在两个世界之间划了一个不可逾越的鸿沟。从此，把握理念世界的真理、寻找"世界的第一原因"便成了西方哲学的母题，笛卡儿、康德、黑格尔等哲学家都处在这条唯心主义哲学传统的延长线上。

更重要的一点是，西方文明的唯心主义传统是与宗教融为一体的。正如不能理解儒家就无法理解中国一样，不能理解基督教也就无法理解西方。一般认为，西方文明的源头有两处，一处是古希腊文化，代表着哲学与理性；另一处是古希伯来文化，代表着宗教与信仰。从某种意义上讲，西方文明正是这两种截然相反的文化的结合体，因此也被称为"两希文明"。

为什么这两种完全异质的文化可以奇迹般地融合呢？因为从根本上讲，两者都服膺于唯心主义的哲学观。概言之，基督教哲学与"柏拉图主义"具有高度的亲缘性，是"理念论"在宗教领域的推演。自奥古斯丁以降，上帝便取代"理念"的地位，成为世界的主宰和至高的存在。因此，西方人从信仰理念转向信仰上帝是一种自然而然的过渡，两者路径上没有本质区别。在西方，哲学问题总是与宗教问题纠葛在一起，因为两者都将上帝、无限和灵魂不朽等彼岸世界作为自己的理论母题，希望在变动不居的经验世界中把握此岸世界的确定性和必然性。

马克思和恩格斯出生于和成长于19世纪的德国。就当时德国的思想文化背景而言，宗教氛围浓郁，而且西方思想文化传统占据着统治地位。也就是说，马克思和恩格斯生来就直接面对着对自身产生重大影响的强大思想文化传统。因此，马克思的哲学革命没有始于哲学批判，而是始于宗教批判。正如马克思所说："就德国来说，对宗教的批判基本上已经结束，而对宗教的批判是其他一切批判的前提。"[1]

由此可见，马克思所要变革的，不仅仅是宗教或者某种特定形态的哲学，而是西方文明根深蒂固的唯心主义世界观。这种世界观历经千年，已经成为当时西方人心中最坚实的精神信仰和最普遍的思维方式。西方人普遍认为，像上帝般完美纯粹的理念才是世界的本质，人类解放的途径和灵魂拯救的道路，只能在纯粹的理念世界中才能够找到。然而，宗教把解放的希望寄托于上帝的救赎，唯心主义及其后继者又把解放的路

---

[1] 《马克思恩格斯文集》第1卷，人民出版社2009年版，第3页。

径仅仅停留于空洞的、实际上毫无实效的道德说教,都没有找到人类解放的现实途径。

(二) 旧唯物主义的缺陷

旧唯物主义泛指马克思主义哲学之前的、与唯心主义对立的唯物主义学说。从总体上看,马克思所批判的旧唯物主义主要包括英国近代的经验论唯物主义、法国的机械唯物主义以及费尔巴哈的"直观唯物主义"。马克思的实践唯物主义是在批判旧唯物主义的过程中形成和发展起来的。要真正理解马克思主义哲学的根本特征和创造性变革,就要了解旧唯物主义的主要缺陷。

与欧洲大陆的唯心主义传统相反,经验论的唯物主义和实用主义在英美国家十分盛行,时至今日也是如此。英国的经验论者洛克认为,人的心灵就如同一块白纸或白板,没有任何主动性,一切思想都是感觉经验对人心灵的撞击,就像颜料撞击到白板上一样。经验论者主张,人的所有可靠认识都必须从经验中来、经过经验的检验,否则就不予承认。经验论的逻辑基础是归纳,归纳力求根据经验的积累,从个别推出一般以及从过去推出未来。按照经验论,所有的认识都来源于经验,经验之外没有真理。然而,有限的经验是无法说明无限的世界的。英国哲学家大卫·休谟提出了著名的"休谟问题"。他认为,人们普遍承认太阳从东方升起,因为人们的经验是太阳都从东方升起,昨天、今天、前天,一直追随到几千年之前都不外如是。那么明天太阳会不会在东方升起呢?休谟认为不一定,因为太阳从东方升起的结论是通过经验归纳出来的,归纳不具有必然性。经验只能必然说明过去,而不能必然说明未来。事实上,所有通过有限举例得出的结论,同样都可以被举出反例而被推翻。

经验论的根本缺陷就在于过于依赖经验，只是消极地、被动地反映外界对象，没有对经验加以反思。经验论者只把历史当作与人无关的事件堆积，忽视了人在社会历史中的创造性力量。

法国的机械唯物主义与流行已久的庸俗唯物主义十分相像。它把整个世界还原为自然物质，认为人只是自然物质的一种表现形式。当我们说"世界是物质的""物质是运动的""运动是有规律的"时，实际上就已经陷入机械唯物主义的窠臼。在机械唯物主义那里，物质是一切生灭变化的主体，"人和自然都服从同样的规律"[①]。机械唯物主义虽然确认了世界的物质统一性，却将人的主体性和创造性一笔抹杀了。在机械唯物主义看来，人只是自然演化的结果，是运转不休的世界机器上的一颗螺丝，社会历史在这样的哲学观下几乎是不可能存在的。

与英国的经验论和法国的机械唯物主义不同，德国哲学家费尔巴哈的"直观唯物主义"试图从主体一方认识和把握客体。但是，费尔巴哈越是高扬人的主体性，就越使得主客体相分离，沦为一种"半截子唯物主义"。如果说洛克把人的心灵压缩成一块白板，那么费尔巴哈只是在这块白板上画上了"直观"的眼睛。"感性直观"是费尔巴哈留给人的唯一的认识能力。"感性"即是人与对象的当下的、直接的感觉，"直观"即是对这一感觉的直接肯定。在费尔巴哈看来，人首先是肉体性、情感性的存在，而不是精神的、理性的存在。他说："生就是活着，感觉着，表露着感觉。而你的感觉越强，就越须要表露；总之，你的感觉和情绪越真实、越强烈、越是本质的，它便越表示为外部的、感性的。诚然，你在感性上未曾表现出来的你，便不算是你。"[②]费尔巴哈主张主体和客体在当下感

[①]《马克思恩格斯全集》第 2 卷，人民出版社 1956 年版，第 164 页。
[②]《费尔巴哈哲学著作选集》上卷，商务印书馆 1984 年版，第 208 页。

受中的直接同一，人无须理性和思辨就直接与对象融为一体。然而，正如马克思所说："费尔巴哈想要研究跟思想客体确实不同的感性客体，但是他没有把人的活动本身理解为对象性的活动。"①人的认识和实践并非表现为单纯的接受和肯定。相反，人的能动性表现为否定性和批判性，而否定和批判就意味着用反思的方式认识世界、用变革的方式改造世界。因此，费尔巴哈越是强调人的感受，就越是窄化了人的认识能力和实践能力，因而也就无法真正理解社会历史表现为一种否定性、批判性的变革。

因此，无论是经验论的唯物主义、机械唯物主义还是费尔巴哈的"直观唯物主义"，最后殊途而同归，都走向了对社会历史的不可知论。马克思的实践唯物主义则超越了"主客二分"的藩篱，开创了以实践为基础的认识世界和改造世界的科学方法。

知识链接：休谟问题

英国哲学家休谟指出，大多数人都相信只要一件事物伴随着另一件事物而来，两件事物之间必然存在着一种关联，使后者伴随前者出现，也就是我们熟知的"因果关系"。休谟在《人性论》以及后来的《人类理解论》一书中反驳了这个理论，他指出，虽然我们能观察到一件事物随着另一件事物而来，我们并不能观察到任何两件事物之间的关联。而依据他怀疑论的知识论，我们只能够相信那些依据我们观察所得到的知识。

---

① 《马克思恩格斯文集》第 1 卷，人民出版社 2009 年版，第 503 页。

（三）实践观点的哲学革命

马克思在《关于费尔巴哈的提纲》中有一句经典名言："哲学家们只是用不同的方式解释世界，问题在于改变世界。"[1]这句话深刻而简洁地说明了马克思主义哲学的实践性特征。在马克思主义之前，西方哲学家对实践的理解往往局限于道德领域，忽视人类生产性的、社会性的实践活动。马克思和恩格斯则自称为"实践的唯物主义者"，以区别于脱离实践的哲学家。因此，他们的哲学也可称为"实践的唯物主义"。

马克思认为："从前的一切唯物主义(包括费尔巴哈的唯物主义)的主要缺点是：对对象、现实、感性，只是从客体的或直观的形式去理解，而不是把它们当作感性的人的活动，当作实践去理解，不是从主体方面去理解。"[2]实践体现了人的主体性。实践本质是当客体不能满足主体时，主体改变客体使之适应自身需要的活动。在实践活动中，主体是自觉的、有意识和有目的的，被一定的欲望和情感所驱动、以一定的知识和思维为基础。在改造客体之前，主体的脑海中已经具有了对客观事物及其规律的认识。这种认识一方面符合事物的客观属性，另一方面体现主体的价值需求。在这里，实践既是一种客观的物质活动，又体现主体的目的性和主观需求。

在人的实践过程中，主体与客体从不是既定的，而是处于相互作用和相互生成的状态中。马克思在《关于费尔巴哈的提纲》中指出："环境的改变和人的活动或自我改变的一致，只能被看做是并合理地理解为革

---

[1] 《马克思恩格斯选集》第1卷，人民出版社2012年版，第136页。
[2] 《马克思恩格斯选集》第1卷，人民出版社2012年版，第135页。

命的实践。"①客体或世界不是外在于人的存在物，而是由人的实践过程创造的"产物"。换言之，没有脱离人的世界。世界的客观存在当然不以人的意志为转移，但是世界必须通过人的实践活动产生价值和意义。人的主体性也不是天生就有的，而是在实践过程中确证和形成的。人的感性活动是理性活动的基础，在改造世界的感性活动中，出于实践的需要和实践的推动，人意识的能动性才历史地发展起来。只有当人的理性能力发展到一定程度时，才有可能进行独立于社会生活之外的理论创造。因此，主体与客体在实践中共同生成。在实践过程中，世界的改变与自我的改变相一致。

唯心主义和旧唯物主义的认识论之所以是局限的，是因为这两种思维方式是基于彼此二分、绝对对立的世界观，没有将社会历史的发展看作一个自我批判和自我革命的变化过程。在马克思看来，整个人类社会历史决不是固定的、僵硬的、一成不变的研究对象，而是在人与自然的矛盾和人与人的矛盾的斗争中，不断通过创造性的历史实践而自我诞生和不断生成的过程。正如马克思、恩格斯在《德意志意识形态》中所指出的："历史不外是各个世代的依次交替。每一代都利用以前各代遗留下来的材料、资金和生产力；由于这个缘故，每一代一方面在完全改变了的环境下继续从事所继承的活动，另一方面又通过完全改变了的活动来变更旧的环境。"②人们通过实践不断创生着人与自然的关系，同时也在创生着人和人的关系。正是在生产力和生产关系的辩证运动中，人们不断实现着自我革命和社会革命，在批判旧世界中发现新世界。

实践唯物主义的哲学观是历史性的、过程性的。它既不是从主体方

---

① 《马克思恩格斯文集》第1卷，人民出版社2009年版，第500页。
② 《马克思恩格斯选集》第1卷，人民出版社2012年版，第168页。

面认识世界，也不是从客体方面认识世界，更不是抓住当下的某一时刻或者事物的某一局部认识世界，而是从人的实践活动中、从主体与客体的相互关系中、从历史发展的前后脉络中动态地把握事物，从而克服了主体性与客体性、此岸与彼岸、有限与无限之间的对立。

二、实践是人类的存在方式

实践是人类专有的、特殊的生命活动形式，是人的存在方式。法国哲学家萨特曾说：存在先于本质。这就是说，人的本质不是既定的，而是通过自己的活动自我塑造和自我选择的结果。动物以自身对环境的消极适应而达到与自然的统一，依赖本能维持自己的生存，因此动物只是自然的一部分。与动物相反，人自成一类，人是以自身对环境的积极改造而达到与自然统一。正如《尚书·泰誓》所言："惟天地万物父母，惟人万物之灵。"人不仅通过实践活动维持自己的基本生存，而且在改造自然和社会中不断完善和发展自身。

（一）实践是人特殊的生命活动形式

马克思指出："一个种的全部特性、种的类特性就在于生命活动的性质。"[①] 这段话表明，一个物种的存在方式就是它的生命活动形式。从人类生存的前提来看，人类要生存下去，就必须进行满足基本生活需要的

[①] 《马克思恩格斯文集》第1卷，人民出版社2009年版，第162页。

物质生产活动,即"生产物质生活本身"①。通过实践活动,人不断创造着适合人类生存和发展的基本条件。这种条件不是凭空创造的,而总是受到一定的历史条件制约、为一定的客观规律所支配。因此,人的实践活动表现为客观现实性和社会历史性的统一。

实践是物质的、客观的活动。构成实践的诸要素,实践的主体、实践对象和手段都是客观存在,都受到客观条件的制约。马克思、恩格斯在《德意志意识形态》中指出:"我们开始要谈的前提不是任意提出的,不是教条,而是一些只有在想象中才能撇开的现实前提。这是一些现实的个人,是他们的活动和他们的物质生活条件,包括他们已有的和由他们自己的活动创造出来的物质生活条件。因此,这些前提可以用纯粹经验的方法来确认。"②所谓"现实的个人",既不是纯粹的"意识主体",也不是作为单纯的生物个体的生命存在,而是以一定的社会形式结合在一起的,从事实际活动的,不断生产着自己和创造着世界和历史的"他们"。以往的思想家热衷于构造抽象的人性去解释社会历史的起源和发展,但是,他们没有意识到,人的一切社会活动和精神活动都以人的生命活动为前提,而一切生命活动都离不开物质生产活动。现实的个人既不是独立于现实生活的纯粹的精神实体,也不是纯粹的服从自然规律的物质实体,而是在既有的物质生活条件下不断创造和改变着现有"物质生活条件"的实践着的人。

实践是一种对象性的活动,是人们自觉改造物质世界、将自身的需要以目的的形式贯注到对象中去的活动。对象化是人独有的能力。马克思在《1844年经济学哲学手稿》中指出:"人是类存在物,不仅因为

---

① 《马克思恩格斯选集》第1卷,人民出版社2012年版,第158页。
② 《马克思恩格斯选集》第1卷,人民出版社2012年版,第146页。

人在实践上和理论上都把类——他自身的类以及其他物的类——当做自己的对象"①，动物是没有对象的，动物不把自身的生命活动和外部世界区分开，因此也就不会把世界作为自己认识和改造的对象。相反，人的活动是自由的、有目的的和创造性的，人能够通过对象性活动使世界变成从属于人的需要的存在，突破与世界的直接统一，建构一种用否定世界来肯定自己的辩证统一过程，让世界"为我而存在"。②

实践不是孤立的个人的活动，而是处于一定社会中的现实的人的社会性活动。人总是在一定社会关系中进行实践，人也必然表现为一定社会关系的产物。正如《德意志意识形态》所指出的："人们之所以有历史，是因为他们必须生产自己的生活，而且必须用一定的方式来进行。"③这就是从"生产"的生存论意义上，对"历史"的根据进行的深刻揭示，即人不能脱离社会历史而存在。尽管某些实践活动表现为单个人的个体活动。但是，实践的对象和实践的工具总是由社会提供的，实践规模和实践方式总是受到一定社会关系和历史条件的制约。以科研活动为例。科研活动看似是科学家个人的智识活动，但是科学家只有在解决物质生活问题之后才能从事科研，他的衣食住行等基本生活保障都是由社会给予的。正如马克思所说："甚至当我从事科学之类的活动，即从事一种我只在很少情况下才能同别人进行直接联系的活动的时候，我也是社会的，因为我是作为人活动的。不仅我的活动所需的材料——甚至思想家用来进行活动的语言——作为社会的产品给予我的，而且我本身的存在就是社会的活动。"④

---

① 《马克思恩格斯选集》第 1 卷，人民出版社 2012 年版，第 161 页。
② 《马克思恩格斯选集》第 1 卷，人民出版社 2012 年版，第 533 页。
③ 《马克思恩格斯文集》第 1 卷，人民出版社 2009 年版，第 533 页。
④ 《马克思恩格斯文集》第 1 卷，人民出版社 2009 年版，第 188 页。

（二）实践创造了人与自然的关系

自然界是人类赖以生存、赖以活动的物质基础，人和动物一样，只有立足于自然才能够生活。然而，人又与动物不同，不是消极地、片面地适应现成的自然界，而是通过实践活动改造自然，使之适合人的生存与发展。实践是连接人与自然的纽带，是人改造物理世界和创造价值世界的武器。通过这种改造和创造，自然界的事物转变为受人们享用、为人们消化的对象，成为人物质生活和精神活动的一部分，成为"为人而存在"的"人化自然"。

实践是一种否定性、批判性的活动。马克思在《1844年经济学哲学手稿》中指出："人通过实践创造对象世界，改造无机界，人证明自己是有意识的类存在物，就是说是这样一种存在物，它把类看做自己的本质，或者说把自身看做类存在物。"[①] 在马克思看来，实践表现为否定性、批判性和创造性，表现为人对世界的不满足。这种不满足驱使人类去改造世界，使现存世界朝着有利于人类生存的方向变化发展。人改造自然的方式是将人的目的、需要和意志贯注到"物"中。进一步说，人的实践活动是一种赋形活动，就是把尺度赋予对象，将头脑中构造的形式在现实中生产出来，将自己的观念、理念通过实践转化为现实的产品，既生产物质产品，又生产精神产品，既生产出人与自然的关系，又生产出人与自身的关系，而由全部物质产品、精神产品、自然关系和社会关系构成的总和就是属人的意义世界。马克思指出："被抽象地理解的、自为的、被确定为与人分

[①] 《马克思恩格斯文集》第1卷，人民出版社2009年版，第162页。

隔开来的自然界，对人来说也是无。"①因此，从来没有脱离人的自然，也从来没有脱离自然的人，只有在实践中不断被建构出的属于人的自然。

人的实践活动既是一种创造性的活动，也是一种历史性的活动，人的实践能力亦即人的生存能力也必然在历史中得到创新和发展。马克思指出："每一代都利用了以前各代遗留下来的材料、资金和生产力；由于这个缘故，每一代一方面在完全改变了的环境下继续从事所继承的活动，另一方面又通过完全改变了的活动来改变旧的环境。"②这就说明，人们是在继承以前各代遗留下来的实践方式的基础上，不断开创新的实践方式。实际上，我们面对的自然界早已不是先于人类历史而存在的自然界，而是包含着全部人类活动结果的自然界。人在社会历史中不断形成超越动物性需要的新需要，如精神的需要、交往的需要、审美的需要等。这些需要又使人创造出各种各样新的实践方式去改造自然。因此，与人无关的"自在自然"的范围越来越小，"人化自然"的范围越来越大，而人的实践能力和生存能力也随着实践规模的扩大而变得越来越强。

自然是人"无机的身体"，是人获取物质生活资料的主要来源，是人进行生命活动的基本载体，是社会历史发展的物质基础。人与自然你中有我、我中有你。只有通过实践活动，人通过与自然的互动，通过能动地改造世界，才能彰显人的本质、实现人的价值。

（三）实践构建了人与人之间的社会关系

人为了生活，不仅同自然界发生关系，而且在人与人之间也必然发

---

① 《马克思恩格斯文集》第 1 卷，人民出版社 2009 年版，第 220 页。
② 《马克思恩格斯文集》第 1 卷，人民出版社 2009 年版，第 540 页。

生一定的社会关系。马克思、恩格斯在《关于费尔巴哈的提纲》中指出："人的本质不是单个人所固有的抽象物，在其现实性上，它是一切社会关系的总和。"① 人总是生活在社会中，作为社会存在物同自然和他人发生关系。正如马克思所说："人的全部社会生活在本质上是实践的。"② 正是通过物质生产实践以及社会变革实践，人不断生产和再生产着自己的物质生活以及其他全部社会生活，不断构建和革新着全部社会关系。

在马克思看来，人本质上是社会性的动物，人只有在社会中才能获得和确证自己存在的价值。我们可以拿鲁滨逊和社会中的人作对比。鲁滨逊的生存能力极其强悍。他会盖房子、会种地、会养山羊、会做桌椅板凳各种家具，甚至还会制药。单从实践能力上考虑，鲁滨逊比任何一个普通的人都要强大得多。然而，鲁滨逊的内心一直是空虚的。沦落荒岛之后，鲁滨逊没有一天是快乐的。因为鲁滨逊可以生产很多物品，但是却生产不出一个他者，生产不出社会关系。只有当鲁滨逊发现孤岛上还有另一个人的时候，他才第一次感到社会给予他的存在价值。从某种意义上，只和自然打交道的人仍然是动物，只有参与到人们的共同活动中，人才成为人。

社会是一个由人的各种关系结合而成的有机系统，社会的运动发展通过人们的社会实践活动来实现和表现。社会的各种矛盾产生于人们在实践活动中的矛盾，其中既有人与自然的矛盾，也有人与人之间的矛盾；既有物质生产领域的矛盾，也有精神交往领域的矛盾。实际上，人们的社会实践活动本身就是一个矛盾不断产生和不断解决的过程，原有的矛盾解决了，新的矛盾又随之产生了。这种社会矛盾的此消彼长，构成了

---

① 《马克思恩格斯选集》第 1 卷，人民出版社 2012 年版，第 501 页。
② 《马克思恩格斯选集》第 1 卷，人民出版社 2012 年版，第 501 页。

人类历史的发展过程。马克思、恩格斯指出:"'历史'并不是把人当做达到自己目的的工具来利用的某种特殊的人格。历史不过是追求着自己目的的人的活动而已。"①

然而,人的实践活动不是随心所欲的,人不能自由地选择某一种社会形式,也不能随意地创造历史。人们的实践活动从一开始就处于历史之中。他们不得不面对前人活动留下的结果,不得不接受现实的社会环境。现实的社会环境和客观的历史条件,又制约着人们实践活动的方向和样式,并预先规定着未来社会的形式和性质。人的社会实践活动是批判的、革命的,世界上不存在完美无缺的社会形式,过去不存在,未来也不会存在。正如马克思所说:"实际上,而且对实践的唯物主义者即共产主义者来说,全部问题都在于使现存世界革命化,实际地反对并改变现存的事物。"②只要当社会环境妨碍着人们发展的需要,甚至妨碍着人们基本的生存需要,人们就会通过批判的、革命的实践活动现实地改变和超越不合理的社会环境,创造出新的社会环境。

人的实践能力是一个历史性的范畴,在一定意义上,实践的水平、数量、种类就代表着人的自由全面发展的程度。人自由全面发展到什么样的程度,就具有什么样的实践能力。人正是在社会实践的过程中解放着自身、发展着自身,人自由全面发展的过程就是人实践的过程。正是在实践中,人类社会得到发展,同时又为人的自由全面发展提供社会文明条件,人的发展反过来又会使人具备更强的实践能力,提供更新、更高级、更多的实践。人的发展、社会历史的发展正是在社会实践的基础上实现了有机的统一。

---

① 《马克思恩格斯全集》第 2 卷,人民出版社 1956 年版,第 118—119 页。
② 《马克思恩格斯选集》第 1 卷,人民出版社 2012 年版,第 527 页。

三、实践与认识的具体统一

马克思主义的认识论本质上是一种实践认识论。这种认识论以人的社会实践为出发点，把实践作为认识过程的基础、动力、目的和检验标准来分析问题。实践观点的认识论不是主体对客体的被动反映和静态直观，而是在实践基础上对客体受动反应和主体能动活动的有机结合，是对外意识和自我意识的统一，是反映和创造的统一。马克思主义从来不把实践和认识分隔开，而是从实践出发考察认识的发生、本质和过程，从而在认识论发展史上产生了革命性变革。实践的认识论要求我们坚持实践与认识具体的、历史的统一，做到一切从实际出发，在实践中坚持和发展真理，正确认识世界和改造世界。

（一）实践与认识统一于主体与客体的相互作用

按照马克思的观点，人的实践活动和认识活动，本质上是一个不可分离的、相互交织的统一过程。并不存在单纯意义上的认识活动，也不存在孤立意义上的实践活动，两者始终是连在一起的，是不可分开的。实践和认识只是同一个有机整体的两个方面，而二者相统一的根据源于主体与客体在"实践—认识"活动中的相互作用。

马克思之前的认识论尽管存在着不同的派别和不同的观点，但是它们都存在着一个共同缺陷，那就是没有看到主体与客体在实践活动和认识活动中的相互作用。一般而言，认识的目的是洞察客观世界的本来面目和揭示事物存在和发展的客观规律。因此，在认识的过程中，主体要摒弃自身的主观任意成分，尽量客观地反映事实。然而，这种对客体的能动反映并不意味着客体与人决然无关，并不意味着不以人的意志为转移的客观规律是外在于人而存在的。

实际上，凡是人认识的客体，都毫无例外地被打上了主体的烙印。这种烙印主要表现为两个方面：第一，人与世界的关系首先是改造与被改造的关系，在此基础上才产生出反映与被反映的关系。正是在这种双重关系中，人们既改造着外部自然，又改造着人本身的自然。因此，外部世界首先就表现为被人类实践活动改造后的产物，人们在认识外部世界时，这个看似与人无关的世界中其实已经包含着人的因素了。第二，人的认识活动总是以一定的认识图式作为知识背景，并将其作为认识工具运用于对象上。认识图式把客体的信息转变为主体所特有的认识内容和思维形式，在人的头脑中形成关于客体的观念模型。这种认识工具对客体施加的作用和影响，实际上反映出主体在认识客体时对客体进行的思维重构。人的认识活动表面上是在客观地反映客体，但其实是一种观念的改造和创造，即使我们摒弃所有的主观成分，也无法抛弃认识的目的、计划、意志以及所处的时代背景和文化传统。

我们讲一切从实际出发、实事求是，当然是要把客观存在的事物作为观察和处理问题的根本出发点，正确地反映客体的属性、状态、本质和规律。但是，这种反映不是机械地反映和直观地摹写，而是要看到我们所面对的客观实际已经包含了大量的主体因素、历史条件以及特定的文化传统。这些难以通过镜面式地反映就能察觉出的因素，恰恰是社会历史发展规律的隐含前提。恩格斯曾说过："马克思的理论是任何坚定不移和始终一贯的革命策略的基本条件；为了找到这种策略，需要的只是把这一理论应用于本国的经济条件和政治条件。"① 也就是说，运用马克思主义制定革命策略，必须与具体的社会历史条件相结合，必须要同特定历史发展阶段的客观实践相适应。

（二）实践与认识统一于认识运动的辩证结构

认识世界和改造世界是一个相互依赖、相互制约的辩证发展过程。认识世界是为了改造世界，而要有效地改造世界，又必须正确地认识世界。从认识的过程来看，人的认识要经历两个阶段，即从感性认识上升到理性认识，再用理性认识去指导实践。实践是认识的基础，因此认识从实践中来；实践又是认识的目的，因此认识又要到实践中去。通过实践的检验，人的认识不断地由不知到知，由知之较少到知之较多，形成了"实践、认识、再实践、再认识"的辩证发展过程。

列宁指出："从生动的直观到抽象的思维，并从抽象的思维到实践，这就是认识真理、认识客观实在的辩证途径。"② 人们在实践过程中获得感性认识，这种认识是生动的、直接的、初级的。感性认识是用具体的、生动的形象直接反映外部世界，以事物的现象即外部联系为内容，还没有深入对事物的本质的认识。然而，人的感性认识不同于动物的感觉活动，它始终同人特有的认识图式相联系。因此，人的感觉在任何时候都不可能是没有理性参与的纯粹感觉，而始终伴随着理性的介入和反思。

人的理性活动是反思的活动，借助抽象思维，感性材料得到概括和整理，升华为概念、判断和推理以及对事物的本质、内部联系的认识。

---

① 《马克思恩格斯文集》第 10 卷，人民出版社 2009 年版，第 532 页。
② 《列宁全集》第 55 卷，人民出版社 1990 年版，第 142 页。

理性认识不仅表现为概念、判断和推理的形式，还包括由概念、判断、推理所构成的理论体系。理论体系是思维把握存在的整体的、系统的形式，其作用就在于把事物的本质和规律在思维中具体地再现出来。这种再现反映的是客观事物的本质和规律，具有高度的抽象性和普遍性。然而，实践活动却是具体的、生动的、多变的，用理论体系直接应用于实践活动必然导致削足适履，甚至南辕北辙。因此，要实现理性认识到实践活动的飞跃，还必须结合自身的需要和现实的条件。

毛泽东指出："抓着了世界的规律性的认识，必须把它再回到改造世界的实践中去，再用到生产的实践、革命的阶级斗争和民族斗争的实践以及科学实验的实践中去。这就是检验理论和发展理论的过程，是整个认识过程的继续。"[①] 如果说理性认识是关于对象本身的本质和规律的认识，那么从理性认识过渡到实践活动，还需要经历实践方案这一环节。所谓实践方案，就是人们为了满足自身的需要而制定的关于改造对象的目标、规划和措施。从内容上看，实践理念以理性认识为基础，但比理性认识更加丰富。它凝结着主体本身的需要和目的，以及主体为了达到自身需要而采取的具体手段。实践方案转化为实践活动，在现实中得到检验、纠正、深化、发展。

从实践到认识、再从认识到实践的两次飞跃，是联系主体实践活动和认识活动的内在纽带，构成了一条"感性具体—理性抽象—理性具体"的否定之否定过程。作为最终结果的实践方案，不仅包含着关于客体本质和规律的普遍性认识，而且包含着主体自身的需要以及实践活动的具体要求，是实践活动与认识活动、主体与客体的具体的统一。

---

① 《毛泽东选集》第1卷，人民出版社1991年版，第292页。

（三）实践与认识统一于人实践能力的历史发展水平

人的实践过程，是运用自己的本质力量掌握世界，使之满足自身物质需要和精神需要的过程。在这个过程中，作为主体的人的实践能力亦即人的生存能力，制约着人赖以生存的世界范围，制约着人活动空间的广度和深度。与之形成对应的是，一定历史时代的社会实践能力总是对象性地表现着该时代人的本质力量和普遍性的发展水平。人类实践活动与认识活动的统一性，在现实领域表现为人的认识水平随着社会实践发展程度的提高而提高，在历史领域表现为对历史的"从后思索"，随着社会历史的充分展开而得以理解。

人类生活和活动的感性世界，是一个由人的连续实践活动而不断"膨胀"着的"人化世界"。每个时代的人都面对着以往人类实践的成果，都是在继承前人留下的物质财富和精神财富的基础上构建着自己的生活方式。这种人类专有的"社会遗传"使得人类的物质文化和精神文化不会因个体的消亡而消失，同时又保证了后人可以通过占有和吸收前人活动成果的方式不断丰富人的本质力量，从而提高主体能力，使主体能以更高的水平去改造客体。

随着实践能力的提高，人的认识能力也表现出一种相关性和同步性。虽然在一定的历史条件下，实践活动有时会超前于认识活动，认识活动也可能超前于实践活动。不过从总体上看，这两者的相差只在一定限度内。人的思维能力和认识能力的确随着实践能力的提升而发展，但是两者发展的同步性是相对的，不同步性是绝对的。而且，正是因为实践和认识的不同步性，才突破了"实践—认识"活动在某一确定阶段的循环，从而推动人的实践能力和认识能力的真正跃升。正如毛泽东在《实践论》中所概括的："实践、认识、再实践、再认识，这种形式，循环往复以至无穷，而实践和认识之每一循环的内容，都比较地进到了高一级的程度。"①

人类认识水平的提升在历史领域表现为"从后思索"。社会发展是从过去到现在，从低级到高级。然而，历史已经过去，在认识历史的活动中，认识主体不可能直接面对认识客体，因而对历史的认识就不能走从过去到现在、从低级到高级的道路。相反，只能从高级推测低级、从现在回到过去，也就是"反过来思"。马克思曾说过："人体解剖对于猴体解剖是一把钥匙。反过来说，低等动物身上表露的高等动物的征兆，只有在高等动物本身已经被认识之后才能理解。"②也就是说，历史中的各种因素和关系，只有在其充分发展、充分展现之后才能被充分认识，而其充分展现之后又已经否定了自身，转化为高级的东西了。因此，考察过去的、低级的社会形式反而要以现实的、高级的社会形式作为参照系。

"从后思索"法的高明之处在于：它确认历史认识的特殊性和有限性，认为在历史认识活动中，既不存在一个抽象的反映和摹写过程，也不存在一个纯粹的"理念"或"精神"的建构过程。它把人的认识的限度划定在一定的实践活动之内，把现实社会看作过去历史的延伸与拓展，进而从现实实践出发去探讨过去的历史以及人们认识历史的过程和规律。

---

① 《毛泽东选集》第1卷，人民出版社1991年版，第296—297页。
② 《马克思恩格斯文集》第8卷，人民出版社2009年版，第29页。

四、坚持问题导向抓落实

认识是前提、是基础，实践是重点、是关键。认识的目的不在于认识活动本身，而在于付诸实践、改变世界。马克思主义是改变世界的理论。所谓改变世界就是解决问题，解决问题的前提在于发现问题。何为问题？问题是事物矛盾的表现形式。无论是自然界、人类社会，还是人本身，都是矛盾的集合体，正是矛盾引起了事物的运动、变化与发展。因此，矛盾是普遍存在的和不可避免的，我们永远面对着不完美的社会形式和生存环境。然而，正是因为人类社会总是包含着这样或那样的问题和矛盾，所以才需要实践的唯物主义者即共产主义者将之批判和变革。作为新时代的马克思主义者，我们要强化问题意识，突出问题导向，直面时代课题，科学地分析问题、解决问题。我们要坚持知行合一、真抓实干，按照"一分部署，九分落实"的要求，真正把措施落到实处、抓出实效。

（一）增强问题意识，直面时代课题

发现问题和正视问题是坚持马克思主义世界观和方法论的重要体现。马克思曾指出："问题却是公开的、无所顾忌的、支配一切个人的时代之声。问题是时代的格言，是表现时代自己内心状态的最实际的呼声。"[1] 每个时代都有属于自己的问题，理论的作用就在于对时代课题的理解和

---

[1]《马克思恩格斯全集》第 1 卷，人民出版社 1995 年版，第 203 页。

把握，在于对社会实践的服务和引领。因此，只有树立强烈的问题意识，实事求是地直面时代课题，才能找到引领时代进步的路标。

可以说，中国共产党的百年奋斗历程就是不断认识问题、分析问题和解决问题的历程，强烈的问题意识成为推动党和国家事业发展以及马克思主义中国化时代化的不竭动力。中国特色社会主义进入新时代，正在进行具有许多新的历史特点的伟大斗争。这很大程度就反映在我们所面对的复杂矛盾上，反映在我们所要解决的实际问题上。正如邓小平所指出的："发展起来以后的问题不比不发展时少。"[①] 没有强烈的问题意识，就不能有效破解前进中的难题，就难以将改革向纵深推进，就难以打开新的发展空间。

习近平总书记深刻指出："要有强烈的问题意识，以重大问题为导向，抓住重大问题、关键问题进一步研究思考，找出答案，着力推动解决我国发展面临的一系列突出矛盾和问题。"[②] 问题无处不在、矛盾无时不有，关键在于敢不敢于正视问题，善不善于发现问题。敢不敢于正视问题是态度问题，要求我们时刻保持头脑清醒，对存在的问题不掩盖、不回避、不推脱。善不善于发现问题是能力问题，要求我们有一双洞察问题的眼睛，拓宽视野看世界、看中国、看历史、看未来，从而对现实中的问题明察秋毫，掌握解决问题的主动权。

[①] 《邓小平年谱（1975—1997）》（下卷），中央文献出版社2004年版，第1364页。

[②] 中共中央文献研究室编：《习近平关于协调推进"四个全面"战略布局论述摘编》，中央文献出版社2015年版，第57页。

（二）科学分析问题，善于解决问题

社会历史的发展是通过人的实践活动不断地解决社会问题而实现的。要有效解决社会问题，首先必须科学地分析问题。随着中国特色社会主义进入新时代，我们遇到了许多从未有过的风险和挑战。克服前进道路上的困难、战胜各种风险挑战，需要准确把握问题实质。因此，从某种意义上说，能不能科学地分析研究问题、善不善于"解剖麻雀"，是能否有效推进我们事业的关键所在。

要科学地分析问题必须抓住事物的本质，把握事物的内在规定性。在马克思主义看来，复杂事物内部总是存在着诸多矛盾，这些矛盾的地位和作用是不同的，其中居于主导地位、起决定作用的矛盾就是主要矛盾，其他矛盾是次要矛盾，而主要矛盾的存在和发展规定着其他矛盾的存在和发展。事物的内在规定性是由事物内部的矛盾运动决定的，其中矛盾的主要方面决定了事物的性质。因此要想抓住事物的本质，就必须培养辩证思维能力，承认矛盾、分析矛盾、解决矛盾，善于抓住关键、找准重点、洞察事物发展规律。

要抓住事物的本质必须熟练掌握矛盾分析法。矛盾分析法的主要内容包括三个方面：第一，坚持用联系和发展的观点看待事物。万事万物都是处在普遍联系与永恒发展过程之中的，世界上不存在完全孤立和静止的事物，要善于把握事物的运动发展趋势，从当前与长远、整体与部分的辩证关系角度分析把握事物。第二，坚持两点论与重点论的统一。要把握好重点与非重点的关系，分清主流和支流，既能抓住主要矛盾和矛盾的主要方面，牵牛牵到牛鼻子；又不忽视次要矛盾和矛盾的次要方面，做到"十个指头弹琴"。第三，处理好矛盾的普遍性与特殊性的关系，抓住问题产生的社会根源与历史条件，既发现矛盾、承认矛盾，又做到具体问题具体分析。

要想将问题分析透彻，还要做好调查研究的功夫。习近平总书记指出："调查研究是谋事之基、成事之道，没有调查就没有发言权，没有调查就没有决策权。"① 调查研究是掌握事物根本的必经环节，没有详细的调查研究，事物的根本不会自动进入人的意识里，自然也就不会形成关于事物根本的正确理论。做好调查研究，重点是处理好调查与研究两个环节的关系。做好调查就要从客观实际出发，深入实际、深入一线、深入问题，要努力掌握大量详实的调查材料。只有材料越多越丰富才能越接近事物的真相。做好研究就是要在做好调查的基础上，对现有材料进行深度思考，探究事物之间的关联，把握事物发展的规律和趋势，从而选择最佳的决策方案。

（三）坚持实践标准，关键在于落实

实践是检验认识正确与否的唯一标准，坚持实践第一的观点，就必须务求实效，紧抓落实。习近平总书记指出："要学习掌握认识和实践辩证关系的原理，坚持实践第一的观点，不断推进实践基础上的理论创新。我们推进各项工作，要靠实践出真知。理论必须同实践相统一。"② 所谓"一分部署，九分落实"，再好的规划设计如果不能落到实处也没有任何的意义。在推进中国式现代化的历史进程中，我们要发扬钉钉子精神，

---

① 习近平：《在党的十九届一中全会上的讲话》，《求是》2018 年第 1 期。
② 习近平：《辩证唯物主义是中国共产党人的世界观和方法论》，《思想政治工作研究》2019 年第 2 期。

坚持苦干实干，力戒空谈。

我们党始终坚持以马克思主义为指导，善于把远大目标、奋斗纲领同脚踏实地、埋头苦干紧密结合起来。我们党之所以能在各个历史时期不断取得伟大成就，之所以能在全国各族人民中享有崇高的威望，靠的就是把马克思主义基本原理同中国具体实际结合起来形成的正确的理论和路线方针政策，靠的就是全党同志团结带领人民群众一步一个脚印地把党的路线方针政策变成认识世界和改造世界的巨大精神力量与物质力量。

所有成就都是干出来的，这里的关键，就是始终注重抓落实。如果落实工作抓得不好，再好的方针、政策、措施也会落空，再伟大的目标任务也实现不了。抓落实要发扬钉钉子精神，正如习近平总书记所指出的："干事业好比钉钉子。钉钉子往往不是一锤子就能钉好的，而是要一锤一锤接着敲，直到把钉子钉实钉牢，钉牢一颗再钉下一颗，不断钉下去，必然大有成效。如果东一榔头西一棒子，结果很可能是一颗钉子都钉不上、钉不牢。要发扬钉钉子精神，不折腾、不反复，切实把工作干出成效来。"[1] 这就说明，抓落实首先要抓到点上、以点带面。要盯住事关全局的重点工作，把力量凝聚到点上，着力解决涉及全局的突出问题，以点带面，推动全局，避免"撒胡椒面"似的这里抓一下，那里敲一点，浅尝辄止、朝三暮四。要一抓到底，常抓不懈，一步一个脚印，步步为营，深入而持续地抓好落实。抓落实，就要有"咬定青山不放松"的韧劲、不达目的不罢休的狠劲，真正把各项工作落到实处、抓出实效。

空谈误国，实干兴邦。我们要坚持一张蓝图绘到底，坚持"一分部

---

[1] 中共中央宣传部编：《习近平新时代中国特色社会主义思想学习纲要》，学习出版社、人民出版社2019年版，第251页。

署，九分落实"，任务一经确定，就要一步一个脚印、稳扎稳打向前走，不断积小胜为大胜，结合新的实际，用新的思路、新的举措，切实把工作落到实处，做出经得起实践、人民、历史检验的实绩，脚踏实地把既定的科学目标、好的工作蓝图变为现实。

思考题

1. 为什么说实践是人类的存在方式？
2. 认识活动的两次飞跃是什么？
3. 结合实际谈谈对马克思这段话的理解："社会生活在本质上是实践的。凡是把理论诱入神秘主义的神秘东西，都能在人的实践中以及对这种实践的理解中得到合理的解决。"

第八讲
社会基本矛盾与全面深化改革

习近平总书记在十八届中央政治局第十一次集体学习时讲话强调，要学习和掌握社会基本矛盾分析法，深入理解全面深化改革的重要性和紧迫性。他指出："我们提出进行全面深化改革，就是要适应我国社会基本矛盾运动的变化来推进社会发展。"[①]社会基本矛盾理论是历史唯物主义关于社会存在和发展问题的规律性认识。社会基本矛盾理论有助于我们从本质层面认识社会存在的结构、了解社会运动的秘密和预判社会发展的方向。社会基本矛盾理论是当前我国全面深化改革的哲学依据。在新的历史条件下，深入学习和正确运用社会基本矛盾原理，有助于我们更进一步地把握全面深化改革的重要意义。

---

① 习近平：《坚持历史唯物主义不断开辟当代中国马克思主义发展新境界》，《求是》2020年第2期。

一、社会发展动力的基本结构

习近平总书记在纪念马克思诞辰 200 周年大会上的重要讲话中指出："学习马克思，就要学习和实践马克思主义关于人类社会发展规律的思想。"[①] 马克思主义哲学的一大贡献，就是创立了唯物史观理论，从而揭示了人类社会发展规律，指明了人类社会发展动力的基本结构。唯物史观认为，生产力和生产关系的矛盾，经济基础和上层建筑的矛盾，是贯穿人类社会始终的基本矛盾。生产力和生产关系的矛盾运动，经济基础和上层建筑的矛盾运动是人类社会发展的根本动力。

马克思深刻地指出："人们在自己生活的社会生产中发生一定的、必然的、不以他们的意志为转移的关系，即同他们的物质生产力的一定发展阶段相适合的生产关系。这些生产关系的总和构成社会的经济结构，即有法律的和政治的上层建筑竖立其上并有一定的社会意识形式与之相

[①] 习近平：《在纪念马克思诞辰 200 周年大会上的讲话》，人民出版社 2018 年版，第 16 页。

适应的现实基础。物质生活的生产方式制约着整个社会生活、政治生活和精神生活的过程。不是人们的意识决定人们的存在，相反，是人们的社会存在决定人们的意识。"[1] 在马克思看来，物质生活的生产方式决定着社会发展的程度、性质、面貌和形态等。所谓物质生活的生产方式是指人们为了维持自己的生存而通过生产劳动向自然界获取必需的生产生活资料的方式。生产方式是生产力与生产关系的统一，生产力决定生产关系。一定的生产力又决定了社会的经济形态，社会经济形态是经济基础与上层建筑的统一。生产力与生产关系、经济基础与上层建筑，共同构成了社会发展动力的基本结构。

知识链接：社会经济形态

社会经济形态是人类社会发展的一定阶段上占统治地位的生产关系的总和，即社会经济结构，是唯物史观的最基本范畴。马克思运用唯物辩证法研究社会生产过程，从一切社会关系中划分出生产关系，并把生产关系作为决定其他社会关系（政治法律关系和社会意识形式）的基本关系，把生产关系的总和作为社会的经济结构，从而创立了社会经济形态这一科学概念。马克思阐明了人类历史依次更替的五种社会经济形态：原始社会、奴隶社会、封建社会、资本主义社会和共产主义社会。它们由于不同的生产关系而相互区别开来，是各有其独特的特征的社会形态。马克思的社会经济形态学说，是理解人类历史发展过程的钥匙，是马克思主义社会学说的理论基石。

---

[1] 《马克思恩格斯文集》第 2 卷，人民出版社 2009 年版，第 591 页。

第八讲　社会基本矛盾与全面深化改革

历史唯物主义认为，生产力和生产关系的矛盾，经济基础和上层建筑之间的矛盾是人类社会发展的基本矛盾。这两对矛盾是推动人类社会发展的根本动力。生产力、生产关系（经济基础）和上层建筑，是社会存在（物质关系）和社会意识（思想关系）的具体展开。它们囊括了社会生活的基本领域，构成了整个社会的基本结构。把握了社会基本矛盾，也就基本上把握了社会的全貌。这两对矛盾存在于一切社会之中，贯穿于社会发展始终。它们的存在和发展，决定着其他社会矛盾的存在和发展，决定着一种社会形态向另一种社会形态的转化，是推动社会发展的根本动力。

生产力和生产关系的矛盾、经济基础和上层建筑的矛盾相互联系、相互作用，构成了社会发展的动力机制，但它们的地位和作用是不同的。由于生产力决定生产关系，生产关系作为经济基础又决定上层建筑，所以，前一对矛盾与后一对矛盾比较起来，前者更为根本，前一对矛盾对后一对矛盾起主导作用。这种主导作用表现在：生产力与生产关系之间矛盾的性质和状况决定着经济基础和上层建筑之间矛盾的性质和状况。当生产关系适合生产力状况时，上层建筑也适合经济基础的发展要求；当生产关系由生产力发展的形式变为生产力发展的桎梏时，上层建筑就与经济基础的变革要求之间发生尖锐的矛盾。当生产力冲破旧生产关系的束缚，确立了新生产关系的时候，旧上层建筑的各个部分也或快或慢地被新的上层建筑所代替，形成在新的条件下的经济基础与上层建筑之间的矛盾。可见，上层建筑与经济基础之间的矛盾源于生产力与生产关系之间的矛盾。

由于生产关系对生产力有反作用，上层建筑对经济基础有反作用，所以，生产力和生产关系之间矛盾的解决，又有赖于上层建筑和经济基础之间矛盾的解决。当生产关系阻碍生产力的发展、上层建筑阻碍经济基础变革的时候，必须经过社会革命，推翻旧的生产关系和上层建筑，从而确立新的生产关系和上层建筑，使新的上层建筑适合经济基础的发展要求，使生产关系适合生产力的发展要求，这样就解放了生产力，解决了生产力与生产关系、经济基础与上层建筑之间的矛盾。可见，上层建筑和经济基础之间的矛盾的解决，制约着生产力和生产关系之间的矛盾的解决。生产力和生产关系、经济基础和上层建筑之间的交互作用，形成了社会基本矛盾运动。这一矛盾运动总是从生产关系与生产力、上层建筑与经济基础之间的基本适合到基本不适合，再从基本不适合到基本适合，从量变到质变，再从质变到新的量变，如此循环往复，推动着人类社会不断地从低级形态向高级形态发展。所以说，社会形态的更替，是社会基本矛盾运动的结果。社会基本矛盾是推动社会历史发展的根本动力。

二、生产力是社会发展的最终决定力量

习近平总书记指出："学习马克思，就要学习和实践马克思主义关于生产力和生产关系的思想。马克思主义认为，物质生产力是全部社会生活的物质前提，同生产力发展一定阶段相适应的生产关系的总和构成社会经济基础。生产力是推动社会进步最活跃、最革命的要素。"[①]学习马克思主义哲学的世界观和方法论，一个重要内容就是善于从物质生产领域探索社会历史发展规律，这就要求我们必须深刻认识生产力的决定性作用。在社会发展基本动力结构中，生产力与生产关系的矛盾运动居

[①] 习近平：《在纪念马克思诞辰 200 周年大会上的讲话》，人民出版社 2018 年版，第 17—18 页。

于主导地位，是社会发展的最终决定力量。

（一）生产力与生产关系的基本内涵

生产力是人们改造自然而肯定自身存在和发展的物质力量。人总要依赖一定的自然而活，需要从自然中获取必需的物质资料，离开了自然人就失去了存在发展的物质基础。但是自然无法完全地满足人，自然在一定程度上会成为人发展的限制与禁锢。人要想实现自身的生存和发展，就必须既能够利用自然，又能够改造自然。人的这种改造外部世界使之为己服务的能力，就是生产力。人们能够生产什么，能够在什么样的层次上利用和改造自然，生产力水平就发展到什么程度。

生产力不是单纯的客观性力量，生产力是主客观的统一。从主体方面来讲，人是生产活动的主体，生产力概念必须包含从事物质资料生产的劳动者这一要素。生产力带有主观目的性，体现了人在一定阶段一定条件下的需要，劳动者可以在一定程度上决定生产什么。从客体方面讲，生产力又包含劳动资料和劳动对象这两大要素。生产力的客观方面制约着生产力的水平，生产力的客观方面既是生产力的过程，也是生产力的结果。劳动者借助劳动资料与劳动对象发生交互性关系，使生产力成为一个劳动的过程，生产力的主客体方面就得到了统一。在这个过程中，生产力不会是一成不变的。生产力既是过往活动的结果，同时又是未来活动的基础，使得生产力的发展具有继承性和连续性。

生产关系是人们在生产过程中结成的社会关系。生产活动从来不是单个人的活动，人是社会性的存在，总是处在相互联系的社会关系之中。马克思指出："他们只有以一定的方式共同活动和互相交换其活动，才能进行生产。为了进行生产，人们相互之间便发生一定的联系和关系；只有在这些社会联系和社会关系的范围内,才会有他们对自然界的影响,才会有生产。"[①] 人们要生产什么决定了他们怎样生产,生产关系体现的正是人们怎样生产这一问题。人们会依据要生产什么,来决定采取什么样的方式和手段进行生产。不同的生产方式必然体现为不同的人与人之间的关系,因而生产关系也就不同。

(二)生产力和生产关系的矛盾运动

生产力和生产关系是辩证统一的。它们之间的矛盾运动,是遵循生产关系一定要适应生产力发展状况的规律的。生产力决定生产关系,是历史唯物主义的基本原理。它深刻地揭示了社会历史发展的最后决定力量和源泉。

第一,在生产力和生产关系的矛盾运动中,生产力对生产关系起决定作用。这种决定作用表现在两个方面:一是生产力的状况决定生产关系的性质。这是因为,生产力是生产关系形成的前提和基础,生产关系是适应生产力发展的要求而建立起来的。任何一个社会历史阶段的生产方式,都是以一定的生产力为其内容,与之相适应的生产关系则是生产力赖以存在和发展的社会形式。有什么样的生产力就会有什么样的生产关系,在此基础上也会形成什么样的社会。二是生产力的变化决定着生产关系的变化和发展。这是因为,生产力是生产方式中最活跃、最革命的因素。它总处于不断的变化和发展过程之中。社会生产的变化和发展总是先从生产力的变化和发展开始的。生产关系具有相对的稳定性。一种生产关系一旦形成,就会在一定的时期内保持相对稳定的形式。但

[①] 《马克思恩格斯选集》第1卷,人民出版社2012年版,第340页。

这并不意味着生产关系是凝固不变的。随着生产力的发展，必然要引起生产关系的发展和变革。随着生产力的发展，生产关系在相对稳定中也会发生逐渐的变化。当生产力发展到一定阶段，生产工具发生根本性质的变化，旧有的生产关系再也容纳不下新的生产力的发展的时候，就必然会引起生产关系的根本变革，从而使新的生产关系代替旧的生产关系。

第二，生产关系对生产力具有能动的反作用。生产力决定生产关系，但生产关系对生产力不是消极的、被动的。生产关系作为生产力赖以存在和发展的社会形式，它对生产力具有能动的反作用。这种反作用具体表现为：一是当生产关系适合生产力的状况时，就会对生产力的发展起促进作用；二是当生产关系不适合生产力的状况时，就会阻碍以至破坏生产力的发展。当然，这里的"适合"与"不适合"要辩证地看待和具体地分析，而不能僵化、片面地理解。当生产关系的性质与生产力发展的要求相适合时，也还会存在某些方面、某些环节上的不完善，从而同生产力的发展要求发生一定的矛盾，这就需要具体地调整和改革这些具体的环节和方面；当生产关系与生产力的发展要求不相适合的时候，也并不意味着生产力的发展就会绝对停滞，不再有任何量的发展，而是表现在生产关系的基本形式不能适应生产力的性质，成为生产力进一步发展的瓶颈制约。

对生产力和生产关系的相互作用必须进行辩证把握，既要坚持生产力的决定作用，又要充分重视生产关系的反作用。任何忽视生产力的决定作用或忽视生产关系的反作用的观点，都是片面和错误的。生产关系一定要适应生产力发展状况的规律，是人类社会发展的一个客观规律，是在各个社会形态都发生作用的普遍规律。

知识链接:"两个决不会"

马克思在《〈政治经济学批判〉序言》中说:"无论哪一个社会形态,在它所能容纳的全部生产力发挥出来以前,是决不会灭亡的;而新的更高的生产关系,在它的物质存在条件在旧社会的胎胞里成熟以前,是决不会出现的。"[①] 马克思的这一重要论点,可以帮助我们理解为什么资本主义至今没有完全消亡,为什么社会主义还会出现苏联解体、东欧剧变那样的曲折,为什么马克思主义预见的共产主义还需要经过很长的历史发展才能实现。学懂了这一认识和研究社会历史发展的科学世界观和方法论,我们就能坚定理想的主心骨、筑牢信念的压舱石,保持强大的战略定力。

第三,生产力和生产关系的矛盾运动。生产力和生产关系的矛盾运动是按照生产关系一定要适合生产力状况的规律发展的。在社会生产过程中,生产力和生产关系之间始终存在着矛盾。这对矛盾在生产方式发展的不同阶段,表现出不同的状况。一般来讲,在新的生产关系建立起来之后的一定时期,生产关系的性质同生产力的发展要求是基本适应的。这一阶段的生产关系,对于生产力的发展具有积极的推动作用。在这种情况下,保持生产关系的相对稳定,是生产力发展的客观要求。这个阶段的生产力和生产关系之间的矛盾仍处在量变阶段,还不能引起整个生产关系系统的根本变革。当生产力发展到一定程度,原有的生产关系就逐渐地由适应生产力的发展变成不适应新的生产力的要求了。这个时候,

---

① 《马克思恩格斯文集》第 2 卷,人民出版社 2009 年版,第 592 页。

生产力和生产关系之间的矛盾就日益激化起来，就会历史地提出对生产关系进行根本变革的要求。由此，生产力和生产关系之间的矛盾就从量变阶段演变到根本质变的阶段。在完成生产关系的新的根本变革之后，就会开始新一轮的矛盾运动。生产力和生产关系之间的矛盾运动推动人类社会不断地由低级阶段发展到高级阶段，每一次都会带来社会发展的新进步。

三、经济基础和上层建筑的相对独立性

人类社会发展的基本矛盾，除了生产力和生产关系之间的矛盾之外，还有经济基础和上层建筑之间的矛盾。其中，生产力与生产关系之间的矛盾决定着经济基础和上层建筑之间的矛盾，而生产力和生产关系矛盾的解决，则有赖于经济基础和上层建筑之间矛盾的解决。

（一）经济基础与上层建筑的基本内涵

经济基础是指由社会一定发展阶段的生产力所决定的生产关系的总和。理解经济基础的内涵，要把握两点。其一，经济基础的实质是社会一定发展阶段上的基本经济制度，是制度化的物质社会关系。在一定社会内部往往存在着多种而不是单一的经济关系，但决定一个社会性质的是其占支配地位的经济关系。其二，经济基础与经济体制具有内在联系。经济体制是社会基本经济制度所采取的组织形式和管理形式，是生产关系的具体实现形式。经济体制与生产力发展的关系更为直接、更为具体，

在实践中它是与社会的基本经济制度结合在一起的。经济体制的选择是否恰当,对基本经济制度即生产关系的自我完善和生产力的发展起重大作用。

上层建筑是指建立在一定经济基础之上的意识形态以及相应的制度、组织和设施。自原始社会解体以来,上层建筑便由意识形态和政治法律制度及设施、政治组织等两部分构成。意识形态又称观念上层建筑,包括政治法律思想、道德、艺术、宗教、哲学等。政治法律制度及设施和政治组织又称政治上层建筑,包括国家政治制度、立法司法制度和行政制度;国家政权机构、政党、军队、警察、法庭、监狱等政治组织形态和设施。观念上层建筑和政治上层建筑的关系是:政治上层建筑是在一定意识形态指导下建立起来的,是统治阶级意志的体现;政治上层建筑一旦形成,就会成为一种现实的力量,影响并制约着人们的思想理论观点。在整个上层建筑中,政治上层建筑居主导地位,国家政权是它的核心。

(二)经济基础与上层建筑的辩证统一关系

第一,经济基础决定上层建筑。经济基础对上层建筑的决定作用,主要表现在以下三个方面。

其一,经济基础决定上层建筑的产生。经济基础是根源,上层建筑是派生物。无论政治的还是思想的上层建筑,它们都产生于或根源于经济基础。恩格斯指出:"每一时代的社会经济结构形成现实基础,每一个历史时期由法的设施和政治设施以及宗教的、哲学的和其他的观念形式所构成的全部上层建筑,归根到底都应由这个基础来说明。"[①]也就是说,

---

[①]《马克思恩格斯选集》第3卷,人民出版社2012年版,第401页。

任何上层建筑现象最终都可以从经济基础中找到根源，得到说明。不过，上层建筑本身又有其相对独立性，有一定的历史继承性，但上层建筑之中的一切成分，无论是被抛弃的还是被保留的，归根到底都是曾经因适应或仍然适应经济基础的需要而产生的。

其二，经济基础决定上层建筑的性质。有什么样的经济基础，或迟或早就会有什么样的上层建筑。谁在生产关系领域居于统治地位，谁就必然要在政治和思想领域中居于统治地位。生产力的发展对社会形态发展起最终决定作用，但直接决定上层建筑性质的是该社会占统治地位的生产关系而不是生产力。当然，这里的"性质"，是就根本性质而言的。具体说，在不同的国家、民族、地区中，基本相同的经济基础所决定的上层建筑会有所不同，并非只有一种模式。但无论怎样，上层建筑的根本性质，总是由经济基础所决定的。

其三，经济基础决定上层建筑的变化发展。一定社会的经济基础发生了变化，它的上层建筑也要随之发生改变。马克思指出："随着经济基础的变更，全部庞大的上层建筑也或慢或快地发生变革。"[1]当一种旧的经济基础被新的经济基础取代之后，反映并依赖旧经济基础的旧上层建筑，也必然或迟或早地要为新的上层建筑所代替。即使在同一个社会形态中，当经济基础发生某些局部的变化时，上层建筑的某些方面也会相应改变。

第二，上层建筑对经济基础具有能动的反作用。经济基础之所以创立自己的上层建筑，就是要它为自己服务，促进自身的巩固和发展。上层建筑对经济基础的反作用，是通过为经济基础服务实现的。

其一，体现在服务的方向上。上层建筑为经济基础服务，上层建筑

---

[1] 《马克思恩格斯选集》第2卷，人民出版社2012年版，第3页。

对经济基础的服务,是在"保护自己"和"排除异己"的对立统一中实现的。

其二,体现在服务的方式上。上层建筑为经济基础服务,是通过对社会生活的控制这种方式来实现的。政治上层建筑力图把人们的活动限制在一定的范围和秩序之内,观念上层建筑通过影响人们的思想去支配人们的行动。人们通过这些具体形式,调动各方面力量,组织社会经济生活,对社会各群体进行必要的规范和监督,从而使整个社会生活正常有序地进行。

其三,体现在服务的效果上。上层建筑为经济基础服务,从效果来看有两种情形:一种是促进作用,一种是阻碍作用。当上层建筑同经济基础相适应,而经济基础又是同生产力相适应并能满足其发展的要求时,就会对社会发展起促进作用。反之,如果上层建筑不能满足经济基础的要求,或者它所维护的经济基础本身已成为阻碍生产力发展的桎梏,就会对社会发展起阻碍作用。

(三)经济基础与上层建筑之间的矛盾运动

经济基础和上层建筑之间的相互作用,构成了社会形态的矛盾运动。在任何社会形态中,经济基础和上层建筑之间的矛盾是始终存在的。在一种新的上层建筑刚刚产生后的一段时期内,总的说来它是基本适应经济基础要求的,是对生产力的发展起促进作用的。但即使在这种情况下,它同自己的经济基础也存在着某种程度的不适合。因为任何一种新的上层建筑都不可能是尽善尽美的,都有某些不完善的地方,因而不可能绝对地适合经济基础的需要。更为重要的是,在生产力的推动下,经济基础是不断变化的,而上层建筑则是相对稳定的,往往不能随之发生相应的变化。因此，经济基础和上层建筑之间经常会出现某些不相适应的矛盾。这种矛盾有两种情况：一是在社会形态发展的量变阶段，上层建筑对经济基础的适合是基本的，不适合是局部的、非对抗的，表现为上层建筑某些环节或制度上的缺陷，可以通过调整和改革加以解决，从而使上层建筑适合经济基础的变化；二是在社会形态的质变阶段，当上层建筑维护不适合生产力发展要求的经济基础时，这种矛盾往往是对抗性的，一般表现为上层建筑同经济基础变革要求的尖锐冲突。这时只有通过社会革命才能摧毁反动的上层建筑，才能解决经济基础和上层建筑之间的矛盾。经济基础和上层建筑之间的矛盾运动，揭示了社会形态发展过程中内在的本质的必然联系。

上层建筑一定要适合经济基础状况。经济基础决定上层建筑；上层建筑对经济基础具有反作用，但这种反作用的性质和程度归根到底取决于经济基础发展和变革的要求。这一规律的客观要求是：当上层建筑适合经济基础，而经济基础本身又适合生产力状况时，要保持上层建筑的相对稳定性；当上层建筑不适合经济基础的变革要求，从而阻碍生产力发展时，要适时地变革上层建筑，以适合经济基础的变革和生产力发展的客观要求。上层建筑一定要适合经济基础状况的规律是社会发展的基本规律之一。它是无产阶级政党观察研究社会历史问题以及制定路线、方针、政策的基本依据。历史经验表明，只有遵循这一规律的客观要求，才能正确认识和解决经济基础和上层建筑的矛盾，推动社会发展。在当代中国，自觉地掌握和运用这一规律，对进一步全面深化改革，完善社会主义上层建筑，促进生产力发展和社会全面进步发展，具有重大的现实意义。

四、尊重社会发展规律，不断全面深化改革

习近平总书记指出："我们要勇于全面深化改革，自觉通过调整生产关系激发社会生产力发展活力，自觉通过完善上层建筑适应经济基础发展要求，让中国特色社会主义更加符合规律地向前发展。"[①] 历史唯物主义关于生产关系一定要适应生产力发展状况的规律是我们全面深化改革的哲学依据。我们必须尊重社会发展规律，不断全面深化改革，大力解放和发展生产力，着力破解深层次体制机制障碍，努力使社会主义生产关系同生产力水平相适应，不断彰显中国特色社会主义制度优势，不断增强社会主义现代化建设的动力和活力。

（一）全面深化改革是社会主义发展的强大动力

社会主义社会的生产关系和上层建筑，既有基本适应生产力发展的一面，又有不适应的一面，社会主义社会仍然存在着生产关系和生产力、上层建筑和经济基础之间的基本矛盾。只有通过深化改革，才能调整和完善上层建筑和生产关系的某些环节和方面，使生产力获得新的解放和发展。

第一，改革是社会主义制度的自我完善和发展。习近平总书记指出：

[①] 习近平：《在纪念马克思诞辰200周年大会上的讲话》，人民出版社2018年版，第18页。

第八讲 社会基本矛盾与全面深化改革

"我们提出进行全面深化改革，就是要适应我国社会基本矛盾运动的变化来推进社会发展。社会基本矛盾总是不断发展的，所以调整生产关系、完善上层建筑需要相应地不断进行下去。"[①] 我国的社会主义改革就其性质而言，是社会主义制度的自我完善和发展。它不是根本制度的变革，而是对具体制度、体制和运行机制的调整、完善或革新；它依靠的是社会制度自身的力量，自觉地去兴利除弊。

第二，我国社会主义改革的根本任务是解放生产力和发展生产力。习近平总书记强调："我们要明确，社会主义的根本任务是解放和发展社会生产力，这一点任何时候都不能动摇。"[②] 改革的目的在于改变不利于生产力发展的旧体制，建立适合时代特点和国情、充满生机活力的社会主义新体制，达到解放和发展生产力的根本目的。解放和发展生产力是社会主义最终战胜资本主义的根本保证；是充分发挥社会主义制度优越性，满足人民群众不断增长的美好生活需要；是最终实现社会主义向共产主义过渡的必然要求。

第三，社会主义改革具有必然性。这主要表现在以下三个方面。其一，社会主义社会基本矛盾的性质和特点决定了解决矛盾的方式和途径只能是改革。社会主义社会的基本矛盾不同于以往的社会矛盾，它是人民群众根本利益一致基础上的人民内部矛盾，因而不具有阶级对抗的性质。只有自觉地不断地改革生产关系和上层建筑中不适应生产力发展的环节和方面，才能使生产力得到进一步解放和发展，使社会主义充满生机和活力。其二，改革是社会主义自身实践进程的客观要求。社会主义

[①] 习近平：《坚持历史唯物主义不断开辟当代中国马克思主义发展新境界》，《求是》2020年第2期。

[②] 习近平：《坚持历史唯物主义不断开辟当代中国马克思主义发展新境界》，《求是》2020年第2期。

制度是一个前无古人的新制度，是对人类社会延续了几千年的私有制的彻底否定。但是，作为一种新生事物，它往往不是尽善尽美的，社会主义建设没有经验可以借鉴。它不可能一开始就十分完善，要有一个从不完善到逐步完善的过程。其三，社会主义改革又是应对当代世界资本主义挑战的必然选择。当代社会主义与资本主义历史性竞争的重点，已从过去的军事领域转向经济、科技领域。如果社会主义国家不进行改革，使自身体制具有充分吸收当代最新科技成就和现代化管理方式的能力，就难以在同资本主义的激烈竞争中取胜。

（二）更加坚定地推进全面深化改革

实践经验告诉我们，改革开放是决定当代中国命运的关键抉择，是党和人民大踏步赶上时代的重要法宝。我们党的马克思主义新觉醒、我们事业发展的新局面，就是在改革开放伟大进程中实现的；继往开来、面向未来，要实现全面建成社会主义现代化强国的奋斗目标、实现中华民族伟大复兴的中国梦，仍然需要把改革开放继续推向前进。

第一，牢牢把握全面深化改革的总目标，完善和发展中国特色社会主义制度，推进国家治理体系和治理能力现代化。全面深化改革的总目标，是完善和发展中国特色社会主义制度、推进国家治理体系和治理能力现代化。这个总目标凝结实践经验、着眼未来发展，揭示了改革的方向，同社会主义现代化建设总体目标相适应、相衔接，是全面深化改革的总引领，也是我们必须把握好的第一位要求。完善和发展中国特色社会主义制度，要求我们通过深化改革，不断自我完善和发展，更好地促进生产关系与生产力相适应、上层建筑与经济基础相适应，不断增强中国特色社会主义制度的生机活力。推进国家治理体系和治理能力现代化，要求我们不断改革创新体制机制、法律法规，实现党、国家、社会各项事务治理的制度化、规范化、程序化；要求我们不断推进治理能力建设，善于运用制度和法律治理国家，不断提高党科学执政、民主执政、依法执政的水平。

第二，牢牢把握社会主义市场经济改革方向，使市场在资源配置中起决定性作用和更好发挥政府作用。建立社会主义市场经济体制，是我们党的一个重大理论和实践创新，解决了世界上其他社会主义国家长期没有解决的一个重大问题。社会主义市场经济把社会主义基本制度同市场经济结合起来，既发挥了社会主义制度的优越性，又发挥了市场经济的长处，成为中国特色社会主义的一大特色和优势。全面深化改革，就要始终坚持社会主义市场经济改革方向不动摇。坚持社会主义市场经济改革方向，核心是处理好政府和市场关系，而政府和市场关系中最基本的问题就是两者在资源配置中发挥着什么样的作用。理论和实践的探索，也使我们越来越深刻地认识到，市场配置资源是最有效率的形式，市场决定资源配置是市场经济的一般规律，市场经济本质上就是市场决定资源配置的经济，健全社会主义市场经济体制必须遵循这条规律。要使市场在资源配置中起决定性作用，但不是全部作用。发展社会主义市场经济，既要发挥市场作用，也要发挥政府作用。发挥政府作用，主要是保持宏观经济稳定，加强和优化公共服务，保障公平竞争，加强市场监管，维护市场秩序，推动可持续发展，促进共同富裕，弥补市场失灵。

第三，牢牢把握全面深化改革的出发点和落脚点，着力促进公平正义、增进人民福祉，扎实推进全体人民共同富裕。公平正义是中国特色社会主义的内在要求，实现人民福祉是中国共产党的不懈追求。人民对美好生活的向往，就是我们的奋斗目标。如果维护公平正义这个问题长期得不到比较好的解决，不仅会影响人民群众对改革开放的信心，而且会影响社会的和谐稳定，危及经济社会持续健康发展的基础。实现公平正义是一个长期的历史过程，是由多种因素决定的，但主要还是取决于经济社会发展水平。改革开放以来，我国经济社会发展取得巨大成就，为促进社会公平正义提供了坚实物质基础和有利条件。同时应当看到，我国现阶段存在的有违公平正义的现象，许多是发展中的问题，是能够通过不断发展，通过制度安排、法律规范、政策支持加以解决的。这就要求我们紧紧抓住经济建设这个中心，推动经济持续健康发展，进一步把"蛋糕"做大，为保障社会公平正义奠定更加坚实的物质基础。与此同时，要加快制度机制创新，切实把"蛋糕"分好，改革那些不符合公平正义要求的体制机制和政策规定，抓紧解决那些由于人为因素造成的有违公平正义的突出问题，更好地保障人们平等参与、平等发展的权利。

第四，牢牢把握全面深化改革的总开关和目的，进一步解放思想、解放和发展社会生产力、解放和增强社会活力。解放思想是前提，是解放和发展社会生产力、解放和增强社会活力的总开关。每一次改革的重要突破，每一次体制机制的重大创新，都是以解放思想为先导的。解放思想激发出来的力量是不可估量的。只有进一步解放思想，才能看清各种问题的症结所在，找准突破的方向和着力点，拿出有效的改革举措。社会生产力和社会活力能否充分释放，是检验改革成效的基本尺度。改革要求和举措千条万条，最终都要靠解放和发展社会生产力、解放和增强社会活力来体现。我们要在同资本主义的竞争中赢得比较优势，让人们相信社会主义，就要在发展社会生产力、增强社会活力上高出一筹、胜出一筹。我们坚定道路自信、理论自信、制度自信、文化自信，既要有坚如磐石的精神和信仰力量，也要有支撑这种精神和信仰的强大物质力量。这就要求我们通过全面深化改革，破除制约社会生产力发展、束缚社会活力的体制机制障碍，让一切劳动、知识、技术、管理、资本等要素的活力竞相迸发，让一切创造社会财富的源泉充分涌流。

第五，牢牢把握全面深化改革的主要任务，以经济体制改革为重点，牵引和带动其他各领域的改革。经济基础决定上层建筑，经济体制改革对其他方面改革具有重要影响和传导作用。重大经济体制改革的进度决定着其他方面体制改革的进度，具有牵一发而动全身的作用。要以经济体制改革为重点，牵引和带动其他领域的改革。我们要紧紧抓住经济体制改革这个重点和主轴，在重要领域和关键环节改革上取得新突破，把经济体制改革的潜力充分释放出来，更好地推动我国经济持续健康发展。

思考题

1. 请你谈一谈生产力的决定性作用与生产关系的反作用是什么关系。

2. 请你谈一谈全面深化改革与解放发展生产力的关系问题。

3. 请你谈一谈对以下这段话的理解："人们用以生产自己的生活资料的方式，首先取决于他们已有的和需要再生产的生活资料本身的特性。这种生产方式不应当只从它是个人肉体存在的再生产这方面加以考察。更确切地说，它是这些个人的一定的活动方式，是他们表现自己生命的一定方式、他们的一定的生活方式。个人怎样表现自己的生命，他们自己就是怎样。因此，他们是什么样，这同他们的生产是一致的——既和他们生产什么一致，又和他们怎样生产一致。因而，个人是什么样的，这取决于他们进行生产的物质条件。"

第九讲
科学技术的作用与科技强国

　　社会的进步和发展，归根到底由社会生产力所决定。科学技术作为第一生产力，不仅为人类提供了认识世界的系统知识，而且还为经济发展、社会进步注入了不竭的动力。我们要清醒认识当今世界和当代中国发展大势，增强忧患意识，以全球视野谋划和推动科技创新，着力增强创新驱动发展战略新动力，推动实现高质量发展。

一、科学技术的本质和现代科技革命的特点

科学和技术是密不可分的两个概念。科学技术的发展日益呈现出一体化的趋势。掌握科学技术的本质和特征，了解现代科技革命的特点，对于我们进一步理解和把握科学技术在社会发展和社会主义现代化建设中的作用和地位具有重要意义。

（一）科学技术的本质和特征

"科学"一词的源头可追溯到约公元前七世纪的古罗马人使用的拉丁文 Scientia，意为知识或学问。法文根据自身的发音特点，将拉丁文 Scientia 变为 Science，意为自然知识。英文将法文 Science 直接吸收，意指通过观察和研究获得的关于自然界的系统知识。德文"科学"（Wissenschaft）指的是包括自然科学和社会科学在内的一切系统的知识和学问。《中庸》有云："格物致知"，意为实践出真知，"格致"即是我国古代与"科学"最为接近的词汇。近代日本人西周为翻译英文的

Science，首次将汉字"科"和"学"组合在一起，取分"科"之"学"的意思，这就是中文"科学"的形成。

现代意义上对于科学是什么的问题，人们有着各种不同的解释和用法。有的认为科学就是知识，是关于自然界、人类社会和人的思维的知识体系；有的认为科学的内涵接近于真理，是那些正确的、可靠的认识；有的认为科学专指自然科学，是自然科学的简称；有的侧重从活动上理解科学，认为科学是产生知识的社会活动；有的则将科学理解为一种理性的、科学的批判精神。这些对于科学的理解分别强调了科学本质的某一方面，都是片面的。马克思主义哲学强调要从整体上把握科学的本质，认为科学是人们观念地把握客观世界的基本方式之一，是探索客观事物的社会活动及其以知识体系呈现的成果，探索真理和获取知识是其直接的目的所在。因此，从最一般意义上来说，科学是正确反映事物本质及规律的知识体系，是系统化、理论化的自然知识、社会知识和思维知识的总称，是人类智慧的结晶。

"技术"一词的源头可追溯到希腊文 Tekne，意为技艺或技巧。在古希腊人那里，技术、科学以及艺术是没有明确区分、彼此相融的。17 世纪，人们将词根 Techne 和 Logos 相组合，从而创造了英文的 Technology。最初，英文 Technology 是一个非常狭义的概念，意指操作性的、应用性的技术。直到 20 世纪以后，"技术"的内涵才得以逐渐扩展。"技术"一词在我国古代早已有之。《史记·货殖列传》有云："医方诸食技术之人，焦神极能，为重稍也。"可见，我国古代的"技术"的含义是与英文 Technology 相近的，意指技艺或专业的技能。

对于技术是什么的问题，人们也是有着各种不同的解释和用法的。德国哲学家海德格尔侧重理解技术的哲学意义，认为技术是合目的的工具，是一种具有启发作用的解蔽方式；美国科学社会学家李克特侧重理解技术的社会价值，认为技术是社会地组织起来的探索自然规律的活动；荷兰学者舒尔曼从人类学视角将技术看作人类活动；技术史学家从历史学的视角将技术视为历史的产物；瑞士心理学家荣格把技术和人的心理状态联系起来，突出技术的主观因素；德国技术伦理学家罗波尔把技术分为自然技术、人类技术、社会技术；德国工程师德绍尔从文化视角将技术看作一种精神文化和知识；日本物理学家武谷三则强调生产实践中的技术应用。

马克思将存在于生产过程中的技术视为一种现实的、直接的生产力，"在机器体系中，物化劳动本身不仅直接以产品的形式或者以当作劳动资料来使用的产品的形式出现，而且以生产力本身的形式出现"[①]。在马克思看来，这种存在于生产过程中的现实的、直接的生产力是人的本质属性的基本内容，也就是说，技术成果即是人的本质属性的生动展开，"他们是什么样的，这同他们的生产是一致的——既和他们生产什么一致，又和他们怎样生产一致。因而，个人是什么样的，这取决于他们进行生产的物质条件"[②]。尽管目前关于技术的界定各有侧重，但是一般说来，技术有广义和狭义之分。广义的技术是指人类在利用自然、改造自然的劳动过程中所掌握的各种活动方式、手段和方法的总和，是人们为了达到特定目的而利用、改造世界的一切手段和方法。狭义的技术专指生产技术，表现为生产过程中活动方式的控制操作手段、程序与方法。

科学和技术彼此密切相连，二者相互依赖、相互作用。科学是技术发展的理论基础，技术是科学发展的手段；科学所解决的是"是什

---

① 《马克思恩格斯全集》第46卷（下），人民出版社1980年版，第210页。
② 《马克思恩格斯选集》第1卷，人民出版社2012年版，第147页。

么""为什么"的问题，而技术所解决的是"做什么""怎么做"的问题；科学提供可能，技术变可能为现实；科学活动是从个别到一般、从实践到理论、从物质到精神的过程，技术活动则是从一般到个别、由理论到实践、由精神到物质的过程；科学的成果主要表现为知识形态的概念、原理、定律、公式等，而技术的成果主要是物质形态的工具、机器、设备、装置等；科学的职能在于发现世界、认识世界，技术的职能则是利用世界、改造世界。随着新科技革命的发展，科学与技术相互渗透、相互交织、融为一体。具体表现：一是科学日益技术化；二是技术日趋科学化。现代科学与技术之间的界限越来越模糊，可以说是你中有我，我中有你。

"科技"，也就是科学技术的简称，在我国这个概念大约出现于20世纪50年代中期，改革开放后得到了越来越广泛的应用。"科技"一词是在科学日益技术化、技术日趋科学化的发展趋势中产生的。科学技术具有以下三大特征：一是创造性。创造性是科学技术的灵魂。这种创造性表现在基础研究中，就是发现新事实，创造新概念，提出新理论，揭示新规律；在应用和开发研究中，就是创造新工艺，寻找新方法，制造新产品。二是探索性。科学探索的任务就是把"未知"变为"已知"，把理想变为现实。探索客观世界的奥秘，需要勤奋、耐心和勇气，只有不畏艰险沿着陡峭山路攀登的人，才有希望达到光辉的顶点。三是连续性。任何一项重大的科技成果，都是在前人成果的基础上，与同时代人协作，并且经过艰难的探索之后才获得的。

（二）现代科技革命的特点

发生于20世纪中叶的现代科技革命，本质上是一场在科学转化为技术进步和社会生产发展的主导因素的基础上，对社会生产力进行质的改造的革命。现代科技革命是促进现代社会生产力提高和推进现代社会发展的强大动力。同以往的科技革命相比较而言，现代科技革命具有许多方面的新特征。了解现代科技革命的这些新特征，可以更好地认识现代科技革命的性质和意义，进而对现代社会的发展有更好的把握。

其一，现代科技革命使科学、技术、生产越来越趋向于一体化。在现代科技革命的推动下，出现了"科学—技术—生产"的新关系。这表明，科学成为推动技术进步和生产发展的主导性因素，科学、技术、生产之间的联系日益密切。随着新的科学思想从产生到在社会中转化为直接生产力的周期不断缩短，科学、技术、生产一体化的趋势便逐渐形成了。

其二，现代科技革命直接改革了生产力的质的构成，生产力诸要素越来越成为科学的物化。在现代科技革命的推动下，现代社会生产力中的劳动者的必要条件就是掌握科学知识，而在未来更高级、更发达的社会，物质资料的生产者必定是掌握丰富科学知识的科技工作者。在现代科技革命的推动下，劳动对象的范围被扩大了，诸如合成纤维、合成橡胶等"人工物质"会更多地成为劳动对象。在现代科技革命的推动下，直接生产过程、生产过程的管理等也都会越来越科学化，全部社会生产都将成为科学化的生产。

其三，现代科技革命的实质是智能革命。这是现代科技革命区别于以往任何一次科学革命或技术革命的根本标志。科学的发展使人类日益从笨重的、有危险的劳动中解放出来，全面提高了人类征服自然的能力。现代科技革命的实质主要不是减轻或替代人的体力，而是替代或延伸人脑的部分职能，是一场智能革命，是人脑的一次解放。人工智能的发展是现代科技革命最突出的成就。

二、科技革命是推动社会发展的重要动力

科学技术是在人们的社会实践过程中形成和发展起来的。它一经形成，便对社会发展产生重大影响。恩格斯在《马克思墓前悼词草稿》中提及，马克思将科学看成"历史的有力的杠杆"[1]，是"最高意义上的革命力量"[2]。科学技术是推动经济发展和社会发展的伟大杠杆，是人类社会进步的重要标志。现代科技革命出现于20世纪中叶，是以微电子学和电子计算机为主要标志，包括生物工程、激光通信、空间技术、海洋开发以及新材料、新能源在内的新的科学技术革命。当前，现代科技革命正在以前所未有的规模和速度迅猛发展，不断给人类提供新的知识和手段，不断影响和改变着人类社会生活的各个领域。

（一）科学技术的发展对生产方式产生了深刻的影响

恩格斯指出："英国工人阶级的历史是从18世纪后半期，从蒸汽机和棉花加工机的发明开始的。大家知道，这些发明推动了产业革命，产业革命同时又引起了市民社会中的全面变革。"[3] 自近代以来，科学技术的每一次重大突破，随之而来的就是产业革命。18世纪下半叶，蒸汽机

---

[1]《马克思恩格斯全集》第19卷，人民出版社1963年版，第372页。
[2]《马克思恩格斯全集》第19卷，人民出版社1963年版，第372页。
[3]《马克思恩格斯全集》第2卷，人民出版社1957年版，第281页。

的发明和应用，引发了近代第一次技术革命，人类进入蒸汽时代；19世纪后半期，电的发明和应用，引发了第二次技术革命，人类进入电气化时代；在当代，随着新能源的发现和利用，电子计算机和自动控制系统在生产和生活中的推广和应用，以及生命科学和遗传工程的发展，人们的生产方式正在发生根本性的变革。

首先，科技革命改变了社会生产力的构成形式。科技革命的发展导致生产过程自动化程度的提高，进而使劳动者的智能迅速提高，大大地改变了体力劳动与脑力劳动的比例，使劳动力结构向着智能化趋势发展。由于现代科技使劳动者、劳动工具、劳动对象、生产管理等方面都发生了深刻变化，现代生产力具有了一些新的特征。其次，科技革命改变了人们的劳动形式。在自动化机器出现以前，人们的劳动方式主要是手工劳动。随着蒸汽机的发明和应用，劳动方式产生了第一次革命，即由手工劳动转变为机械劳动。随着机械化向电气化、电子化的发展，生产的自动化水平越来越高，人们的劳动方式正在经历着由机械自动化走向智能自动化、由局部自动化走向大系统管理和控制自动化的根本性变革。再次，科技革命改变了社会经济结构。科学技术的发展使产业结构发生变革。新技术革命在推动传统产业现代化的同时，使第三产业在国民经济中所占的比重日益提高，并导致了一系列新产业部门的蓬勃兴起。产业结构的变化又导致就业结构的变化，从事第三产业的人数比例迅速增长，科技人员和管理人员的比例日益增长。科技革命推动了生产规模的扩大，进而推动了生产的分工和协作的广泛发展，并使生产社会化的程度进一步提高。这必然会导致生产关系的变革。

（二）科技革命对生活方式产生了巨大的影响

科技革命推动了生产力的发展，进而极大地改善了人们的物质生活条件和精神生活条件，提高了人们的生活质量。科学技术的发展加快了社会生活的节奏，全方位地改变了人们的作息方式、交往方式、学习方式、消费方式、娱乐方式。现代科技革命把人们带入了信息时代。电子计算机的广泛应用，为人们提供了收集、处理、储存和传递信息的新手段，提高了人们学习和工作的效率；自动售票、售货技术和信用卡的广泛使用，使消费、服务间的关系发生重大改变，给人们的日常生活带来了极大的便利；科学技术的发展提高了劳动生产率，使人类减少了从事延续人类自身所需的物质资料的生产劳动，而可以用更多的劳动去从事精神生产活动，从事科学、艺术、文化、教育等事业的创造性活动，人们自由支配的闲暇时间增多，为人们自由全面的发展创造了更多的机会；各种社会科学的普及和推广，增强了人们的自主意识、社会参与意识以及管理意识，人们的整个生活方式（生活的需求与满足）都大为改观了。

（三）科技革命带来了思维方式的变革

引起思维变化的最接近的基础是实践，其中包括科学实践。科技革命首先通过改变社会环境来促使思维方式变革。近代科学技术发展摧毁了旧的生产方式，消除了地域的狭隘性，扩大了人们的交往，开阔了人们的视野，使人们的思维摆脱了传统的狭隘性、落后性。现代科技革命对人的思维方式产生的更重要影响，主要表现在新的科学理论和技术手段通过影响思维主体、思维客体和思维工具，引起了思维方式的变革。

在现代科技革命条件下，人们具有了新的知识理论结构和社会组织结构，能够运用新的理论工具（如控制论、信息论、系统论、数理逻辑、突变理论、模糊数学等）和现代化技术手段，去研究一系列新现象、新领域、新课题。电子显微镜和射电望远镜强化了人的感觉能力，电子计算机则强化了人的思维能力。新的视觉化技术使形象思维和抽象思维有机地结合起来，使人的认识能力产生新的飞跃。自然科学技术与人文社会科学的相互渗透，使人们视野中自然现象与社会现象的鸿沟在消失。科技革命使现代思维方式具有系统性、整体性、开放性、精确性、创造性等特征，并使认识活动出现了数学化、模型化、形式化的趋势。

知识链接：乐观主义技术决定论和悲观主义技术决定论

以丹尼尔·贝尔（Daniel Bell）为代表的乐观主义技术决定论否认生产力与生产关系的内在联系，否认生产力决定生产关系这一客观规律。丹尼尔·贝尔认为，在现代科技革命的推动下，资本主义具有自我调节的能力和无穷的潜力，它将发展成一种以后工业的社会结构、信息型的经济、政治化的科学和高精度的技术为标志的社会，资本主义制度将成为一种最先进的社会制度。以罗马俱乐部为代表的悲观主义技术决定论认为，人类不加控制地发展并滥用科学技术，使其技术能力与社会组织水平、文化、价值观念等越来越不协调，并使人类的物质需求超出了地球生态系统可以容许的极限，从而导致了全球性的生态危机，后者又引发了当代世界上的各种复杂问题；因此，不加控制地发展和滥用科学技术是当代世界各种全球性问题的主要根源。有的悲观主义的技术决定论者还把当代各种全球性问题完全归罪于科学本身，主张用"完全刹车"的办法即通过阻止科学技术的进步来解决当代世界的各种全球性问题。

毋庸置疑的是，科技革命是推动社会发展的重要动力，但人们在现代科技革命作用的问题上的看法并不完全相同。技术决定论认为，现代科技革命取消了社会基本矛盾的作用，改变了社会发展的基本进程，使人类社会进入了一个技术决定一切的历史阶段。其中，乐观主义技术决定论将科学技术的作用无限夸大，将技术视为推动社会发展的唯一的决定性因素，并主张用科技革命来代替和取消社会革命。悲观主义技术决定论则将科学技术视为是与人相敌对的异己力量，企图把资本主义社会产生的人的异化以及当代的各种全球性问题归罪于科学技术的进步。这两种观点无疑都是站不住脚的，前者只靠科学技术的进步，不可能从根本上克服资本主义社会生产的社会化与生产资料的私人占有之间的矛盾；后者将科学技术视为各种问题的罪魁祸首，忽视了其背后的真正元凶在于科学技术应用的社会机制不健全、资本主义制度的缺陷等。事实上，由科学技术应用引发的各种全球性问题及消极的社会后果是由科技成果的不合理运用所导致的。因此，在理解科学技术的社会作用时，要注意科学技术不是孤立地起作用的，科学技术要受到社会制度、社会关系和人的控制等因素的制约。

三、实施创新驱动战略，促进创新发展

对一个国家而言，经济发展的阶段不同，拉动经济增长的驱动因素也自然不同。改革开放初期，我国经济规模较小，人们的收入较低，技

术水平落后。大力发展经济、增加就业、提高人们的收入水平是当务之急。因此，投资驱动、出口驱动就是此时期的必然选择。经过 40 多年的改革开放，我国已成为世界第二大经济体、制造业第一大国、货物贸易第一大国、商品消费第二大国、外资流入第二大国、外汇储备连续多年位居世界第一，我们全面建成了小康社会，基本上摆脱了绝对贫困的问题。

（一）科技是引领发展的第一生产力

早在 19 世纪 50 年代，马克思根据当时的科学技术在资本主义社会生产中的作用情况，就提出了"生产力中也包括科学"[①]的重要论断，认为社会生产力是随着科学与技术的不断进步而不断发展的。毛泽东从历史唯物主义视角出发，也十分重视科学技术对生产力发展的促进作用。在 1956 年 1 月召开的全国知识分子问题会议上，他指出："我们国家大，人口多，资源丰富，地理位置好，应该建设成为科学、文化、技术、工业各方面更好的国家。"[②]正是在这次会议上，党中央发出了"向科学进军"的伟大号召。邓小平通过对第二次世界大战以来的世界经济发展的新趋势和新经验的总结，进一步作出"科学技术是第一生产力"的重要论断，强调"中国要发展，离开科学不行"[③]。

科学技术是生产力的重要因素，是经济社会发展的原动力。科学技术一旦转化为生产力将极大地提高生产效率，从而推动经济快速发展。

---

① 《马克思恩格斯全集》第 46 卷（下），人民出版社 1980 年版，第 211 页。
② 《龚育之自述》，中央文献出版社 2009 年版，第 63 页。
③ 《邓小平文选》第 3 卷，人民出版社 1993 年版，第 183 页。

科学技术是当代生产力发展的最活跃的因素。在当代生产力系统中，物质资料生产三要素的功能是由科学技术直接决定的。首先，生产工具作为主要的劳动资料，其先进程度是衡量生产力发展水平的客观标志，而科学技术的突破使当代生产工具发生了前所未有的变革，物化出高级化、智能化的生产工具。其次，科学技术的进步能不断创造、发现新的劳动对象，扩展、改造旧的劳动对象，使越来越多潜在的劳动对象变为现实的劳动对象，转化为巨大的物质生产力。最后，科学技术的发展促使劳动者素质发生质变，具备科学知识的劳动者的劳动能力远远超过体力型的劳动者的劳动能力。一旦将科技专家的发明与创造应用于生产，就往往能转变成巨大的直接生产力，创造出巨大的物质财富。

科技创新是提高社会生产力、推动社会进步、提升综合国力的重要战略支撑。纵观人类社会发展史的进程，科学技术总是以强大的力量推动着人类社会的发展与进步。中国古代科技发展水平长期位居世界前列。然而近代以来，中国科技水平落伍于世界科技水平，我国屡遭帝国主义列强的剥削与压迫，"近代史上，我国落后挨打的根子之一就是科技落后"[1]。自新中国成立以来，我们取得了举世瞩目的科技成就，不但提升了我国的综合国力，也大大提高了我国的国际地位。历史经验已经表明，如果一个国家和民族不能坚持科技创新，那么这个国家就难以实现繁荣昌盛。正如习近平总书记所言："科技是国家强盛之基"[2]，"科技兴则民

---

[1] 习近平：《在中国科学院第十七次院士大会、中国工程院第十二次院士大会上的讲话》，《人民日报》2014年6月10日。
[2] 习近平：《在中国科学院第十七次院士大会、中国工程院第十二次院士大会上的讲话》，《人民日报》2014年6月10日。

族兴，科技强则国家强"[①]，"中国要强，中国人民要生活好，必须有强大科技"[②]。

面对正在孕育兴起的新一轮科技革命和产业革命，面对激烈的国际竞争形势，习近平总书记指出，我们"必须坚定不移走科技强国之路"[③]，"实施创新驱动发展战略决定着中华民族的前途命运"[④]。在经济发展新常态下，建设现代化经济体系，推动质量变革、效率变革、动力变革，迫切需要依靠科技创新培育发展新动能；实现人民高品质生活的需要，满足人民对美好生活的向往，迫切需要推出更多涉及民生的科技创新成果；构建新发展格局，推动国内大循环，提高供给体系质量和水平，科技创新是关键；建设生态文明，迫切需要依靠科技创新突破资源环境瓶颈制约；顺利完成以中国式现代化全面推进中华民族伟大复兴的历史任务，更需要加快提高科技创新水平。总而言之，我国要想保持社会稳定、实现经济高质量发展，就必然要依靠科技创新提高科技竞争力。实施科技创新战略是现时期的必然选择和要求。

（二）创新是引领发展的第一动力

《魏书》有云："革弊创新者，先皇之志也。"这是"创新"一词的最

[①] 习近平：《为建设世界科技强国而奋斗——在全国科技创新大会、两院院士大会、中国科协第九次全国代表大会上的讲话》，《人民日报》2016年6月1日。

[②] 习近平：《为建设世界科技强国而奋斗——在全国科技创新大会、两院院士大会、中国科协第九次全国代表大会上的讲话》，《人民日报》2016年6月1日。

[③] 中共中央文献研究室编：《习近平关于科技创新论述摘编》，中央文献出版社2016年版，第16页。

[④] 中共中央文献研究室编：《习近平关于科技创新论述摘编》，中央文献出版社2016年版，第16页。

早出处,意为变革、革新和创造。"创新"作为科学理论的概念,最早是由美籍奥地利经济学家熊彼特在其著作《经济发展理论》中提出的。他认为,"创新"实质上是把一种从来没有过的关于生产要素和生产条件的"新组合"引入生产体系。创新与创造并不完全相同,创造指的是想出新方法或者建立新理论,是从无到有的过程,既包括能够促进社会发展的"积极发明创造",也包括能够阻碍社会发展的"消极发明创造"。而创新则指抛开旧的、创造新的,不仅是从无到有的过程,也是从有到用的过程。按照熊彼特的理解,没有应用到实际中产生经济价值和效益的创造就不是创新。另外,创新必须是能够促进社会发展的"积极发明创造"。可见,创新虽不同于创造,但又不能完全脱离创造,创造是创新的前提,没有创造又何谈创新呢?

2015年3月5日,习近平总书记在参加十二届全国人大三次会议上海代表团审议时首次提出了"创新是引领发展的第一动力"的重要论断。这一重要论断是对马克思的"生产力中也包括科学"和邓小平的"科学技术是第一生产力"思想的创造性发展,是党中央基于我国发展面临的国内外形势作出的科学判断,体现了党中央对我国科技创新与社会发展关系的认识的深化。当前,我国经济发展依然存在诸多深层次的矛盾。比如发展不平衡、不充分、不协调、不可持续的问题仍然突出,推进高质量发展还有许多卡点瓶颈,产能过剩,科技创新能力不强,农业基础依然薄弱,资源环境约束趋紧、环境污染问题依然存在、生态环境保护任务依然艰巨等。不可否认的是,科技创新能力不足已成为制约我国经济发展的"阿喀琉斯之踵"[①]。我国经济发展要突破瓶颈、解决深层次矛

[①] 中共中央宣传部编:《习近平总书记系列重要讲话读本》,人民出版社、学习出版社2016年版,第127页。

盾和问题，根本出路在于创新，关键是要靠科技力量。

科技创新之所以是引领发展的第一动力，原因在于以下几点。第一，科学技术是第一生产力。依靠科技创新可以创造新的经济增长点，可以引领战略性新兴产业发展，促进产业结构优化升级。第二，依靠科技创新可以化解产能过剩的问题。产能过剩的根源在于创新能力不强，而化解产能过剩的根本出路就是创新。第三，依靠科技创新可以解决资源匮乏的问题。自然资源是人类的生活资料和生产资料的主要来源，但其并非是取之不尽用之不竭的，世界各国难免都存在着资源短缺的危机，而依靠科技创新，可以节约资源、开发新的资源以及实现资源的循环利用。第四，依靠科技创新可以遏制环境恶化的问题。只有依靠科技创新，优化产业结构，发展绿色经济，推广清洁生产，从源头上控制环境的污染和破坏，才能从根本上解决环境恶化的问题。第五，依靠科技创新可以发展现代服务业。现代服务业是指以现代科学技术特别是信息网络技术为主要支撑，建立在新的商业模式、服务方式和管理方法基础上的服务产业。发达的服务业是经济现代化的重要标志之一，发达国家将发展现代服务业作为推动经济发展的强大动力。对我国而言，发展现代服务业是实现高质量发展的重要突破口，是我国未来经济发展的强大引擎。

当今世界正经历百年未有之大变局，新的科技革命推动科技竞争更趋激烈，谁在激烈的科技竞争中掌握了先机，谁就掌握了发展的主动权。"在激烈的国际竞争中，惟创新者进，惟创新者强，惟创新者胜"[1]。从本质上来讲，国际竞争比的就是创新能力。党的十八大以来，虽然我国在量子通信、人工智能、基因工程、高铁、5G网络、超高音速以及太空探索和利用等关键领域的科技创新取得了显著的成绩，但与发达国家的科

---

[1] 《习近平谈治国理政》第1卷，外文出版社2018年版，第59页。

技创新水平仍存在较大差距，科技创新基础仍然不够扎实，关键核心技术仍然受制于人。

知识链接："创新驱动"

"创新驱动"是由美国管理学家迈克尔·波特（Michael Porter）首先提出的。他认为，国民经济可以划分为四个阶段，即以煤炭、矿石、石油开采等资源密集型产业为主导的要素驱动阶段；以钢铁、装备制造、石化等资本密集型产业为主导的投资驱动阶段；以医药、IT、新能源等技术密集型产业为主导的创新驱动阶段；经济增长主要靠所积累的财富驱动、投资者对其他领域的兴趣远大于产业界的财富驱动阶段。在迈克尔·波特看来，"创新驱动"的实质是一种经济发展模式，是由资源、投资等要素作为拉动经济增长的动力向知识、创新、人力资本等高级要素作为拉动经济增长的动力的转换过程，是工业化过程的必经阶段。

为了提高我国的自主创新能力，在2012年7月召开的全国科技创新大会上，党中央对加快建设国家创新体系作出了全面部署，提出了创新驱动发展战略。党的十八大进一步强调了实施创新驱动发展战略的重要性，指出科技创新是提高社会生产力和综合国力的战略支撑，必须摆在国家发展全局的核心位置。党的十九大强调加快建设创新型国家，指出创新是引领发展的第一动力，是建设现代化经济体系的战略支撑。党的二十大强调必须坚持科技是第一生产力、人才是第一资源、创新是第一动力，深入实施科教兴国战略、人才强国战略、创新驱动发展战略，并对加快实施创新驱动发展战略进行了全面部署。创新驱动将以往单纯依靠投资驱动、出口驱动的模式转变为以医药、IT、新能源等技术密集型产业为主导的创新驱动模式,将科技成果直接转化为现实生产力,或者通过科技的渗透作用改变生产要素的结构,从而解决了生产要素供给不可持续的难题,全面提升了经济增长的质量和效益,推动了经济发展方式的转变。正如习近平总书记所言:"创新驱动是大势所趋"[1],也是"形势所迫"[2],"实施创新驱动发展战略决定着中华民族前途命运"[3]。要解决我国经济发展深层次的矛盾和问题,必须发挥科技创新对拉动发展的乘数效应。

(三)人才是引领发展的第一资源

加快推进科技创新首先要明确实践主体的问题,也就是"由谁来创新"的问题。习近平总书记指出:"人才是创新的根基,是创新的核心要素。创新驱动实质上是人才驱动。"[4]实施创新驱动发展战略是一个系统工程,需要社会方方面面的人才共同推动。人才是生产力诸要素中最积极、最活跃的要素,是推动科技创新最关键的因素,是引领社会发展的第一资源。国际竞争比的是科技实力、创新能力,而科技实力的竞争、创新能力的竞争本质上就是人才的竞争。当前"我们比历史上任何时期

---

[1] 中共中央文献研究室编:《习近平关于科技创新论述摘编》,中央文献出版社 2016 年版,第 77 页。

[2] 中共中央文献研究室编:《习近平关于科技创新论述摘编》,中央文献出版社 2016 年版,第 3 页。

[3] 中共中央文献研究室编:《习近平关于科技创新论述摘编》,中央文献出版社 2016 年版,第 25 页。

[4] 中共中央文献研究室编:《习近平关于科技创新论述摘编》,中央文献出版社 2016 年版,第 122 页。

都更接近实现中华民族伟大复兴的宏伟目标，我们也比历史上任何时期都更加渴求人才"[1]。

我国人才队伍虽然庞大，各类研发人员总量居世界首位，但是缺乏战略性科技人才、科技领军人才以及青年科技人才，归根结底就是科技人才结构不合理、人才培养和生产创新实践相脱节。为了培养造就规模宏大、结构合理、素质优良的创新型科技人才，要将科技人才资源开发放在科技创新最优先的位置，着力为人才开发培养创造良好环境，改进和创新人才开发培养的相关政策，完善相应机制体制，关心爱护人才；要特别重视青年科技人才的培养，着重培养一线创新人才；要继续深入推进实施"千人计划""万人计划"，做好海外高端人才的引进工作；要着力优化科技人才的成长环境，使全社会形成鼓励大胆创新、包容创新、敬重人才、善待人才的良好风气。

总之，"在实现中华民族伟大复兴的过程中，人才的数量愈多愈好，人才的能力愈强愈好。知识就是力量，人才就是未来。我国要在科技创新方面走在世界前列，必须在创新实践中发现人才、在创新活动中培育人才、在创新事业中凝聚人才，必须大力培养造就规模宏大、结构合理、素质优良的创新型科技人才"[2]。人才是引领发展的第一资源，人才实力决定着一个国家和民族的兴衰。

现代科技革命正在以前所未有的规模和速度迅猛发展。我们既面临着千载难逢的历史机遇，又面临着差距拉大的严峻挑战。我们要把握好历史发展大势，抓住和用好各种历史机遇，敢于直面问题、敢于迎难而

---

[1] 习近平：《在欧美同学会成立100周年庆祝大会上的讲话》，《人民日报》2013年10月22日。

[2] 习近平：《在中国科学院第十七次院士大会、中国工程院第十二次院士大会上的讲话》，《人民日报》2014年6月10日。

上，加快实施创新驱动发展战略，为把我国建设成为世界科技强国而努力奋斗。

思考题

1. 科学技术的本质和特点有哪些？
2. 现代科技革命呈现出了哪些特点？
3. 请你谈谈对于习近平总书记所说的"实施创新驱动发展战略决定着中华民族的前途命运"这句话的理解和认识。

第十讲
社会意识的作用与文化软实力

历史唯物主义认为,社会存在决定社会意识。但是,社会意识具有相对独立性,对社会存在具有能动的反作用。先进的社会意识对社会存在的发展具有推动作用,落后的社会意识对社会存在的发展具有阻碍作用。深入理解和把握历史唯物主义关于社会意识的原理,有助于我们更进一步了解社会意识的作用,更加自觉地推进社会主义文化强国建设,不断提高我国文化软实力。

一、社会意识及其存在形式

社会意识是人们对社会存在的反映。社会意识的内容是由社会存在、社会历史条件决定的。理解和把握社会意识的内涵和存在形式，有助于我们更进一步理解和掌握历史唯物主义关于社会意识的其他原理。

（一）社会历史观的基本问题

社会存在和社会意识的关系问题，是社会历史观的基本问题。对社会存在和社会意识的关系问题的不同回答，是划分历史唯物主义和历史唯心主义的唯一标准。历史唯物主义认为，社会意识是指人们的社会精神生活过程，它是在社会实践中形成的有关社会生活、社会关系等观点、理论的总和，以及表现在人们的社会感情、情绪和风俗习惯等方面的社会心理。唯心主义颠倒了社会存在和社会意识关系，认为社会意识决定社会存在。历史唯物主义坚持认为社会存在决定社会意识，社会意识依赖于社会存在，社会意识是对社会存在的反映。意识在任何时候都只能是意识到了的存在，而人们的存在就是他们的实际生活过程。因此，不是社会意识决定社会存在，相反，是社会存在决定社会意识。有什么样的社会存在，就有什么样的社会意识。社会存在决定社会意识的性质、产生和变化。

（二）社会意识的含义及构成

社会意识是在人类社会生活中形成和发展起来的，从人类社会发展的历程看，是在人类自身不断探索、积累和实践过程中产生的。社会意识是和社会存在相对应的哲学范畴。社会意识是人们的精神生产和生活过程，是对社会存在的反映。它包括了人的一切意识要素、观念形态以及人类社会的全部精神现象及其过程。社会意识的构成，可以从多方面进行不同的划分。

第一，从社会意识的主体构成划分。从社会意识主体的角度看，社会意识可分为个人意识和群体意识。个人意识是个人独特的社会经历与社会地位的反映，是个人实践的产物，对个人的生活态度和行为有直接影响。群体意识是一定的人群结成的社会共同体，如社团、政党、阶级、民族以至整个社会的共同意识。各种不同群体的意识是各个群体共同的社会经历和社会地位的反映，是群体实践的产物，对群体的生活态度和行为产生直接影响。

第二，从社会意识的层次划分。从社会意识层次的角度看，社会意识可分为社会心理和社会意识形式。一是社会心理。低层次的社会心理通过直接与日常社会生活相联系的感情、情绪、风俗、习惯、成见和各种自发的倾向、意识、信仰等表现出来，是一种不系统、不定型的处于自发状态的社会意识。社会心理还可分为个人心理和群体心理。阶级心理是阶级社会中一种主要的群体心理,民族心理也是人类社会十分重要的群体心理。二是社会意识形式。社会意识形式是一种系统化的、抽象化的、具有相对稳定形式的、自觉的社会意识。社会意识形式与社会心理之间具有密切联系。社会心理是社会意识形式的基础,社会意识形式是社会心理的集中和概括,对社会心理起着指导和影响的作用。

(三)社会意识的存在形式

社会意识是通过政治思想、法律思想、道德、艺术、科学、宗教、哲学等形式,从不同方面、以不同方式反映社会存在,并反作用于社会存在的。社会意识的各种形式相互联系,构成了社会意识体系,对社会生活发生作用。

政治思想是政治意识在理论上的系统表现。它是一定阶级关于社会政治制度和国家形式、各阶级的社会地位及其相互关系、不同国家与民族之间关系的观点的总和。政治思想不仅反映在各阶级的政治理论中,而且体现在各阶级及其政党的路线方针政策上。

法律思想是法的意识在理论上的系统表现。它是一定社会和国家对法的关系、法律制度、法律设施等方面的观点的总和。其本质上体现一定阶级的利益和主张,直接目的是确立、维护或者反对体现一定阶级利益的法制。政治思想与法律思想具有密切的联系。一定的法律思想受一定的政治思想的制约,并体现一定的政治思想。

道德是调整人与人之间、个人与社会之间关系的行为规范的总和。道德和法律不同,它不是靠国家的强制手段来施行,而是依靠社会舆论、人们的信念、习惯、传统和教育的力量来实现的。道德在社会生活中的作用,比法律更为广泛,但它没有法律的强制力量。所以,道德和法律在社会生活中的作用往往是相互补充的。

艺术是以生动具体感人的形象对现实生活的反映。它是人们把握现实、从审美角度认识和评价现实，并为现实服务的一种美学形式。人们在实践活动中，用不同的美和丑的标准来评价现实事物，建立起一定的审美观，影响改造世界的活动。艺术作为审美活动的结晶，是通过满足人的审美需要来影响人们的思想、感情、愿望和行为，从而影响社会生活的。

宗教是现实世界在人们头脑中的虚幻的、颠倒的反映，是一种颠倒了的世界观。宗教是人类社会发展到一定阶段的群众性历史现象。宗教信仰、宗教感情以及同这种信仰和感情相适应的宗教仪式和宗教组织，都是社会历史的产物。宗教曾对文化和艺术的发展产生了重大影响。尽管在一定时期人们曾利用宗教表达某些积极的社会要求，但它毕竟不能真正反映群众的根本利益和现实生活。

科学是人们认识和改造客观世界的经验总结和理论概括。作为一种精神生活现象，科学产生于以实践为基础的社会认识过程。在社会生活中，人类为了实践的目的，需要认识自然、社会和思维现象，获得有关这些对象的客观认识。科学就是关于自然、社会和思维各个领域中的事物的具体规律的理论体系。按研究领域的不同，科学可分为自然科学、社会科学和思维科学，其中每个领域又包括基础科学和应用科学。此外，还有综合学科、分支学科和边缘学科。所有这些，共同构成了科学的知识体系。

哲学是理论化、系统化的世界观。哲学作为一种世界观，是人们关于人与世界的关系的总的看法或根本观点，是关于自然知识、社会知识和思维知识的抽象概括和总结。哲学是一种远离经济基础的意识形式，是以高度抽象和概括的方式来反映经济基础的，是通过逻辑分析和理论论证阐述一系列基本观点的，从而组成关于世界观的理论体系。因此，哲学这种意识形式，不是离开社会现实，而是更深刻地反映社会现实，更持久地影响社会生活。

二、社会意识的特点和作用

社会意识与社会存在具有同一性问题。历史唯物主义认为，社会意识反映和认识社会存在，社会意识具有相对独立性，对社会存在有一定的反作用；社会存在与社会意识可以依一定条件相互转化。社会意识具有复杂而精微的结构，由诸多层次和因素构成。社会意识具有其自身的特点和作用。

（一）社会意识依赖于社会存在

社会存在决定社会意识，社会意识是社会存在的反映，这是社会意识的一个重要特点。社会意识对社会存在的依赖性表现在两个方面。一方面，社会意识的内容是由社会存在、社会历史条件决定的。社会历史条件不同，生产发展的水平不同，社会意识也就不同。社会意识的发展不是脱离社会存在而绝对独立的。每一社会都有与其相应的社会意识。随着社会存在的变化，社会意识也必然或迟或早地发生变化。原始社会没有私有制，生产资料和产品都归原始公社全体成员所有，人们共同生产，平均分配劳动产品，每个人都完全依赖于集体。当时人们的这种生活状况，不可能产生私有观念，而只能产生朴素的、原始的集体观念。随着私有制的出现，社会就产生了私有观念和发财致富的欲望，并出现了剥削阶级和被剥削阶级的意识的对立。随着无产阶级革命的彻底胜利，私有制和阶级剥削最后将被消灭。随着公有制经济的高度发展，无产阶级的社会意识就逐渐成为全民的意识。不仅如此，即使同样是阶级社会，在奴隶制、封建制和资本主义等不同的社会形态里，社会意识也各不相同。社会意识是具体的、历史的现象，没有抽象的、超历史的、永恒不变的社会意识。

另一方面，一定的政治思想、法律思想、道德、哲学、艺术、宗教等社会观点的总和，构成一定阶级的意识形态。在阶级社会里，不存在超阶级的、统一的意识形态。由于人们的阶级地位和阶级利益不同，在同一个社会关系里，会形成不同的思想感情、愿望要求、习惯风尚和道德观念，会有不同的以至根本相反的意识形态。毛泽东指出："在阶级存在的条件之下，有多少阶级就有多少主义，甚至一个阶级的各集团中还各有各的主义。"① 统治阶级的思想和被统治阶级的思想是对立的。在经济上和政治上居于统治地位的阶级，在思想上、精神上也必然居于统治地位，而被统治阶级的思想则处于被压抑的地位。马克思、恩格斯指出："统治阶级的思想在每一时代都是占统治地位的思想。这就是说，一个阶级是社会上占统治地位的物质力量，同时也是社会上占统治地位的精神力量。支配着物质生产资料的阶级，同时也支配着精神生产的资料，因此，那些没有精神生产资料的人的思想，一般地是受统治阶级支配的。"② 资产阶级的理论家把资产阶级的意识形态说成是全民的超阶级的，提出意识形态超阶级、无党性等观点。这是因为他们的利益和劳动人民的利益根本对立，他们需要在劳动人民面前掩盖资产阶级意识形态的阶级本性。其实，无党性的说法正是资产阶级党性的表现。18世纪法国资

---

① 《毛泽东选集》第2卷，人民出版社1991年版，第687页。
② 《马克思恩格斯选集》第1卷，人民出版社1972年版，第52页。

产阶级思想家曾经打着"自由、平等、博爱"的旗帜反对封建主义。他们认为这种思想是全民的思想，他们自认为是全人类利益的捍卫者。这些口号在当时的确曾经起过动员群众摧毁封建制度的进步作用。但是，资产阶级革命胜利后的现实表明，"自由、平等、博爱"这种思想所要求的实质上是剥削和竞争的自由，是虚伪的形式上的平等，是掩盖人与人之间冷冰冰的纯粹金钱关系和相互倾轧的空话。因此，"自由、平等、博爱"从一开始就不是超阶级的东西，而是属于资产阶级的意识形态。帝国主义国家的资产阶级早已成为反动的社会势力，并且和劳动人民之间的矛盾已经十分尖锐。他们的思想代表所说的"超阶级"的意识形态只是与人民为敌的反动意识形态，他们所说的"全民"利益也只是少数垄断资产阶级的利益。

无产阶级和一切剥削阶级根本不同。它公然申明自己的意识形态是有阶级性、党性的，是无产阶级根本利益的表现。无产阶级的利益同社会发展的方向完全一致，同广大劳动人民的根本利益一致，无产阶级不需要掩盖自己意识形态的阶级实质。马克思主义是无产阶级的意识形态，也是客观世界和社会发展规律的科学反映。只有马克思主义才真正代表全体劳动人民的根本利益。

（二）社会意识具有相对独立性

社会意识的相对独立性是指社会意识在反映社会存在、被社会存在所决定的同时，还具有自身的能动性和独特的发展规律。它的发展与社会存在的发展并不总是保持着一致和平衡。

第一，社会意识和社会存在变化发展的不完全同步性。某一种社会思想和理论，当它赖以存在的物质条件根本改变之后，还可能存在一个相当长的时期，并对社会的发展起着一定的阻碍作用。这种意识落后于存在的现象，是社会意识相对独立性的一个表现。与落后的社会意识相反，先进的社会意识能够在一定程度上预见社会发展的趋势，对人们的社会实践起指导和动员的作用。18世纪法国资产阶级的启蒙主义者，就以特殊的方式预见了资本主义社会的来临。19世纪伟大的空想社会主义者，对未来共产主义社会的图景已做了某些臆测，虽然带有极大的幻想的性质，但也具有一定的合理的成分。马克思主义深刻揭示了社会发展的客观规律，对社会发展的前景作了科学的预见。这些都表现了社会意识的相对独立性。这种独立性之所以是相对的，是因为旧的社会思想和理论不可能在它的物质基础消灭之后长久地存在下去，新的理论只有在社会存在的发展能够提出新的任务时才可能产生。

第二，社会意识的相对独立性还表现在它的发展具有历史的继承性。每一历史时期的社会意识的各种形式，都同先前这方面的思想成果有着继承的关系。每一时代的思想家、艺术家在认识和解决当前社会存在的问题时，都要利用前人所创造的成果和遗留下来的思想资料，把它们加以改造发展，把社会文化向前推进。每一民族的文化，由于历史传统的不同而具有自己的特点。继承了春秋战国儒家传统的中国封建时代的统治思想和继承了古罗马基督教运动传统的欧洲封建时代的统治思想，显然各有着不同的特色。但是社会意识归根到底是社会存在的反映。对文化遗产的继承不会是无条件地原封不动地接受，而是对以前文化遗产的加工改造。怎样进行加工改造，摒弃哪些，发展哪些，这在根本上也是由社会存在的现实情况和思想家们的阶级地位所决定的。

先进阶级的意识形态继承的是历史上优秀的文化成果，反动阶级的意识形态则继承了历史上落后的、反动的东西。无产阶级文化是人类历史上一切最优秀文化成果的集大成。它绝不是在世界文明发展大道以外产生的，而是人类过去伟大思想发展的继续。列宁指出："无产阶级文化应当是人类在资本主义社会、地主社会和官僚社会压迫下创造出来的全部知识合乎规律的发展。"[①]

第三，各种形式的社会意识是相互作用、相互影响的。不顾这些相互作用、相互影响，企图单纯地用社会经济条件来说明社会意识的发展，就不能正确地了解各种社会意识的特点。这也表现了社会意识发展的相对独立性。例如，不了解欧洲中世纪宗教的作用，就不能了解那个时代哲学发展和斗争的特点；脱离了近代自然科学的发展，就无从说明近代唯物主义哲学和无神论思想的发展；不估计中国封建时代哲学、政治思想的影响，就不能了解中国封建时代的文学艺术的许多特点；在今天，不看到无产阶级政治和马克思主义哲学对艺术发展的作用，就不能了解革命文艺发展的规律。但是各种形式的社会意识的相互作用，以及它们同政治法律的相互作用，归根到底是受经济基础制约的。

第四，社会意识的相对独立性还表现在社会意识的发展同经济发展水平的不平衡。历史上有许多经济上落后的国家，在思想领域内却超过了经济上先进的国家。如18世纪末法国的哲学和政治思想超过了经济上先进的英国，19世纪中叶经济上落后、政治上分裂的德国是马克思主义的故乡，19世纪末经济落后的俄国是列宁主义的故乡。之所以出现这种情况，是因为产生这些先进思想的国家里的阶级矛盾在当时特别尖锐，使它们成了革命的中心。18世纪末法国是欧洲革命的中心，19世纪中叶革命中心转移到了德国，19世纪末革命中心又转移到了俄国。这种思想发展相较经济发展水平的独立性也只是相对的。因为阶级矛盾的尖锐化和革命运动的发展，归根到底还是经济矛盾的表现，是生产力和生产关

[①] 《列宁选集》第4卷，人民出版社1972年版，第348页。

系的矛盾尖锐化的结果。经济落后国家在特定条件下之所以能够出现先进的思想意识，仍然是以经济发展达到一定的水平为前提的。假如德国和俄国在当时资本主义经济的发展不达到一定的水平，没有相当成长了的无产阶级，那么马克思主义和列宁主义的产生也是不可能的。

（三）社会意识具有能动性

社会意识的能动性亦称社会意识对社会存在的反作用。历史唯物主义认为，社会意识对社会存在具有反作用。不同的社会意识对社会存在的反作用是不同的。先进的社会意识对社会存在的发展具有推动作用，新的社会思想和理论一经产生，就具有动员、组织、引导、教育和规范的作用，从而成为推进社会进步的巨大力量。与此相反，落后的社会意识对社会存在的发展具有阻碍作用，旧的社会思想和理论为衰亡的社会势力服务，从而延缓历史发展的进程。

某种社会意识形态对社会发展究竟起什么作用，是促进还是阻碍社会的发展，取决于它所服务的经济基础的性质，也就是说，取决于它所反映的是社会先进势力的要求，还是落后势力的要求。先进的社会思想理论对社会发展起促进作用，因为它正确地或比较正确地反映了社会发展的客观要求。它是先进阶级、先进的社会势力的精神武器。它一旦掌握了群众就能发挥伟大的动员、组织和改造的作用，就能形成推动社会前进的强大的物质力量。列宁指出："没有革命的理论，就不会有革命的运动。"[①] 与先进的社会意识形态相反，反动的社会意识形态违背历史发展规律，反映着腐朽制度和反动阶级的要求，歪曲现实，散布各种要劳

[①] 《列宁选集》第 1 卷，人民出版社 1972 年版，第 241 页。

动人民安于受压迫，受剥削地位的迷信说教，因而起着阻碍社会发展的作用。反动的思想、理论决不可能长期地蒙蔽广大人民，阻挡先进的思想、理论的伟大解放作用。它最终必将被先进思想战胜，必将随着旧制度的消灭而逐步归于灭亡。

各种先进的社会意识形态对社会发展的促进作用也有不同。其作用大小，归根到底取决于它们反映社会发展规律的正确程度。马克思主义以前的一定历史时期先进阶级的社会意识形态，例如资产阶级革命时期的资产阶级意识形态，由于受到狭隘的阶级眼界的限制，都只能在一定限度内反映当代历史发展的前进趋势，而不能全面地认识社会运动各方面的客观过程及其规律性。它虽然在一个时期内能帮助先进阶级动员人民起来摧毁腐朽的旧制度，但终归不能成为广大人民群众实现彻底解放的精神武器。只有历史唯物主义才完全正确地反映了社会发展规律，也只有掌握历史唯物主义的科学原理，才能最广泛、最深入地动员人民群众，形成无坚不摧的物质力量。

三、建设社会主义文化强国

任何理论都是在一定的历史背景下产生的，都是一定社会历史发展的产物。历史唯物主义关于社会意识作用的原理，为我们更好地发挥社会意识在中国特色社会主义建设中的积极作用，提供了科学的理论指南和方法论。我们要坚持和运用辩证唯物主义和历史唯物主义的世界观和方法论，运用马克思主义关于社会意识作用的原理，在文化建设中充分利用马克思主义解决现实问题的能力，明确建设社会主义文化强国的科学内涵和基本原则，探寻社会主义文化强国建设的实践路径，提升我们国家的文化软实力，推动实现中华民族伟大复兴的中国梦。

（一）明确建设社会主义文化强国的科学内涵

社会主义文化强国的精神核心是社会主义核心价值观。核心价值观是决定文化性质和方向的最深层要素。一种文化能不能立起来、强起来，关键取决于贯穿其中的核心价值观。一个没有强大核心价值观的国家必定不是一个文化上强大的国家。习近平总书记独具慧眼地提出："世界上各种文化之争，本质上是价值观念之争，也是人心之争、意识形态之争，正所谓'一时之强弱在力，千古之胜负在理'。首先要打好价值观念之争这场硬仗。"[1]社会主义核心价值观反映了全国各族人民共同认可的价值观"最大公约数"，是当代中国精神的集中体现，具有广泛的思想共识和价值认同。社会主义核心价值观既凝结着全体人民共同的价值追求，又蕴含着社会主义现代化的价值目标，是凝聚民心、汇聚民力的强大力量。推动社会主义文化建设，必须抓住社会主义核心价值观建设这个根本，充分发挥其主导和引领作用。世界各国文化竞争的本质就是各自价值观的较量，因此我们必须将社会主义核心价值观作为社会主义文化强国的精神核心。要坚持把培育和践行社会主义核心价值观作为凝魂聚气、强基固本的基础工程，把弘扬民族精神和时代精神作为重中之重，强化教育引导、实践养成、制度保障，夯实全民族全社会休戚与共、团结奋进的思想道德基础。要把社会主义核心价值观体现到国民教育、精神文

---

[1]《建设社会主义文化强国 着力提高国家文化软实力》，《人民日报》2014年1月1日。

明创建、精神文化产品创作生产传播的全过程，贯穿到国家治理体系和治理能力现代化建设的各领域中，使之融入经济社会发展和人们生产生活的方方面面，更好构筑中国精神、中国价值、中国力量。

知识链接：社会主义核心价值观

2012年11月，党的十八大报告明确提出"三个倡导"，即"倡导富强、民主、文明、和谐，倡导自由、平等、公正、法治，倡导爱国、敬业、诚信、友善，积极培育社会主义核心价值观"；2013年12月，中共中央办公厅印发《关于培育和践行社会主义核心价值观的意见》，明确提出以"三个倡导"为基本内容的社会主义核心价值观。其中，"富强、民主、文明、和谐是国家层面的价值目标，自由、平等、公正、法治是社会层面的价值取向，爱国、敬业、诚信、友善是公民个人层面的价值准则"。社会主义核心价值观回答了我们要建设什么样的国家、构建什么样的社会、培育什么样的公民的重大问题。

社会主义文化强国的基本特征是拥有强大的文化软实力。文化软实力是相对于传统的科技、经济、军事等硬实力而言的一种社会意识形态的影响力和吸引力、凝聚力。这种力量不是通过政治施压、经济制裁、军事威胁和武力打击等展现硬实力的手段来实现的，而是通过思想、传统、观念、道德价值观、精神信仰等方面的因素来加以实现的。文化软实力主要包括以下五个方面：一是建立在本民族文化基础上的民族凝聚力和国民的文化创造活力；二是本民族文化对其他国家民族的影响力和吸引力；三是文化产业的规模及其所占国民经济的比重；四是文化传播的能力；五是具有核心竞争力的文化产品和文化品牌的数量等。总体来看，文化软实力对内是一个国家文化生命力、创造力的体现，对外则表现为一个国家文化的影响力和吸引力。当今时代，文化软实力是综合国力和国际竞争力的重要组成部分。随着世界多极化、经济全球化的深入发展和科学技术的日新月异，文化与经济、政治相互交融的程度不断加深、与科学技术的结合更加紧密，经济的文化含量日益提高，文化的经济功能越来越强。基于此，各国纷纷把提高国家软实力作为重要发展战略，以进一步壮大和发展本国文化的整体实力和国际竞争力。实践证明，谁占据了文化发展的制高点，谁就能够更好地在激烈的国际竞争中掌握主动权。

知识链接：文化软实力

文化软实力是指一个国家、一个民族或一个地区的先进文化所体现出来的强烈的凝聚力、创造力、生命力，其概念在中国最初来自党的十七大报告。

"软实力"（Soft Power）的概念是由美国哈佛大学教授约瑟夫·奈（Joseph Nye）提出来的。1990年，他分别在《政治学季刊》和《外交政策》杂志上发表《变化中的世界力量的本质》《软实力》等一系列论文，并在此基础上出版了《美国定能领导世界吗》（Bound to Lead:The Changing Nature of American Power）一书，提出了"软实力"的概念。约瑟夫·奈指出，一个国家的综合国力既包括由经济、科技、军事实力等表现出来的"硬实力"，也包括以文化和意识形态吸引力体现出来的"软实力"。"硬实力和软实力依然重要，但是在信息时代，软实力正变得比以往更为突出。"

建设社会主义文化强国的历史使命包含了对中华优秀传统文化的传承和发展。习近平总书记在纪念孔子诞辰 2565 周年国际学术研讨会上的重要讲话中指出:"优秀传统文化是一个国家、一个民族传承和发展的根本,如果丢掉了,就割断了精神命脉。我们要善于把弘扬优秀传统文化和发展现实文化有机统一起来,紧密结合起来,在继承中发展,在发展中继承。"[①] 在新时代,坚守文化发展的民族立场,弘扬中华优秀传统文化,推进中华优秀传统文化的创造性转化与创新性发展,是时代给予我们的重要命题。一个国家的良性发展,除了要有完备的经济、政治制度作为基本支撑外,还需要有繁荣丰富、积极向上的文化支撑。文化支撑是我们当前勠力同心、实现中华民族伟大复兴的精神动力。在此意义上说,文化兴则国运兴,文化强则民族强。中国悠久的历史传统就是"中国智慧""中国方案"的重要思想来源之一。但弘扬中华优秀传统文化绝不是要复古、开历史倒车,而是要坚持实践标准,引导传统文化与当代中国实践紧密结合。"穷则变,变则通,通则久"。我们迫切需要用时代新议题激活古老文化,以中华优秀传统文化滋养中国特色社会主义的理论和实践。新时代中国特色社会主义文化建设,应当坚持以马克思主义作为指导思想,对 5000 多年的中华文化进行一番去伪存真、去粗取精的淘洗与甄别,推进中华优秀传统文化创造性转化、创新性发展,满足人民日益增长的精神文化需求,建设社会主义文化强国。

[①] 习近平:《在纪念孔子诞辰 2565 周年国际学术研讨会暨国际儒学联合会第五届会员大会开幕会上的讲话》,人民出版社 2014 年版,第 9 页。

（二）坚持建设社会主义文化强国的基本原则

坚持马克思主义在意识形态领域的指导地位。任何一种意识形态，任何一种文化，都有一个占据统摄地位的旗帜和灵魂。对于社会主义意识形态、社会主义文化来说，其旗帜和灵魂就是马克思主义。我们要坚持以马克思主义为指导，推动中国特色社会主义文化守正创新、固本开新，努力建设具有强大凝聚力和引领力的社会主义意识形态，促进全体人民在思想上精神上紧紧团结在一起。

坚持文化自信自强。习近平总书记高度重视我国文化强国建设工作。他于2017年在广西考察工作时强调："要增强文化自信，在传承中华民族优秀传统文化基础上发展社会主义先进文化，加快建设社会主义文化强国。"[1] 文化自信自强，是一个国家、一个民族、一个政党推进文化繁荣兴盛的重要前提。文化自信自强来自高度的文化自觉，体现为对文化价值、文化发展规律、自身文化使命等方面的深刻把握与积极践行。历史和现实表明，一个国家和民族要自立自强，首先在文化上要自觉自信。可以说，有没有高度的文化自信，不仅决定着文化自身的繁荣发展，而且关系到国运兴衰、民族沉浮。中华民族素有文化自信的气度，形成了深厚的文化根脉和独特的文化优势，具有坚守正道的定力、砥砺前行的动力、变革创新的活力。建设社会主义文化强国，文化自信自强既是思想基础和先决条件，也是根本标志和最终目的。要保持对中华文化理想和价值、生命力和创造力的高度自信，坚守中华文化立场，扎根中国特

---

[1] 谢环驰、鞠鹏：《扎实推动经济社会持续健康发展 以优异成绩迎接党的十九大胜利召开》，《人民日报》2017年4月22日。

色社会主义伟大实践进行文化创造、推动文化进步，大力发展面向现代化、面向世界、面向未来的社会主义民族文化，以坚定的文化自信建设文化强国。

坚持以人民为中心。坚持以人民为中心，是中国共产党的根本价值立场。2012年，在十八届中央政治局常委同中外记者见面会上，习近平总书记指出："人民对美好生活的向往，就是我们的奋斗目标。"[1]党的十八届三中全会指出，"坚持以人为本，尊重人民主体地位，发挥群众首创精神，紧紧依靠人民推动改革，促进人的全面发展。"[2]党的十八届五中全会强调，"必须坚持以人民为中心的发展思想，把增进人民福祉、促进人的全面发展作为发展的出发点和落脚点"[3]。党的十九大报告将"坚持以人民为中心"确立为新时代坚持和发展中国特色社会主义的基本方略之一，强调："坚持以人民为中心。人民是历史的创造者，是决定党和国家前途命运的根本力量"[4]。习近平总书记在庆祝中国共产党成立100周年大会上指出："新的征程上，我们必须紧紧依靠人民创造历史，坚持全心全意为人民服务的根本宗旨，站稳人民立场，贯彻党的群众路线，尊重人民首创精神，践行以人民为中心的发展思想。"[5]党的二十大强调：

---

[1]《习近平谈治国理政》，外文出版社2014年版，第424页。

[2]《中共中央关于全面深化改革若干重大问题的决定》，人民出版社2013年版，第6页。

[3]《中共中央关于制定国民经济和社会发展第十三个五年规划的建议》，人民出版社2015年版，第5页。

[4] 习近平：《决胜全面建成小康社会 夺取新时代中国特色社会主义伟大胜利——在中国共产党第十九次全国代表大会上的报告》，人民出版社2017年版，第21页。

[5] 习近平：《在庆祝中国共产党成立100周年大会上的讲话》，人民出版社2021年版，第12页。

"坚持以人民为中心的发展思想。维护人民根本利益，增进民生福祉，不断实现发展为了人民、发展依靠人民、发展成果由人民共享，让现代化建设成果更多更公平惠及全体人民。"①"以人民为中心"是中国共产党应该坚守的根本灵魂、根本立足点和根本归宿。我国实现全面小康以后，人民群众对美好生活的向往从物质需求向精神需求跃升的特征更加凸现。满足人民日益增长的精神文化生活需要，是中国特色社会主义文化发展的价值取向。同时，中国特色社会主义经济、政治、社会、生态文明建设需要文化提供支撑、创造条件，中国特色社会主义道路优势、理论优势、制度优势的展现需要文化阐释和表达。为人民服务、为社会主义服务也是中国特色社会主义文化发展的价值取向。

坚持创新发展。当今时代呈现多元化特征。所谓文化多元化，是指一个国家或一个民族在社会发展的过程中，在继承本民族的优秀文化基础上，兼收并蓄其他国家或民族的优秀文化，从而形成以本国或本民族文化为主、外来文化为辅的百花齐放、百家争鸣的和谐社会氛围。用费孝通先生的话说那就是"各美其美，美人之美，美美与共，天下大同"。讲得更简单一点，也可以用《论语·子路》中的一句话概括为"和而不同"。文化的多元化实质上是价值观、行为模式的多元化，也就是每个人、每个民族都有按照自己的价值判断坚持和选择文化的权利和自由。党的十八大以来，我们党提出新发展理念，以创新为引领发展的第一动力。习近平总书记反复强调："坚持创新发展，就是要把创新摆在国家发展全局的核心位置，让创新贯穿国家一切工作，让创新在全社会蔚然

---

① 习近平：《高举中国特色社会主义伟大旗帜　为全面建设社会主义现代化国家而团结奋斗——在中国共产党第二十次全国代表大会上的报告》，人民出版社2022年版，第27页。

成风。"①文化的生命力也在于创新。要通过文化创新，解决文化发展问题，为人类和社会的发展提供智力支持和精神动力。正如习近平总书记所指出的："中华民族有着深厚文化传统，形成了富有特色的思想体系，体现了中国人几千年来积累的知识智慧和理性思辨，这是我国的独特优势。中华文明延续着我们国家和民族的精神血脉，既需要薪火相传、代代守护，也需要与时俱进、推陈出新。要加强对中华优秀传统文化的挖掘和阐发，使中华民族最基本的文化基因与当代文化相适应、与现代社会相协调，把跨越时空、超越国界、富有永恒魅力、具有当代价值的文化精神弘扬起来。"②当今世界的自然危机、生态危机、人与自然关系危机、人的生存发展危机，说到底是文化观念的危机。因而必须在文化观念上进行批判、反思，同时进行重塑，实现创新，改变、超越传统的思维方式、价值观念等，如实现整体思维方式，承认、尊重自然自身的价值及其伦理意义等。总之，我们要通过推进中华优秀传统文化创造性转化、创新性发展，让中华文明同各国人民创造的多彩文明一道，为人类的未来提供正确的精神指引。要围绕我国和世界发展面临的重大问题，着力提出能够体现中国立场、中国智慧、中国价值的理念、主张、方案。我们不仅要让世界知道"舌尖上的中国"，还要让世界知道"学术中的中国""理论中的中国""哲学社会科学中的中国""发展中的中国""开放中的中国"和"为人类文明作贡献的中国"。

---

① 习近平：《深化合作伙伴关系 共建亚洲美好家园：在新加坡国立大学的演讲》，人民出版社2015年版，第10页。

② 习近平：《在哲学社会科学工作座谈会上的讲话》，人民出版社2016年版，第17页。

（三）建设社会主义文化强国的实践路径

夯实国家文化软实力的根基。要坚持走中国特色社会主义文化发展道路，深化文化体制改革，广泛开展理想信念教育，大力弘扬民族精神和时代精神，推动文化事业全面繁荣、文化产业快速发展。要继承和弘扬我国人民在长期实践中培育和形成的传统美德，坚持马克思主义道德观、社会主义道德观，在去粗取精、去伪存真的基础上，坚持古为今用、推陈出新，努力实现中华传统美德的创造性转化、创新性发展，引导人们向往和追求讲道德、尊道德、守道德的生活，让14亿多中国人的每一分子都成为传播中华美德、中华文化的主体。

传播当代中国价值观念。当代中国价值观念就是中国特色社会主义价值观念，代表了中国先进文化的前进方向。在新时代，我们要培育践行好社会主义核心价值观，要繁荣科学社会主义，要直面意识形态领域的斗争，要与世界文化包容互鉴，"观古今于须臾，抚四海于一瞬"；要"不忘本来、吸收外来、面向未来，更好构筑中国精神、中国价值、中国力量，为人民提供精神指引"[1]。实践证明我们的道路、理论、制度、文化是成功的。基于此，更要加强提炼和阐释，拓展对外传播平台和载体，把当代中国价值观念贯穿于国际交流和传播工作方方面面。

借鉴国外文化发展成果，兼收并蓄博采众长。文明因多样而交流，因交流而互鉴，因互鉴而发展。不同文化之间的相互学习、互相借鉴是

---

[1] 习近平：《决胜全面建成小康社会　夺取新时代中国特色社会主义伟大胜利——在中国共产党第十九次全国代表大会上的报告》，人民出版社2017年版，第23页。

文化发展的必要条件。要正确对待和汲取中华民族传统文化和外来文化的优秀成果，以更加理性、科学的态度进行文化反思、比较、展望，继承和弘扬中华民族优秀传统文化而又体现社会主义时代精神，立足本国而又积极吸收借鉴国外文化发展的有益成果，加强对外文化交流，吸收世界各国优秀文明成果，在博采众长、兼纳百家之精华中不断赋予优秀传统文化强大生机与活力，不断增强中华民族优秀传统文化的魅力和生命力，为实现中华民族伟大复兴提供强大的精神支撑。

加大改革力度，增强文化创新能力。文化创新的实质是人的思想观念的创新。它表征了人们对现实社会生产生活的观念和见解，体现出了人的意识的能动性和创造性。文化创新只有把握时代脉搏、反映时代精神、贴近现实生活，才能赢得人民群众，引导社会发展进步。随着经济社会的不断发展和物质生活水平的不断提高，人民群众的精神文化需求呈现出多层次、多方面、多样化的特点，人们求知、求乐、求美的愿望更加强烈。越来越多的人不仅需要一般的文化产品和服务，还希望享受高品位、个性化的文化生活；不仅需要获得更多感性的愉悦，还希望受到更多理性的启迪。因此，应准确把握文化发展的新特点和人民群众精神文化需求的新变化，立足波澜壮阔的改革开放伟大实践，在内容上进行积极探索和大胆创新。

进一步提高文化传播能力，讲好中国故事。开展中华文化的全球传播，就要打造好具有中国特色的文化景观。2013年，习近平总书记在全国宣传思想工作会议上指出，要精心做好对外宣传工作，创新对外宣传方式，着力打造融通中外的新概念新范畴新表述，讲好中国故事，传播好中国声音。在中华文化"走出去"的过程中，应当充分研究中国故事国际表达的有效方式，以人们喜闻乐见的形式讲好"中国故事"，形成能与国际有效交流的对外话语体系，树立中国形象，传播中国声音，形成助力中华民族伟大复兴的文化力量。

总之，我们要积极适应文化生产、传播等手段的变革，推动文化与科技创新互相融合、相互促进、互为支撑、协力前行，进一步拓展传播渠道，提高传播效率，丰富传播手段，加快构建传输快捷、覆盖广泛的文化传播体系。打造一流的主流媒体，增强舆论引导力，使文化传播触动心灵深处，形成与我国国际地位相对称的主流舆论力量。实施文化"走出去"战略，积极开拓国际文化市场，创新文化走出去模式，推动更多富有时代气息、体现时代要求、反映现代中华文化的文化标识、文化符号和文化品牌走出国门、走向世界。高度重视互联网、手机等新兴媒体建设、运用、管理，积极探索和发展文化传播新的形式、新的方法、新的品种、新的区域，不断拓展对外宣传和文化交流渠道，进一步扩大我国文化传播范围。树立自己的文化形象，使之形成与我国经济社会发展和国际地位相适应的文化优势，让中国文化更好地走向世界，增强我们在世界上的话语权和影响力。

思考题

1. 什么是社会历史观的基本问题？
2. 社会意识有哪些特点和作用？
3. 习近平总书记强调："要增强文化自信，在传承中华民族优秀传统文化基础上发展社会主义先进文化，加快建设社会主义文化强国。"请结合自身学习，谈谈对加快建设社会主义文化强国的理解。

第十一讲
群众观点与群众路线

唯物史观认为，人民是历史的创造者，是物质财富和精神财富的创造者，也是社会变革的决定性力量。正如习近平总书记所指出的："人民是历史的创造者，群众是真正的英雄。人民群众是我们力量的源泉。"[1] 历史唯物主义的群众观点和无产阶级政党的群众路线是一脉相承的。在以中国式现代化全面推进中华民族伟大复兴的新征程上，我们要牢牢把握历史唯物主义的群众观点，自觉践行无产阶级政党的群众路线，不断实现好、维护好、发展好最广大人民的根本利益。

---

[1] 习近平：《论把握新发展阶段、贯彻新发展理念、构建新发展格局》，中央文献出版社2021年版，第23页。

一、人民群众创造历史的伟大作用

历史唯物主义从生产方式是人类社会存在和发展的基础这一观点出发，肯定人民群众是人类历史的创造者，同时也承认个人在历史创造过程中的作用，在人类思想史上第一次科学地解决了人民群众和个人在历史上的作用问题。掌握这一原理，有助于我们正确地理解历史发展的客观规律性和人们有意识活动的辩证统一，这对于我们在新的历史条件下坚持群众观点和群众路线，推动新时代中国特色社会主义事业的发展具有重要意义。

（一）英雄创造历史的观点

在对历史由谁创造的回答中，有的人看到历史上一些英雄人物在历史发展中的巨大作用，因而断定历史是由这些英雄人物所创造的。这种宣扬少数英雄人物创造历史的观点被称为英雄史观。英雄史观从社会意识决定社会存在的基本前提出发，否认物质资料生产方式是社会发展的决定力量，抹煞人民群众对于历史发展的决定作用，盲目夸大英雄人物在人类社会历史中的作用。

英雄史观包含两种基本形式。第一种形式是唯意志论或主观唯心主义英雄史观。所谓主观唯心主义英雄史观，是把历史的发展看作是由少数帝王将相、英雄豪杰的意志、品格、才能决定的，认为人类历史是这些"大人物"随心所欲的结果。在持这种历史观的人看来，人民群众是一些"惰性的物质"，是消极的、被动的，是英雄人物的盲目追随者，是供英雄使用的"材料"。既然是惰性的、被动的，因而其作用也就等于"零"。如鲍威尔兄弟认为，历史中起决定作用的是"英雄"的精神，而人民群众是历史中的惰性因素。俄国民粹派认为群众是实数后面的一串"零"，零前面的实数是英雄，没有前面的实数，后面的零再多都是没意义的。尼采认为，群众是"多余的人"，是"供实验的材料，一大堆多余的废品，一片瓦砾场"。第二种形式是宿命论或客观唯心主义的英雄史观。这种观点认为，社会历史是由冥冥中某种神秘的精神力量所决定的，历史不过是在实践和执行一种人们不知的"隐秘的计划"。这种神秘的力量是"天命""上帝""绝对精神"等。这种观点认为，支配历史的神秘力量是不会说话、不会直接向人类下命令的，它必须在人中间找一个代表它的人，或找个代理它发布命令的人，就好像一个组织不会说话，它得有一个发言人一样。这个代表或发言人不是普通人，而是英雄人物。例如，黑格尔就认为拿破仑就是骑在马背上的绝对精神。

知识链接：绝对精神

在黑格尔哲学中，绝对精神是客观独立存在的某种宇宙精神，这种精神实为一种逻辑思维，是脱离了人并与客观世界相分离的，只

第十一讲 群众观点与群众路线

以概念形式表现出来。绝对精神是先于自然界和人类社会永恒存在着的实在，是宇宙万物的内在本质和核心，万物只是它的外在表现。

英雄史观产生的根源主要有以下三个方面。一是认识根源。由于生产力水平低下，人们认识水平较低，容易把表面现象当作事物的本质来看待。所以，当人们在表面上看到少数英雄在历史发展中的作用后，便把少数英雄人物的作用尤其是他们的意识作用加以夸大并绝对化，认为英雄人物是创造历史的关键力量。二是社会历史根源。由于社会生产率较低，少数人从事政治统治，垄断物质生产产品和精神文化生活，大多数人的作用被忽视。三是阶级根源。统治阶级的思想家为了维护本阶级的利益，把统治者或英雄人物看作上天的意志，把本阶级的利益和意志神圣化。

由此可见，英雄史观是在一定的历史条件下产生的。按照这种历史观点，整个人类历史不过是一种可以任意变化的偶然现象，"大人物"的意志可以随意更改历史，历史的发展是一种无序的、混乱的、偶然的。这种历史观只看到英雄人物在历史发展中的表面作用而没考虑到这些作用的本质，只考虑人们在历史活动中的思想动因而没有考虑到这些思想背后的物质动因，既不能够解释历史发展的规律又不能够正确反映社会历史发展的方向，因而是错误的、歪曲的历史观。

（二）人民群众创造历史的观点

与英雄创造历史的观点相反，马克思主义哲学认为历史是由人民群众创造的。这里的人民群众的范畴指的是推动历史发展的社会大多数成员的总和。这个范畴既有量的规定性又有质的规定性。从量的规定性上看，人民群众是指占社会人口大多数的人类群体，它是相对于个人或个别组织而言的。从质的规定上看，人民群众是指一切推动历史发展的社会力量，在一定生产方式中有着某种共同利益和要求、对社会起促进作用的阶级阶层和社会集团。

人民群众的内涵随着历史的变化而变化。在阶级社会，人民群众除了包括劳动群众以外，也包括一切在历史中起进步作用的其他阶级。在社会主义建设时期，一切赞成和参加社会主义建设的阶级、阶层、社会集团以及拥护社会主义和赞成祖国统一的爱国者，都属于人民群众的范畴。但是，不论在什么历史条件下，劳动人民都是历史的主体。马克思主义哲学认为人民群众创造历史从本质上讲就是广大的劳动人民创造历史。

马克思认为"历史活动是群众的事业"，决定历史发展的是"行动着的群众"。人民群众创造历史的决定作用主要表现在以下三个方面。

第一，人民群众是社会物质财富的创造者。物质生产是整个社会赖以生存和发展的基础。马克思认为，任何一个民族，如果"停止劳动，不用说一年，就是几个星期，也要灭亡"[①]。而社会劳动由谁来进行呢？当然是人民群众，是亿万的工人、农民、知识分子和其他各阶层的先进分子。物质生产从低级到高级，从简单到复杂都是人民群众不断实践的过程，没有人民群众的劳动也就没有任何的物质生产，社会也就无法存在。这是因为：一方面，人民群众是生产力的要素——劳动者。物质资料的生产，劳动工具和科学技术的使用，都是由劳动者来完成的。当今社会自动化生产发展迅速，许多人开始认为机器代替了劳动者的地位，这就意味着社会生产开始由少数人进行，人民群众的地位开始变化，社会历史进入了由少数人掌握的时代。这种说法似是而非，表面上看到了

[①] 《马克思恩格斯文集》第 10 卷，人民出版社 2009 年版，第 289 页。

社会发展的变革，其实没有掌握这个变革的实质。事实上，自动化生产并没有取代劳动者的地位，这只不过是劳动工具的变革而已。自动化生产的机器是由人创造的，是人类物质生产的劳动产品。自动化生产的过程和结果都是由人来控制的，机器本身并不知道如何满足人的生产需要。自动化生产节省的劳动不过是一些重复性的劳动，而关键性的创造性劳动还是由人来掌握的。另一方面，人民群众能不断地创造和改进生产工具、生产技术。生产工具的变革引起整个生产力的变革，生产力的变革引起上层建筑的变革，从而推动整个社会历史的发展。原始人学会了用石头做工具开创了石器时代。人们使用青铜做工具使人类进入了奴隶社会。人们开始使用铁制工具进行耕种，标志着人类进入了封建社会。而蒸汽机的发明、纺织机的改造使人类开始了资本主义生产。而现代高科技的日新月异使人类社会不断地进步。可见，每一次生产工具的变革都会引起社会形态的变化，而生产工具的不断进步促使社会不断向前发展。人民群众创造着人类发展赖以生存的全部物质财富。

第二，人民群众是社会精神财富的创造者。说物质财富是人民群众创造的，这让大家比较容易接受，说精神财富也是人民群众创造的，有些人可能会摇头。他们说精神财富不是知识分子、思想家、科学家们创造的吗？怎么成了人民群众？人民群众是社会精神财富的创造者，其含义可以从以下几点来理解：首先，人民群众的生产经验和生活是精神产品的源泉。精神财富中的科学是在总结生产经验基础上产生的。科学家是科学知识理论的直接发现者，但其源泉仍在群众的生产经验中。中国古代的《本草纲目》《齐民要术》《农政全书》等都是在总结生产、生活经验中形成的。精神财富中的文学艺术也是以群众的生活为源泉的。例如，文学家、艺术家要经常到群众中去进行所谓的"采风"，就是直接深入人民的生活再经过艺术加工然后创造一些文化产品。其次，许多知识分子、思想家、科学家、艺术家本身也属于人民群众范畴，人民群众创造的精神财富包含他们创造的精神财富。再次，普通劳动群众也可以直接创造精神财富。中国的各种具有地方特色的传统文化都是由普通群众代代相传逐步产生的，如河南的豫剧、安徽的黄梅戏、河北的梆子等。这些都是普通群众直接创造的精神财富。最后，广大劳动者的劳动生产出供人们吃、喝、住、穿、用的物质生活资料，有了这些物质生活资料人们才能从事政治、科学和其他精神活动。比如，我们欣赏音乐不仅仅需要艺术家的创作等精神活动，还需要乐器的制作、场地建设等物质条件。

第三，人民群众是变革社会制度的决定力量。社会制度归根到底是由生产决定的，社会制度变革的深刻根源是生产力的发展要求，而人民群众正是生产力发展要求的体现者和代表者。人民群众是实现社会制度变革的基本力量，人民群众的需求和利益是社会制度变革的根源。人民群众跟谁走，选择哪一条道路，决定着哪一种社会制度变成现实。一切社会制度变革的广度和深度，都取决于人民群众参与的广度和深度。人民群众决定着社会制度变革的成功与失败，人民群众决定着社会制度变革的基本方向。人民群众是历史的主体，人民群众的利益和要求决定着历史发展的大趋势。无论是破坏旧制度，还是创立新制度，或者是从社会制度的长远演变看，都是生产力和人民群众起着决定性作用。

二、人民群众是真正的英雄

唯物史观认为，整个人类历史是由无数个人进行的有目的有意识的满足自己需要的活动构成的，人是历史的"剧作者"也是历史的"剧中人"。人民是历史的主体，历史活动是群众的事业，人民群众是真正的英雄。正如毛泽东所指出的："人民，只有人民，才是创造世界历史的真正动力"①。但是，人民不是为了创造历史而创造历史。人民是为了能够生活、生存和发展才创造历史。促使人民群众不断去创造历史的强大动因，永远是日益增长的需要得到不断满足的各种利益，即经济、政治和文化利益。马克思早就精辟地指出："人们奋斗所争取的一切，都同他们的利益有关。"②所以，人民群众不仅是历史的真正创造者，也是实现自身利益的根本力量。人民群众的利益、意志和愿望归根到底影响着社会发展的进程，决定着一切活动的最终结果。要实现人民的利益只能依靠人民自己组织起来进行革命斗争。中国人民革命、建设和改革的伟大实践已经证明，人民群众只能自己解放自己，人民群众也完全能够解放自己。群众观点是建立在肯定人民群众对历史发展起主体作用的基础之上的，因而认为人民群众既是历史的"剧作者"又是历史的"剧中人"，承认人民群众是历史发展的决定力量，所有历史活动都是人民群众自己为了自己，自己发展自己，自己解放自己的活动。群众观点是历史唯物主义的基本观点。

（一）人民群众是历史活动的主体

人民群众创造了整个历史生活，是整个人类历史活动的主体。人类为了生存首先得进行物质资料的生产，物质资料的生产依靠的是人民群众的力量，依靠神的意志抑或是少数的英雄是不可能生产出满足人类需要的

---

① 《毛泽东选集》第3卷，人民出版社1991年版，第1031页。
② 《马克思恩格斯全集》第1卷，人民出版社1995年版，第187页。

物质资料的。为了进行物质资料生产，人们"只有以一定的方式共同活动和互相交换其活动，才能进行生产。为了进行生产，人们相互之间便发生一定的联系和关系"[①]，这种联系就是社会关系。社会关系是群众之间为了生产而建立的各种各样的关系，人民群众是社会关系的主体。在物质资料生产和生产关系发展的过程中，社会在物质资料生产方式和相应的生产关系的基础上逐步产生一定的与之适应的社会意识。社会意识指的是人们的社会精神生活过程，包括人们的社会心理（如情感、感觉、意志等）和理论化、系统化的各种社会意识形式（如政治思想、法律思想、道德、艺术、宗教、科学等）。社会意识形式建立在群众的物质生产的基础之上并且反映群众的物质的、精神的需要，受到物质资料生产方式的制约，因此，人民群众也是社会意识的主体。在唯物史观看来，人民群众既是人类的物质资料生产的主体，也是社会关系的主体，还是人类精神生活的主体，贯穿整个人类历史活动的始终，是一切物质生产的发动者，也是一切社会关系的承担者，创造了人类社会的精神生活。因此，群众是整个历史活动的主体，而不是上帝、绝对精神或者英雄人物。

（二）人民群众是物质生产的实践主体

唯物史观不同于唯心史观的最大的特点，就是揭示了"社会生活在本质上是实践的"这一深刻道理，阐明唯物史观和唯心史观在实践观这一根本问题上的本质区别以及他们在认识社会生活方面所起到的完全不同的作用。马克思把实践确认为社会生活的本质。这是因为，人类最基本的社会实践活动——物质资料生产是人类社会存在和发展的基础，物

[①] 《马克思恩格斯选集》第 1 卷，人民出版社 2012 年版，第 340 页。

质资料生产、物质资料生产方式规定了社会的性质以及社会进一步发展的方向，是历史发展的根本动力。正如恩格斯在《在马克思墓前的讲话》中所说："正像达尔文发现有机界的发展规律一样，马克思发现了人类历史的发展规律，即历来为繁芜丛杂的意识形态所掩盖着的一个简单事实：人们首先必须吃、喝、住、穿，然后才能从事政治、科学、艺术、宗教等等；所以，直接的物质的生活资料的生产，从而一个民族或一个时代的一定的经济发展阶段，便构成基础，人们的国家设施、法的观念、艺术以至宗教观念，就是从这个基础上发展起来的，因而，也必须由这个基础来解释，而不是像过去那样做得相反。"[1] 因此，物质资料生产实践是理解人类社会历史的关键。马克思创立的历史唯物主义正是从生产劳动中找到了理解全部人类历史的钥匙。

根据唯物史观，由于物质资料生产实践规定了包括社会精神在内的全部社会生活的本质，因此，一切理论问题，包括一切与理论有关的神秘主义的东西，最终都可以归结到实践方面去，都可以通过物质资料生产实践的理解得到合理的解释。正像马克思所说："凡是把理论引向神秘主义的神秘的东西，都能在人的实践中以及对这个实践的理解中得到合理的解决"[2]。因此，实践观点是历史唯物主义的首要的和基本的观点，物质资料生产实践是人类社会的最基本的活动。物质资料生产实践不仅是人类社会存在的基础，而且是制约社会的性质和面貌的决定性因素，是推动社会历史发展的根本动力。

历史唯物主义认为物质资料生产的实践主体是广大的人民群众。这是因为：首先，人民群众是物质资料生产的主要的劳动者。劳动者既包

---

[1] 《马克思恩格斯选集》第3卷，人民出版社2012年版，第1002页。
[2] 《马克思恩格斯选集》第1卷，人民出版社2012年版，第135—136页。

括体力劳动者,也包括对生产过程进行科技服务和从事管理的脑力劳动者。古往今来,一切的物质资料都主要是由人民群众生产出来的。我们吃的粮食,穿的衣服,住的房子,用的日常生活用品都是由群众生产的。甚至我们认为的一些高科技产品,如火箭、核电站,都是群众根据图纸、模型生产出来的。其次,人民群众创造和掌握生产工具。人类进行物质资料的生产不仅仅是像动物一样直接用肉体进行,还会使用工具。人们只有利用生产工具才能充分发挥人的本质力量,按照人的目的和需要影响和改变自然界,创造出适合人类需要的劳动产品。尤其是近代社会,生产力高度发展,不通过一定的生产工具根本无法达到人类的目的。生产工具是物质资料生产实践的现实力量和集中表现。而生产工具却是由人民群众创造和掌握的。人民群众在生产过程中不断改进生产工具,并且只有生产工具由人民群众掌握才能转化为生产力。人民群众是主要的劳动者,群众掌握劳动工具,依靠自身的力量改变自然界获得满足自身生存的物质资料,是物质资料生产的实践主体。

(三)人民群众是历史发展的利益主体

历史唯物主义认为,在社会历史发展的过程中,人民群众总是为了一定的利益而进行活动。马克思肯定了利益对人类历史发展的意义,认为"正是自然必然性、人的本质特性(不管它们是以怎样的异化形式表现出来)、利益把市民社会的成员联合起来……他们不是超凡入圣的利己主义者,而是利己主义的人"[①]。人民群众在进行历史活动的时候,不会自觉地把自己看作人类的整体,而是以个人的身份进行历史活动。在

[①]《马克思恩格斯文集》第 1 卷,人民出版社 2009 年版,第 322 页。

马克思主义者看来，个人进行历史活动总是有一定目的和动力的，总是为了满足自身一定的利益的。从人类历史的发展动因来看，历史的发展也是为了满足人民群众总体利益的。在原始社会，单独的人无法抵御大自然的力量而自觉地结合在一起，使人类在残酷的大自然中生存了下来，并且不断地发展。在阶级社会，统治阶级不断压迫被统治阶级进行生产以满足他们的需要，被统治阶级生产出大量产品，一方面通过缴纳赋税满足统治阶级穷奢极欲的需要，另一方面也是自己生存和发展的需要，这样使得人类的生产力不断地进步和发展。而在共产主义社会，生产力高度发展，产品极度丰富，阶级消失，人民群众摆脱了对人的依赖和对物的依赖，为了自己的全面自由的发展而进行生产活动。可以这么说，群众总是在一定的利益驱使下进行历史活动，而这些历史活动的最终目的是满足人民群众的利益需要。

群众是历史发展的利益主体，既是推动者，又是受益者。尽管这种受益不一定是直接的，甚至在一定的历史条件下表现出对人民群众的利益的损害，但是从整个人类历史发展的过程来看，人民群众的历史活动是为了实现人民群众自身的利益，而这种利益的实现不是依靠别人而是依靠人民群众自己。

（四）人民群众是历史发展的价值主体

马克思主义者认为，历史是由人民群众自由自觉的活动所组成。这些活动的价值不仅由人民群众创造，更由人民群众进行评价，人民群众是社会的主人。人民群众需要和利益的满足与否及满足程度，是人民群众评价历史活动的客观依据和判断标准。以往的人们更多地看重人民群众的作用，将其作为实现某种目的的工具，却往往忽视其价值主体和主人的地位，忽视其权力和利益的实现。历史唯物主义强调，人民群众不仅是社会价值的创造者，而且是社会价值的主要享有者，同时也是社会价值的评价者。如果不是这样理解马克思主义关于人民群众价值作用的理论，不尊重其主人和主体地位，不尊重人民群众的各种权力和利益，不是最大限度地去实现、维护和发展人民群众的权力和利益，那么就从根本上背离了马克思主义群众观。

（五）人民群众是中国特色社会主义事业建设和发展的主体

在社会主义条件下，人民群众对历史的创造作用获得了全新意义。社会主义制度为人民群众发挥创造历史的主动精神和伟大作用创造了充分的条件。列宁深刻指出，社会主义"把真正大多数劳动者吸引到这样一个工作舞台上来，在这个舞台上，他们能够大显身手，施展自己的本领，发现有才能的人"①。在社会主义社会，广大人民群众成了生产资料的主人，因而也就成了经济、政治和精神生活的主人。社会主义民主为人民群众参与社会事务管理提供了广阔的平台。社会主义社会的劳动群众不仅仅是劳动力，而且还是国家的主人，发挥着历史上的劳动群众所不曾有过的重大作用。

始终坚持和维护人民群众的主体地位，视人民利益高于一切，是中国共产党推进革命、建设、改革发展的根本出发点和落脚点，也是改革开放以来党领导全国人民坚持和发展中国特色社会主义的本质所在。中国特色社会主义是亿万人民自己的事业，其全部实践的出发点与归宿，都是以满足最广大人民群众的根本意愿和合乎最广大人民群众的最大利益为

---

① 《列宁选集》第 3 卷，人民出版社 2012 年版，第 375 页。

根本的。这是这一事业从开创到现在能够取得不断发展并始终得到人民群众拥护、支持的原因所在，也是它能够历经种种磨难，战胜各种挑战、风险考验的根本所在。中国特色社会主义与人民主体地位的高度契合性，使坚持人民的主体地位成为中国特色社会主义事业发展的鲜明标志。

三、坚持党的群众路线，使人民共享发展成果

中国共产党把马克思主义的群众观创造性地与中国具体革命和建设实际相结合，形成了"一切为了群众，一切依靠群众，从群众中来，到群众中去"的群众路线。群众路线是实现党的思想路线、政治路线、组织路线的根本工作路线，是我们党的根本领导方法和工作方法。我们党发展的历史经验和教训都深刻表明，党的最大政治优势是密切联系群众，党执政后的最大危险是脱离群众。因此，在新时代中国特色社会主义事业的伟大实践中，我们要认真研究我国社会生活的新变化和群众工作的新特点，做好新形势下党的群众工作，采取有力举措，使人民群众共享改革发展成果，从而为党的各项方针政策的贯彻落实打下坚实的群众基础。

（一）坚持群众路线的基本要求

群众路线本质上体现的是马克思主义关于人民群众是历史的创造者这一基本原理。只有坚持这一基本原理，我们才能把握历史前进的基本规律。只有按历史规律办事，我们才能无往而不胜。历史反复证明，人

民群众是历史发展和社会进步的主体力量。正如毛泽东所说:"中国的命运一经操在人民自己的手里,中国就将如太阳升起在东方那样,以自己的辉煌的光焰普照大地。"[①]

坚持群众路线,要求我们做到一切依靠群众,从群众中来、到群众中去,充分调动各方面群众的积极性、主动性、创造性。当前,改革发展进入新的历史阶段,各种问题和矛盾集中凸显,我们更要始终牢记,真正的英雄是群众,真正的力量在群众。坚持人民主体地位,充分调动人民积极性,始终是我们党立于不败之地的强大根基。在人民面前,我们永远是小学生,必须自觉拜人民为师,向能者求教,向智者问策;必须充分尊重人民所表达的意愿、所创造的经验、所拥有的权利、所发挥的作用。例如,"摸着石头过河"是人民群众生动实践的一个形象比喻,是马克思主义认识论和群众路线在改革实践中的生动体现。邓小平曾多次说:"我个人做了一点事,但不能说都是我发明的。其实很多事是别人发明的、群众发明的,我只不过把它们概括起来,提出了方针政策。"[②]家庭联产承包责任制、乡镇企业、经济特区无不是在总结群众实践经验的基础上一步步走出来的成功范例。改革的实践特征与中国改革的特殊性,决定了中国改革必须要坚持实践观点和实践标准,对看得还不那么准但又必须取得突破的改革,可以先进行试点,摸着石头过河,尊重实践、尊重创造,鼓励大胆探索、勇于开拓,在实践中开创新路,在取得经验后再逐步推开,在"摸着石头过河"的基础上取得系列经验后进行顶层设计。顶层设计的理念必须在实践中不断进行检验、纠正、丰富和发展。

---

① 《毛泽东选集》第 4 卷,人民出版社 1991 年版,第 1467 页。
② 《邓小平文选》第 3 卷,人民出版社 1993 年版,第 272 页。

第十一讲　群众观点与群众路线

坚持群众路线，就要坚持全心全意为人民服务的根本宗旨。"政之所兴在顺民心，政之所废在逆民心。"全心全意为人民服务，是我们党一切行动的根本出发点和落脚点，是我们党区别于其他一切政党的根本标志。党的一切工作，必须以最广大人民根本利益为最高标准。检验我们一切工作的成效，最终都要看人民是否真正得到了实惠，人民生活是否真正得到了改善，人民权益是否真正得到了保障。面对人民过上更好生活的新期待，我们不能有丝毫自满和懈怠，必须再接再厉，使发展成果更多更公平惠及全体人民，朝着共同富裕方向稳步前进。

坚持群众路线，就要保持党同人民群众的血肉联系。我们党的最大政治优势是密切联系群众，党执政后的最大危险是脱离群众。毛泽东说："我们共产党人好比种子，人民好比土地。我们到了一个地方，就要同那里的人民结合起来，在人民中间生根、开花。"[①]要把群众观点、群众路线深深植根于全党同志思想中，真正落实到每个党员行动上，下最大气力解决党内存在的问题特别是人民群众不满意的问题，使我们党永远赢得人民群众信任和拥护。

党的群众路线是实现党的思想路线、政治路线和组织路线的根本工作路线，必须贯穿于党的全部工作中。各级领导干部特别是年轻干部要提高群众工作能力，坚持从群众中来、到群众中去的群众路线，把工作重心下移，经常深入实际、深入基层、深入群众，真诚倾听群众呼声，真实反映群众愿望，真情关心群众疾苦，拜群众为师，向群众问计，从群众的实践中汲取营养、增长智慧，不断提高新形势下做好群众工作的本领。正如习近平总书记所指出的："群众路线是我们党的生命线和根本工作路线，是我们党永葆青春活力和战斗力的重要传家宝。不论过去、

[①] 《毛泽东选集》第 4 卷，人民出版社 1991 年版，第 1162 页。

现在和将来,我们都要坚持一切为了群众,一切依靠群众,从群众中来,到群众中去,把党的正确主张变为群众的自觉行动,把群众路线贯彻到治国理政全部活动之中。"①

(二)让人民共享发展成果是马克思主义的基本价值追求

追求人类解放、实现每个人的自由全面发展,是马克思主义一以贯之的最高理想、价值追求和逻辑起点,这个价值理想也一直处在人类共同价值的制高点。马克思主义所追求的人类解放实践主要从两个方面展开:第一,通过发展生产力特别是科学技术,实现人对自然界之间物质交换关系的有效控制,把人从自然界的盲目必然性的奴役中解放出来,使人"成为自然界的主人"。正如邓小平所指出的:"什么叫社会主义,什么叫马克思主义?我们过去对这个问题的认识不是完全清醒的。马克思主义最注重发展生产力。我们讲社会主义,是共产主义的初级阶段,共产主义的高级阶段要实行各尽所能,按需分配,这就要求社会生产力高度发展,社会物质财富极大丰富。所以社会主义阶段的最根本任务就是发展生产力,社会主义的优越性归根到底要体现在它的生产力比资本主义发展得更快一些、更高一些,并且在发展生产力的基础上不断改善人民的物质文化生活。如果说我们新中国成立以后有缺点,那就是对发展生产力有某种忽略。社会主义要消灭贫穷。贫穷不是社会主义,更不是共产主义。"②第二,通过革命性实践摆脱社会中阶级的奴役和压迫,使人成为"自己的社会结合的主人",让人民大众共享改革和发展的成果,实现个人的全面发

---

① 《习近平谈治国理政》第 1 卷,外文出版社 2018 年版,第 27 页。
② 《邓小平文选》第 3 卷,人民出版社 1993 年版,第 63—64 页。

展。这两个解放是互相贯通、互相交织，最终统一到社会主义运动和共产主义实践中。对此，马克思曾指出："这种共产主义，作为完成了的自然主义，等于人道主义，而作为完成了的人道主义，等于自然主义，它是人和自然界之间、人和人之间的矛盾的真正解决，是存在和本质、对象化和自我确证、自由和必然、个体和类之间的斗争的真正解决。它是历史之谜的解答，而且知道自己就是这种解答"[1]。

要通过发展生产力完成自然主义，使人"成为自然界的主人"；通过制度变革完成人道主义，使人成为"自己的社会结合的主人"。在完成自然主义和人道主义的过程中，不断推进人和自然界之间、人和人之间的矛盾的解决，达到一种"和谐"状态，这就要求社会主义必须坚持生产力标准和人民利益标准的统一，物的尺度和人的尺度的统一，合规律性和合目的性的统一，即在发展生产力的基础上让广大人民群众共享发展的成果。正如邓小平所指出的："社会主义原则，第一是发展生产，第二是共同致富。"[2]这个论断他在南方谈话中再次重申："社会主义的本质，是解放生产力，发展生产力，消灭剥削，消除两极分化，最终达到共同富裕"[3]。习近平总书记指出："一是充分调动人民群众的积极性、主动性、创造性、举全民之力推进中国特色社会主义事业，不断把'蛋糕'做大。二是把不断做大的'蛋糕'分好，让社会主义制度的优越性得到更充分体现，让人民群众有更多获得感。"[4]通过做大"蛋糕"和分好"蛋糕"，让人民大众吃好"蛋糕"，共享发展成果，都体现了自然主

---

[1] 《马克思恩格斯文集》第1卷，人民出版社2009年版，第185—186页。
[2] 《邓小平文选》第3卷，人民出版社1993年版，第172页。
[3] 《邓小平文选》第3卷，人民出版社1993年版，第373页。
[4] 习近平：《在省部级主要领导干部学习贯彻党的十八届五中全会精神专题研讨班上的讲话》，《人民日报》2016年5月10日。

义和人道主义相统一基础之上的共产主义，即马克思主义的核心价值追求——造福人民。

发展成果由人民共享是中国特色社会主义的出发点和终极目标，是中国特色社会主义的本质要求，充分反映了我们党在中国特色社会主义道路上的探索和实践中，是对社会发展和社会建设科学规律认识的不断深化，也充分体现了马克思主义的根本价值追求。

（三）坚持以人民为中心的发展思想造福人民

作为马克思主义政党，中国共产党必须坚守马克思主义核心价值追求，坚持群众观点和群众路线。要坚信党的根基在人民、党的力量在人民，坚持一切发展为了人民、依靠人民，充分发挥广大人民群众积极性、主动性、创造性，不断把为人民造福的事业推向前进。

坚持以人民为中心，必须坚持发展为了人民。发展为了人民，就要把人民利益作为党和国家工作的出发点和落脚点，使人民共享发展成果，增加人民的获得感。在马克思、恩格斯看来，共产党的根本政治立场就是人民立场，这是共产党与其他政党的根本不同。在谈到共产党人与无产者的关系时，马克思、恩格斯在《共产党宣言》中明确指出："他们没有同整个无产阶级的利益不同的利益。"[1] 也就是说，共产党人没有自己的私利，共产党人所代表的利益就是全体无产者的根本利益。在谈到共产党与其他无产阶级政党的不同时，马克思、恩格斯在《共产党宣言》中又再次强调："一方面，在无产者不同的民族的斗争中，共产党人强调

---

[1] 马克思、恩格斯著，中共中央马克思恩格斯列宁斯大林著作编译局编译：《共产党宣言》，人民出版社 2018 年版，第 41 页。

和坚持整个无产阶级共同的不分民族的利益；另一方面，在无产阶级和资产阶级的斗争所经历的各个发展阶段上，共产党始终代表整个运动的利益。"①在"发展为了谁"这个问题上，我们党始终把人民利益放在第一位，从人民最关心的现实利益问题入手，领导人民进行社会主义现代化建设，不断发挥党的先进性和社会主义制度的优越性，为的就是要实现好、维护好、发展好最广大人民的根本利益，实现人民幸福和每个人的自由全面发展。

坚持以人民为中心，必须坚持发展依靠人民。人民是党治国理政的基础，是实现社会发展的根本力量。依靠人民就是要发挥人民群众的主体性，依靠人民推动科学发展。坚持发展依靠人民是唯物史观在发展问题上的必然要求。唯物史观认为，人民群众是社会历史的主体，是历史的创造者。在社会历史发展过程中，人民群众起着决定性作用。他们是社会物质财富的创造者，也是社会精神财富的创造者，是社会变革的决定力量。人民也是发展的主体，是推动社会发展的决定力量。中华民族伟大复兴和中国社会主义现代化是亿万人民的伟大事业，需要依靠中国人民力量，汲取中国人民智慧，积极调动人民群众的积极性、主动性、创造性。

毋庸讳言，由于目前我们仍然处于社会主义初级阶段，还存在着一些分配不公、发展不平衡等问题。只有不断地解决这些问题，不断地促进社会公平正义，才能保证人人享有发展机遇、发展成果，在发展中有更多获得感，也才能更好地突出人民的主体地位，进而增强发展动力、增进人民团结，努力实现共同富裕的目标。共享需要共建，共建为了共

---

① 马克思、恩格斯著，中共中央马克思恩格斯列宁斯大林著作编译局编译：《共产党宣言》，人民出版社2018年版，第41页。

享。只有牢牢把握共建与共享的辩证关系，在全社会营造人人参与、人人尽力、人人享有的良好环境，以共享引领共建、以共建推动共享，才能厚植发展优势、凝聚发展伟力、提升发展境界，有效解决人民日益增长的美好生活需要和不平衡不充分的发展之间的矛盾这一社会主要矛盾，实现中华民族伟大复兴的中国梦。

思考题

1. 英雄史观产生的根源是什么？
2. 为什么说人民群众是真正的英雄？
3. 结合实际谈谈对马克思和恩格斯这段话的理解："历史活动是群众的活动，随着历史活动的深入，必将是群众队伍的扩大。"

第十二讲
阶级观点与阶级分析

阶级斗争是阶级社会发展的直接动力。人类几千年的文明史，从某种意义上说就是阶级斗争的历史，阶级斗争和社会革命是社会基本矛盾运动导致的必然结果。深入理解和把握马克思主义的阶级观点和阶级分析法，可以让我们更深刻地分析和考察不同阶级的历史，正确处理阶级矛盾和阶级斗争问题。

一、阶级和阶级斗争

正如马克思、恩格斯在《共产党宣言》中所说的："至今一切社会的历史都是阶级斗争的历史。"[①]资本主义以前的各个时代，受复杂而又森严的等级制度的影响和剥削阶级的歪曲欺骗，阶级的划分和阶级对立的本质被层层掩盖起来，不容易被发现。资本主义社会使阶级对立的形式变得更为简单，整个社会日益分化为资产阶级和无产阶级两大互相直接对立的阶级，这就为揭露阶级对立和阶级的本质提供了客观的历史条件。

（一）阶级的产生和阶级的本质

马克思主义哲学认为，阶级是一个历史的范畴。阶级的存在仅同生产发展的一定历史阶段相联系。阶级并不是人类社会产生以来就有的。

[①]《马克思恩格斯选集》第1卷，人民出版社1995年版，第400页。

它是生产力有了一定发展，但又发展不足的产物。恩格斯指出：阶级的"划分是以生产的不足为基础的，它将被现代生产力的充分发展所消灭"[①]。在原始社会时期，社会生产力水平非常低下，没有剩余产品，没有生产资料私有制，没有剥削的可能，也就没有阶级的存在。考古发现阶级社会的出现不过是五六千年以前的事情。剩余产品的出现是阶级产生的物质前提，分工的发展是阶级产生的基础，生产资料私有制的产生是阶级产生的直接原因。

马克思主义哲学不仅说明了阶级的产生，而且还科学地揭示了阶级的本质。阶级是与特定的生产关系相联系的、在经济上处于不同地位的各个社会集团。列宁给阶级下了一个完整的定义："所谓阶级，就是这样一些大的集团，这些集团在历史上一定的社会生产体系中所处的地位不同，同生产资料的关系（这种关系大部分是在法律上明文规定了的）不同，在社会劳动组织中所起的作用不同，因而取得归自己支配的那份社会财富的方式和多寡也不同。所谓阶级，就是这样一些集团，由于它们在一定社会经济结构中所处的地位不同，其中一个集团能够占有另一个集团的劳动。"[②]列宁关于阶级的定义是对阶级本质的理论概括，也为我们划分阶级提供了科学标准。所谓剥削阶级是指社会上一部分人占有生产资料并主导生产活动，因而能够占有另一部分人的劳动，从而剥削另一部分人。

从马克思、恩格斯和列宁关于阶级本质的分析中可以看出，阶级的划分只能以经济为标准，而不能以政治和思想为标准。但是，阶级之间的关系并不仅仅表现在经济生活方面，在社会政治生活和精神生活方面

---

① 《马克思恩格斯选集》第3卷，人民出版社1995年版，第756页。
② 《列宁全集》第37卷，人民出版社1986年版，第13页。

也会反映出来。阶级关系既体现为物质关系，也体现为思想关系。阶级之间的矛盾对立，不仅仅表现在经济上，而且还表现在政治上和思想上。但归根到底，政治上和思想上的对立，终究是经济上阶级对立的集中表现。

人类社会的历史发展经过了奴隶社会、封建社会和资本主义社会三个对抗性的阶级社会。这些社会都有其特定的阶级结构。它们各由两个对立阶级构成，分别是奴隶主阶级和奴隶阶级、封建主阶级和农民阶级、资产阶级和无产阶级。各个社会的基本阶级是同这个社会特定的生产方式相联系的，它们之间的矛盾构成该社会的主要矛盾。

各阶级由若干阶层构成，资产阶级内部可划分为垄断资产阶层和非垄断资产阶层。无产阶级可划分为专业技术人员阶层、产业工人阶层和农业劳动者阶层等。从社会学的角度看，阶层是指全体社会成员按照一定等级标准划分为彼此地位相互区别的社会集团。同一社会集团成员之间的思维方式和行为模式以及价值观等方面由于生产地位和社会分工的相似而具有一定的共通性，不同阶层的成员则存在较大差异。

（二）阶级斗争是阶级社会发展的直接动力

阶级斗争是阶级社会中的必然现象。有阶级存在，就一定会有阶级斗争。阶级斗争是经济利益根本对立的社会集团之间的斗争。列宁指出，阶级斗争是"一部分人反对另一部分人的斗争，无权的、被压迫的和劳动的群众反对特权的压迫者和寄生虫的斗争，雇佣工人或无产者反对私有主或资产阶级的斗争。"[1]争取和维护本阶级的经济利益是阶级斗争的实质内容。

---

[1] 《列宁选集》第1卷，人民出版社1972年版，第443页。

阶级斗争的作用主要表现在两个方面。第一，阶级斗争推动了同一社会形态自身的发展。在社会发展的量变阶段，阶级斗争不同程度地打击了当时的统治阶级，或者直接摧毁生产关系和上层建筑中某些最腐朽的部分，或者迫使统治者采取某些社会改良措施，对生产关系和上层建筑的某些方面作局部调整，或多或少地推动了生产力的发展，推动着社会的进步。第二，阶级斗争的作用更突出地表现在一种社会形态向另一种社会形态转变的质变过程中。虽然新的代替旧的是一个必然趋势，但是这种代替并不是自发地实现的。因为，当生产力发展到一定阶段时，生产关系就会变成生产力发展的桎梏，变革旧的生产关系就成为生产力发展的客观要求。然而，要把这一要求变为现实，还必须通过人的努力和斗争。代表旧生产关系的反动统治阶级是不甘心退出历史舞台的，总是千方百计地利用手中的权力来维护已经腐朽的生产关系，以保护自己的既得利益和统治地位。这时，代表生产力发展要求的进步阶级只有通过激烈的阶级斗争，才能把反动的统治阶级赶下历史舞台，使新的生产关系最终取代旧的生产关系，进而实现社会形态的更替，解放和发展社会生产力。

二、社会主义社会的阶级和阶级斗争

新中国成立之后，社会主义改造的基本完成和社会主义制度的确立消灭了几千年的剥削制度，消灭了作为阶级存在的剥削阶级。但是，不可否认的是阶级斗争还将在一定范围内长期存在。随着社会主义社会的发展，剥削制度的残余势力和思想影响越来越小，阶级斗争存在的范围也会越来越小。

（一）我国现阶段的阶级斗争

《中华人民共和国宪法》明确指出："在我国，剥削阶级作为阶级已经消灭，但是阶级斗争还将在一定范围内长期存在。中国人民对敌视和破坏我国社会主义制度的国内外敌对势力和敌对分子，必须进行斗争。"[1] 在社会主义社会发展过程中，还要进一步消除阶级斗争存在的条件和阶级斗争现象。

在我国，作为阶级的剥削阶级虽然已经不存在了，但是同剥削制度和剥削阶级相联系的敌对分子仍然存在。顽固坚持反动立场的剥削阶级残余分子还存在，还在进行各种破坏活动。顽固坚持资产阶级自由化立场的敌对势力、反对社会主义制度的少数分子、反对党的领导的个别活动还将长期存在。我国现阶段的阶级斗争，主要表现为拥护社会主义制度、拥护党的领导的广大人民群众同这些反社会主义、反对党的领导的敌对分子之间的斗争。受各种因素影响，这种阶级斗争在某种条件下还存在激化的可能性。同时，我国还处在复杂的国际环境中，国际敌对势力对我国进行的渗透、颠覆和"和平演变"活动是不可能停止的。他们会和我国坚持资产阶级自由化的敌对分子相勾结，进行各种颠覆活动。

因此，党和人民必须做好长期斗争的精神准备，坚持马克思主义的阶级观点，积极稳妥地处理好当前我国带有阶级斗争性质的社会矛盾和社会问题。

---

[1]《中华人民共和国宪法》，人民出版社 2018 年版，第 5 页。

（二）社会主义社会阶级斗争的特点

社会主义社会的阶级斗争和以往历史上的阶级斗争不同。它是一种特殊形式的阶级斗争，是历史上的阶级斗争在社会主义社会条件下的特殊形式的遗留。它同剥削阶级作为阶级消灭之前的阶级斗争存在着以下几个方面的区别。

第一，阶级斗争的基础和对象不同。在社会主义社会，由于消灭了剥削制度，已经不存在产生剥削阶级的经济基础，就是说，这时的阶级斗争已不是根源于社会经济制度，而是剥削社会的阶级斗争在社会主义条件下的特殊形式的遗留。阶级斗争的对象不是公开的、完整的剥削阶级，而是构不成一个阶级或阶层的形形色色的反社会主义分子。

第二，阶级斗争的范围和情况不同。以往的阶级斗争是在全社会的经济、政治、思想各个领域内全面展开的。在社会主义条件下，阶级斗争只存在于一定的范围内。在社会主义社会内部的社会矛盾中，属于阶级斗争的只是一小部分，大量的则不属于阶级斗争的范围。

第三，阶级斗争在整个社会生活中的地位和作用不同。在阶级社会的各个历史阶段上，阶级斗争是当时社会的主要矛盾，制约着社会的其他矛盾。在社会主义社会，剥削阶级作为阶级消灭以后，阶级斗争已经不是社会的主要矛盾。处理阶级斗争问题，必须服从和服务于经济建设这个中心。

第四，阶级斗争的方式和方法不同。在剥削阶级统治的社会里，阶级斗争的最高形式是以夺取政权为目标的政治革命。在社会主义社会，无产阶级已经掌握了政权，无产阶级所进行的阶级斗争目的在于巩固和发展社会主义制度。在生产资料所有制的社会主义改造完成以前，阶级斗争有时要以大规模的急风暴雨式的群众运动的方式来进行，在那以后，一般情况下则不需要也不应该那样了，完全可以通过动用无产阶级国家政权的力量，以法律为准绳，按照司法程序来解决在一定范围内存在的阶级斗争问题。

第五，社会主义条件下的阶级斗争发展的总趋势是越来越趋向减弱和缓和，最终将导致彻底消灭。1986年，邓小平在回答美国记者的提问时明确地指出："我们的政策是不使社会导致两极分化，就是说，不会导致富的越富，贫的越贫。坦率地说，我们不会容许产生新的资产阶级。"[①]但由于事物联系的普遍性和发展过程的复杂性，总的发展趋势往往要通过曲折的道路来实现。社会主义时期的阶级斗争也不是按直线发展的，而是在一定条件下还可能激化。

三、正确把握和运用阶级分析法

马克思主义哲学关于阶级和阶级斗争的理论是对阶级社会的本质及其规律的正确认识。列宁指出："马克思主义给我们指出了一条指导性的线索，使我们能在这种看来迷离混沌的状态中发现规律性。这条线索就是阶级斗争的理论。"[②]阶级斗争理论为我们提供了分析阶级社会现象的科学方法，也就是阶级分析法。阶级斗争贯穿于阶级社会发展的始终，体现在社会生活的各个方面。如果离开阶级分析法，就不可能正确地认识复杂的社会现象，也不可能把握社会运动和社会生活的脉搏。

阶级分析方法就是用马克思主义关于阶级和阶级斗争的观点去分析

---

① 《邓小平文选》第3卷，人民出版社1993年版，第172页。
② 《列宁选集》第2卷，人民出版社1972年版，第587页。

社会历史现象的方法。这种方法是以对立统一规律为核心的矛盾分析法在社会领域中的具体运用，是无产阶级和无产阶级政党研究社会历史的重要科学方法。

马克思主义阶级分析方法具有重要的理论意义和现实意义。正确进行阶级分析，也是无产阶级政党制定路线、方针和政策的基础和依据。实践证明，能否正确进行阶级分析，是关系革命、建设和改革事业成败及党的生死存亡的重大问题。阶级分析法的内容大致有以下几点。

（一）重视经济研究

生产力和生产关系的矛盾运动是推动社会历史发展的根本动力，阶级斗争则是经济运动的外在表现。马克思指出："各个阶级以不依自己意志为转移的经济条件作为自己的基础，并因这些条件而彼此处于极尖锐的对抗中。"[①]恩格斯也指出："这些相互斗争的社会阶级在任何时候都是生产关系和交换关系的产物，一句话，都是自己时代的经济关系的产物。"[②]从马克思主义经典作家的话语中可以看出经济基础对社会发展的根本作用，因此分析阶级斗争不能脱离具体的历史的经济活动。

（二）具体分析各种政治思潮、个人活动

要通过具体分析各种政治思潮、个人活动辨析其中体现出的不同阶级、阶层的利益诉求，同时要坚决反对唯成分论。列宁指出："要是

[①] 《马克思恩格斯选集》第1卷，人民出版社1995年版，第183页。
[②] 《马克思恩格斯选集》第3卷，人民出版社1995年版，第423页。

一下子看不出是哪些政治集团或者社会集团、势力和人物在为某种提议、措施等等辩护时，那就应该提出'对谁有利'的问题。直接为某些观点辩护的人是谁，这在政治上并不那么重要。重要的是这些观点、这些提议、这些措施对谁有利。"[1] 我们在研究某些思想家、政治家言行时，当然要估计到他们个人出身、家庭条件对他们言行的影响，但是决不能孤立地、静止地用个人出身、成分来解释他具体的言行。因为个人出身、成分对一个思想家、政治家的影响，不是决定性的，而是随着时间、地点、条件的变化产生不同的情况。人的阶级出身、阶级属性、代表的阶级利益并不总是一致的，人的阶级属性可以变化。对于有阶级属性的人物、变化大的人物，在把握其主导面的同时，不要忽视其非主导的方面，不要用主导方面否定抹杀非主导方面。人的阶级属性和历史作用，有时是一致的，有时并不一致。同一阶级的人，有的可以有积极作用，有的则有消极作用，在确定人物的阶级属性、评价其历史作用时，既要看其主观因素，也要看其客观因素。如果两者不一致，则必须具体、分别地研究、评价。判断历史人物的阶级属性，主要看其言行的总倾向为哪个阶级服务，必须坚持"对谁有利"这一标准。

（三）必须认识到阶级斗争的历史性和特殊性

对于从属于阶级的阶层或个人的历史活动，我们当然应进行阶级分析。但如果不从更广泛的范围内，结合各种社会的、文化的、心理的乃至自然的条件去进行具体分析，就很难对历史事实得出符合其本来面目的科学结论。阶级分析必须和历史分析、具体分析紧密结合。对不同社

---

[1] 《列宁全集》第19卷，人民出版社1959年版，第33—34页。

会历史条件、不同历史时期时代，不同国家和地区，不同环境，不同民族的阶级关系、阶级斗争都必须具体分析，研究其特殊性、内在规律。如果离开阶级斗争的历史性、特殊性，那么阶级分析法就不可避免成为僵死的教条。

（四）注意阶级与个人之间关系的分析

马克思、恩格斯曾经对个人与阶级之间的关系作过全面的分析："单个人所以组成阶级只是因为他们必须为反对另一个阶级进行共同的斗争；此外，他们在竞争中又是相互敌对的。另一方面，阶级对各个人来说又是独立的，因此，这些人可以发现自己的生活条件是预先确定的：各个人的社会地位，从而他们个人的发展是由阶级决定的，他们隶属于阶级。"[1] 这就要求我们在研究阶级时，不仅要对阶级、阶层、派别进行历史唯物主义分析，还要进行个人分析、个性分析。对此，列宁曾经明确指出："马克思和恩格斯曾经同那些忘记了阶级差别而笼统地谈论生产者、人民或劳动者的人作过无情的斗争。"[2]

（五）阶级分析法应用于考察社会关系

使用阶级分析法来考察社会关系，要做到"恰如其分"，切不可超越一定范围。社会关系包括阶级关系、民族关系、宗教关系、血缘关系等。阶级关系是主线，并且一定程度上渗透到其余社会关系中，但不能等同。

---

[1] 《马克思恩格斯文集》第 1 卷，人民出版社 2009 年版，第 570 页。
[2] 《列宁全集》第 32 卷，人民出版社 1959 年版，第 238 页。

因此，社会矛盾也不单一表现为阶级对抗。对阶级社会里的各种斗争要具体分析，不要牵强附会地和阶级、阶级斗争联系起来。政治斗争，有的是阶级斗争的反映，有的则不一定是，民族斗争也不能和阶级斗争相等同。法律、道德、文化、科学等方面的社会矛盾，其中有阶级、阶级斗争的内容，更多的则不是阶级斗争的内容，对此应分门别类地、具体地加以考察。

思考题

1. 阶级的本质是什么？
2. 为什么说阶级斗争是阶级社会发展的直接动力？
3. 我国现阶段有没有剥削阶级？存不存在阶级斗争？为什么？

第十三讲
人类社会的物质前提和生态文明

在《德意志意识形态》中，马克思、恩格斯在关于唯物史观基本前提（或称作出发点）的阐述中，十分鲜明地包含了地理环境、人口因素对社会发展的影响的思想。马克思认为，全部人类生活的前提是一些现实的个人，是他们的活动和他们的物质生活条件，包括他们得到的现成的和由他们自己的活动所创造出来的物质生活条件。人的活动所依赖的自然基础包含两个方面的内容：一方面是人本身，即作为自然存在物的个人的肉体组织；另一方面还有各种自然条件，亦即自然界。由此可以看出，要研究人类历史，揭示社会发展的规律，就必须全面地研究人类赖以生存和发展的物质前提——地理环境、人口因素和物质生产方式。

一、地理环境在人类社会存在和发展中的作用

地理环境是指环绕社会、比较直接影响到人类的生产和生活的各种自然条件的总和。如地形和土壤、河流和海洋、动物和植物、空气和矿藏。地理环境在社会发展中的作用：首先，它是社会产生和发展的必要条件。人类的产生本身就是环境变化的结果，人类的存在与发展永远也离不开地理环境。其次，它提供社会生产和生活资料的来源。马克思在《哥达纲领批判》中指出，单有劳动还不能创造财富，只有劳动和自然界一起才是一切财富的源泉。最后它在一定程度上影响生产的发展，从而影响社会的发展。地理环境能够影响产业部门的分布和发展方向。地理环境能够通过对劳动生产率的影响而影响到社会发展的速度。

（一）地理环境不能决定社会制度的性质和社会制度的更替

地理环境决定论认为人和动植物的发展一样，都是受地理环境决定的。人类的体质和心理状态、人口和种族的分布、文化水平的高低、经

济的盛衰、国家的命运、社会的前途等都受到地理环境的支配。这种观点的创始人、法国启蒙学者孟德斯鸠认为：气候是决定因素，酷热有害于力量和勇气，寒冷赋予人类头脑和身体某种力量，使人们能够从事持久、艰巨、伟大而勇敢的行动，因此，热带民族的懦弱往往使他们陷于奴隶地位，而寒带民族的强悍则使他们保持自由的地位，所有这些都是自然原因造成的。地理环境决定论者片面夸大地理环境在社会发展中的作用，把地理环境看作社会发展的决定力量，显然是错误的。

但是，反对"地理环境决定论"绝不是意味着就可以忽视地理环境对社会发展的作用，或者认为可以根据人们的需要随意地改变它。如果不尊重自然的规律，不注意对自然环境的保护，必然会给人类带来严重的后果。拿地理环境来说，要正确阐明它在社会发展中的地位和作用，对地理环境决定论进行分析批判是必要的。地理环境决定论夸大了地理环境的作用，把地理环境看作历史发展中的一般的起决定作用的因素，这是违背历史事实的，因而是错误的。

我们不仅要批判地理环境决定论，还要吸取理论教训，正确阐明地理环境的作用，揭示人类社会发展的规律。仅停留在对地理环境决定论的批判上是很不够的，还必须对地理环境的作用作深入的研究和具体的分析。

（二）地理环境只能通过生产过程或生产方式才能对人类历史的发展发生作用

地理环境中的各种要素只有进入生产过程才能在社会中发生作用，超出社会过程之外，便无法发生作用。之所以说地理环境对社会发展不起决定作用,是因为它不能决定社会的性质、不能说明社会系统更迭的规律性、不是社会革命的主要原因。地理环境对社会发展的影响和作用主要是通过生产力以及社会组织间接地施行。马克思、恩格斯认为人们所达到的生产力的总和决定着社会状况,因而,始终必须把"人类的历史"同工业和交换的历史联系起来研究和探讨。黑格尔指出:自然通过生产力,特别是通过社会组织为媒介,对人发生着影响。不过,黑格尔的这一合理思想是被唯心主义外壳包裹着的,只有经过辩证分析才能加以吸收。这是我们在研究地理环境的作用时应该坚持的一个基本观点。

(三)地理环境在社会发展中的作用受生产力的发展水平和生产关系性质的制约

在不同的社会制度下,同样或大体相同的地理环境,对社会发展的影响和制约作用却往往表现出很大差距。地球是人类唯一的家园,地理环境是人类赖以生存和发展的物质前提。因此,实施可持续发展战略,合理地开发和利用自然资源,减少污染,保护环境,维持自然生态平衡,才能使人与自然的物质、能量的交换得以正常持久地进行下去。否则,就会给人类带来灾难性的后果。因此,我们可以看到在地理环境和人类社会相互影响、相互作用的历史过程中,有两个方面都在变化着。一方面,我们今天所面对的自然界虽然已经不是开天辟地以来就存在的、始终如一的那种样子了。它越来越多地打上了人的意志的印记,而日益成为"人化的自然"。另一方面,人类本身及其社会的进步如此巨大,已远非古代所能比拟的了。因此,地理环境对社会发展的影响和作用也必然处在不断的变化之中,问题的关键在于要揭示这一变化的规律。

二、人口因素在人类社会存在和发展中的作用

在《德意志意识形态》一文中，马克思非常明确地指出："全部人类历史的第一个前提无疑是有生命的个人的存在。"[①] 历史唯物主义认为，人是社会存在和发展的主体，人口是社会存在和发展的必要条件。历史的创造者既不是纯粹自然物，也不是某种精神力量，而是具有特定人口因素结构的特定主体。因此，人口因素在人类社会的存在和发展中有着重要的作用。

（一）人口因素的内涵及其对社会发展的作用

按照历史唯物主义的观点，任何历史条件下的人口因素，都是社会人口因素。人口因素的内容，主要是指一定历史条件下社会人口构成的生理状况和智力状况。前者包括人口构成的健康水平、性别和年龄结构等；后者包括人口构成的天赋素质，后天受教育程度、技艺熟练程度以及人们的思想修养、政治觉悟、道德水平等。人口因素的具体存在方式，又可分为社会人口素质和个人素质，二者相互区别又相互联系。所谓人口因素是指人口数量、构成、分布、质量（科学文化水平和健康状况）及人口变化规律。人口因素对社会发展有重大影响，可以加速或延缓社会的发展。人口因素对社会发展的作用主要表现在：

---

① 《马克思恩格斯选集》第 1 卷，人民出版社 1995 年版，第 67 页。

第十三讲　人类社会的物质前提和生态文明

第一，人口因素是社会存在和发展的自然前提和必要条件。没有一定数量的人口，就不能构成社会，所以人口因素是社会存在的自然前提。同时，社会要发展，固然依赖物质资料的生产，但也依赖于人类自身的生产。没有人口资源，社会就自然灭亡，人口大量减少，劳动力资源缺乏，社会也发展不起来，也不能进行社会生产。所以，人口因素又是社会存在和发展的必要条件。

第二，人口因素对社会发展具有加速或延缓的作用。人口的数量、质量、增长率等因素从不同的方面对社会的发展起着不可忽视的作用。人口因素对社会的发展是起有力的促进作用，还是起不利的延缓作用，主要看其与物质生产发展状况的关系如何。如果人口数量和人口增长速度与社会物质资料生产状况相适应，就能促进社会的发展；反之，如果人口数量过多或过少，人口增长速度过快或过慢，与社会物质生产状况不相适应，就会延缓或阻碍社会的发展。另外，人口素质的高低，对社会发展也会产生重大作用。特别是在科学技术迅速发展的现代社会，人口素质对社会发展的加速或延缓的作用更为明显。

传统人口理论认为，人口与社会经济发展之间存在着极其紧密的联系，二者相互制约、相互作用、密不可分。这不仅仅是因为社会经济的主体是人类本身，更是因为人口对社会经济的发展有进一步的强烈影响。从马克思、恩格斯青年时代的著作《德意志意识形态》到中年时代的著作《政治经济学批判》再到《资本论》《英国工人阶级状况》等，都论述了两种生产的基本理论。特别是恩格斯在晚年著作《家庭、私有制和国家的起源》中明确指出两种生产即指人类自身的生产（人口）和物质资料的生产（经济）。两种生产都属于社会生产的基本范畴。在这两种生产的矛盾运动中，起决定作用的是物质资料的生产，归根到底是生产力的发展水平决定着人口的生产数量和质量，同时人类自身的生产又对物质资料的生产具有强大的反作用。当人口的数量和质量及结构同物质资料的生产相适应的时候，人口就能对社会经济的发展起到促进的作用，否则人口就会延缓和阻碍经济社会的发展。

（二）人口因素对社会发展不起决定作用

人口因素对社会发展具有重要作用，但是它并不对社会发展起决定作用。它不是引起社会变革的根本原因。相反，人口因素本身却要受社会条件，首先是物质资料生产方式的制约。人的生产所必需的物质条件，只有通过社会物质生产才能得到满足。人口与社会发展二者是一种辩证关系，一个国家和民族，人口的密度和增长的速度直接关系到生产力发展的水平和速度。如果人口密度过小、人口增长速度过慢，那么就会因为劳动力紧缺而不能大规模地开发自然资源，社会扩大再生产就很难进行，因而必然削弱生产的规模和降低生产力发展的速度。相反，人口过密，人口增长的速度过快，那么就会因为有许多人不能被生产过程吸收，同经济发展不协调，从而加重社会的负担，这样也必然影响生产规模的扩大，降低生产力的发展速度。只有人口的增长同自然资源的开发、生产力的发展水平保持相对的平衡，才能进一步促进生产力的发展。把人口说成是社会状况和社会变更的决定因素，那是没有把握住社会运动的本质与规律，因而是一种不科学的历史观。1798年英国牧师马尔萨斯发表了《论人口律和人口对未来社会改良的影响》，断言人口以几何级数递增，而食物则按算术级数增加，因此人类的大多数注定要生活在贫困和半饥饿状态。

知识链接：似是而非的"人口决定论"

人口决定论是一种主张人口因素对社会的存在与发展起决定作用的理论。该理论认为，人口是决定社会状况和社会变更的根本因素的理论。如18世纪英国牧师马尔萨斯曾提出，生活资料的增长永远赶不上人口的增长，并将此看作造成人类社会失业、饥饿、贫困的根本原因。1798年，他在《人口论》一书中指出，食物为人类生存所必需，两性间的情欲是人类的本能，这样便出现了人口增长与食物增长的关系问题。据他研究发现：人口在无限制时按几何级数（1、2、4、8……）增长，粮食、人类的生活资料则是按算术级数（1、2、3、4……）增长。据此，他认为人口增长总要超过生活资料的增长，并认为这是一个"永恒的规律"。这个"规律"的作用将使全体人类陷于贫困和争斗。在他看来，资本主义的对外侵略、资本主义国家工人的悲惨生活，全然取决于这个规律。在这种理论影响下，有人进一步夸大人口条件的作用，提出人口决定论。马尔萨斯的理论注意到了人口增长与生活资料增长之间的关系，这是具有积极意义的，但他所谓的"永恒的规律"则是纯粹的虚构。

马克思认为马尔萨斯的人口论反映了资本主义制度下人口相对过剩的事实，却掩盖和歪曲了事实的本质。资本主义社会人口相对过剩的实质在于资本主义的经济制度需要造成也必然造成一支产业后备军，一支失业工人队伍。这种人口相对过剩是资本主义生产方式所特有的人口规律，而不是不可避免的自然现象。马尔萨斯人口论在理论上的根本错误就在于用抽象的纯生物学的观点看待人口，否认人口受社会状况的制约，反而把人口看成是社会状况的决定因素。毋庸置疑，环境和人口因素对于社会发展都具有重要作用，二者构成社会存在和发展的自然物质基础。关注地理环境和人口因素对社会发展的影响，就是要求人们要合理开发和利用自然资源，注意环境保护和生态平衡，提高人口素质，促进社会健康发展。但无论是地理环境还是人口因素，都不是社会发展的决定力量。地理环境的优劣、人口质量的高低，固然制约着社会的发展，但它们既不能决定社会的性质，也不能决定社会制度的更替和发展。"地理环境决定论"和"人口决定论"都是用那些"自然形成"的条件来解释社会历史的发展演变。它们虽然看到了影响社会历史的外在因素，但是没有把握社会历史自身独特的、内在的矛盾和规律。

三、走向社会主义生态文明新时代

习近平总书记指出："生态文明是工业文明发展到一定阶段的产物，是实现人与自然和谐发展的新要求。历史地看，生态兴则文明兴，生态衰则文明衰"[①]。建设生态文明，关系人民福祉，关乎民族未来。党的十八大把生态文明建设纳入中国特色社会主义事业"五位一体"总体布局，明确提出大力推进生态文明建设，建设美丽中国，实现中华民族永续发展。这标志着我们对中国特色社会主义规律认识的进一步深化，表明了我们党加强生态文明建设的坚定意志和坚强决心。2013 年 5 月 24 日

---

① 中共中央文献研究室编：《习近平关于社会主义生态文明建设论述摘编》，中央文献出版社 2017 年版，第 6 页。

中共中央政治局就大力推进生态文明建设进行第六次集体学习。习近平总书记在主持学习时强调：生态环境保护是功在当代、利在千秋的事业。要清醒认识保护生态环境、治理环境污染的紧迫性和艰巨性，清醒认识加强生态文明建设的重要性和必要性，以对人民群众、对子孙后代高度负责的态度和责任，真正下决心把环境污染治理好、把生态环境建设好，努力走向社会主义生态文明新时代，为人民创造良好生产生活环境。

（一）生态文明建设的科学内涵和重大意义

文明，是人类文化发展的成果，是人类改造世界的物质和精神成果的总和，也是人类社会进步的象征。生态文明是人类文明发展到一定阶段的产物，是反映人与自然和谐程度的新型文明形态，体现了人类文明发展理念的重大进步。建设生态文明，不是要放弃工业文明，回到原始的生产生活方式，而是要以资源环境承载能力为基础，以自然规律为准则，以可持续发展、人与自然和谐为目标，建设生产发展、生活富裕、生态良好的文明社会。

党的十八大以来，把生态文明建设纳入了国家发展大计、上升为国家意志。党的十八届三中全会通过《中共中央关于全面深化改革若干重大问题的决定》，提出紧紧围绕建设美丽中国深化生态文明体制改革，加快建立生态文明制度，健全国土空间开发、资源节约利用、生态环境保护的体制机制，推动形成人与自然和谐发展现代化建设新格局。习近平总书记指出："生态文明建设成效显著。大力度推进生态文明建设，全党全国贯彻绿色发展理念的自觉性和主动性显著增强，忽视生态环境保护的状况明显改变"①。同时，他又以强烈的忧患意识得出"生态环境保护任重道远"的结论。党的十九大报告对生态文明建设进行了多方面的深刻论述，其中颇具新意的论述如下：一是将建设生态文明提升为"千年大计"；二是将"美丽中国"纳入国家现代化目标之中；三是将提供更多"优质生态产品"纳入民生范畴；四是提出要牢固树立"社会主义生态文明观"；五是构建多种体系，统筹"山水林田湖草"系统治理；六是明确"控制线"和制度规范，强力推进生态文明建设；七是采取各种"行动"，切实推进生态文明建设；八是设立"国有自然资源资产管理和自然生态监管机构"。党的二十大报告又进一步指出："我们要推进美丽中国建设，坚持山水林田湖草沙一体化保护和系统治理，统筹产业结构调整、污染治理、生态保护、应对气候变化，协同推进降碳、减污、扩绿、增长，推进生态优先、节约集约、绿色低碳发展。"②党中央的一系列大政方针和科学部署为我们指明了生态文明建设的目标、路径和重点任务。

（二）推进生态文明建设的重大意义

当前，我国经济正处于增长速度换挡期、结构调整阵痛期、前期刺激政策消化期叠加阶段。我们用几十年的时间走过了西方国家几百年的发展历程，在经济社会发展取得巨大成就的同时，各种矛盾和问题也开

---

① 习近平：《决胜全面建成小康社会　夺取中国特色社会主义伟大胜利——在中国共产党第十九次全国代表大会上的报告》，人民出版社2017年版，第5页。

② 习近平：《高举中国特色社会主义伟大旗帜　为全面建设社会主义现代化国家而团结奋斗——在中国共产党第二十次全国代表大会上的报告》，人民出版社2022年版，第50页。

始集中显现。我们党把握规律，审时度势，及时作出大力推进生态文明建设的战略决策，对建设中国特色社会主义具有重大现实意义和深远历史意义。习近平生态文明思想坚持马克思主义生态理论同中国特色社会主义生态文明建设实际相结合，指明了生态文明建设的方向、目标、途径和原则，深刻阐述了生态环境与人类文明兴衰相连的密切关系，揭示了社会主义生态文明发展的本质规律。我们党以人类必须尊重自然、顺应自然、保护自然，人与自然是生命共同体的理念，作出了携手同行构建人类命运共同体的战略考虑和顶层谋划。习近平生态文明思想不仅开辟了当代中国马克思主义生态文明理论的新境界，而且引领、推进和促成走向新的人类文明。

第一，推进生态文明建设是保持我国经济持续健康发展的迫切需要。一直以来，人口多、底子薄、发展不平衡是我国的基本国情。现在还应看到，能源资源相对不足、生态环境承载能力不强也已成为我国的基本国情。经过40多年快速发展，粗放的发展方式已难以为继。我们必须更加自觉地推动绿色发展、循环发展、低碳发展，加快转变经济发展方式，改变资源消耗大、环境污染严重的增长模式，努力走出一条代价小、排放低、效益好、可持续的发展路子。

第二，推进生态文明建设是坚持以人为本的基本要求。生态文明建设必然是以"类"而不是以"个体"为本位的。坚持以人为本，首先要保障好人民群众的身心健康。人民群众过去"求温饱"，现在"盼环保"，希望生活的环境优美宜居，能喝上干净的水、呼吸上清新的空气、吃上安全放心的食品。民之所望，施政所向。我们必须下大气力解决突出的环境问题，不断改善人民群众生产生活条件，以实际效果取信于民。

第三，推进生态文明建设是实现中国梦的重要内容。拥有天蓝、地绿、水净的美好家园，是每个中国人的梦想，是中华民族伟大复兴的中国梦的重要组成部分，美丽中国正是承载着这一美好愿景。因此，我们必须把生态文明建设放在突出位置，融入经济、政治、文化、社会建设的各方面和全过程，推动形成人与自然和谐发展的现代化建设新格局。

第四，推进生态文明建设是实现中华民族永续发展的必然选择。生态文明既关系民生福祉，也关系民族未来。大自然哺育了我们的祖先，给予了我们生存与发展条件，还将养育我们的子孙后代。"既要金山银山，更要绿水青山"。我们要在发展经济的同时，把资源利用好、环境治理好、生态保护好，切实维护大自然对人类的永续供养能力，让大自然能够更好地休养生息，给子孙后代留下更大的发展空间。

第五，推进生态文明建设是应对全球气候变化的必由之路。当前气候变化已成为全球面临的重大挑战，维护生态安全日益成为全人类的共同任务。中国已与世界紧密联系在一起，必须同国际社会一道积极应对气候变化，尽自己所能承担应尽的责任和义务，大力推进生态文明建设，有效控制温室气体排放，更好地彰显负责任大国形象，为全人类的可持续发展作出贡献。

（三）推进生态文明建设的基本途径

党的十八届三中全会对深化生态文明体制改革提出了明确要求，强调必须建立系统完整的生态文明制度体系，健全自然资源资产产权制度和用途管制制度，划定生态保护红线，实行资源有偿使用制度和生态补偿制度，改革生态环境保护管理体制，这必将为加强生态文明建设提供强大动力。

第一，加快优化国土空间开发格局。国土是生态文明建设的空间载体。要根据我国国土空间多样性、非均衡性、脆弱性特征，按照人口资源环境相均衡、经济社会生态效益相统一的原则，统筹人口、经济、国土资源、生态环境，科学谋划开发格局，促进生产空间集约高效、生活空间宜居适度、生态空间山清水秀。一要坚定不移实施主体功能区战略。二要大力提高城镇化集约智能绿色低碳水平。三要大力建设海洋强国。要确定和守住不再破坏生态平衡、不再影响生态功能、不再改变基本属性、已受损的生态系统不再退化的"四不"开发底线。要实施最严格的围填海管理和控制政策，对已遭到破坏的海洋区域进行生态整治和修复，努力使海洋生态环境逐步得到改善。

第二，坚持绿色发展，推动资源利用方式转变。坚持绿色发展，要加快建立绿色生产的法律制度和政策导向，建立健全绿色低碳循环发展的经济体系。构建市场导向的绿色技术创新体系，发展绿色金融，壮大节能环保产业、清洁生产产业、清洁能源产业。推进能源生产和消费革命，构建清洁低碳、安全高效的能源体系。推动资源利用方式转变。节约资源是保护生态环境的根本之策。必须在全社会、全领域、全过程都加强节约，采取有力措施大幅降低能源、水、土地等资源消耗强度，努力用合理的资源消耗支撑经济社会发展。一要狠抓节能减排降低消耗。要完善实施能源消费强度和总量双控、主要污染物排放总量控制制度，组织实施节能减排重点工程，进一步健全节能减排政策机制，推动能源利用效率大幅提高、主要污染物排放总量持续减少。二要狠抓水资源节约利用。要实施最严格的水资源管理制度，严把水资源开发利用控制、用水效率控制、水功能区限制纳污"三条红线"，加快建设节水型社会。三要狠抓矿产资源节约利用。要建立健全覆盖勘探开发、选矿冶炼、废弃尾矿利用全过程的激励约束机制，引导所有环节的生产企业自觉节约利用各种资源，进一步提高开采回采率、选矿回收率、综合利用率，提高废弃物的资源化水平。四要狠抓土地节约集约利用。要坚持最严格的耕地保护制度，严守18亿亩耕地红线和粮食安全底线。科学确定新增建设用地规模、结构和时序，健全用地标准，从严控制各类建设用地。强化用地节地责任考核，切实做到节约每一寸土地。

第三，切实提高生态环境质量和水平。要坚持精准治污、科学治污、依法治污，持续深入打好蓝天、碧水、净土保卫战。一要坚决治理大气污染。要密切跟踪《大气污染防治行动计划》执行情况，督促各地落实目标责任，明确时间表和路线图，全力以赴打好这场攻坚战和持久战。二要大力治理水污染。要统筹水资源、水环境、水生态治理，推动重要江河湖库生态保护治理，基本消除城市黑臭水体。三要加紧治理土壤污染。要强化重点区域土壤污染治理，搞好土壤污染环境风险管理，经评估认定对人体健康有影响的污染地块要及时治理，防止污染扩散。调整严重污染耕地用途，有序实现耕地休养生息。四要切实保护生态系统。良好美丽、功能强大的自然生态系统是生态文明的重要标志。要在重要生态功能区、陆地和海洋生态环境敏感区、脆弱区划定并严守生态红线。大力构建以青藏高原生态屏障、黄土高原—川滇生态屏障、东北森林带、北方防沙带和南方丘陵山地带为主体的"两屏三带"生态安全屏障，继续实施天然林保护以及荒漠化、石漠化和水土流失综合治理等工程，逐步恢复生态系统。加强防灾减灾体系建设，最大限度减轻自然灾害造成的损失。

第四，加快生态文明制度建设。要加快推进生态文明体制改革，实行最严格的源头保护制度、损害赔偿制度、责任追究制度，完善环境治理和生态修复制度，用制度保护生态环境。一要进一步健全促进生态文明建设的法律法规。同时，要改革生态环境保护管理体制，建立和完善严格监管所有污染物排放的环境保护管理制度，独立进行环境监管和行政执法，提高执法工作的权威性。对造成生态环境损害的责任者严格实行赔偿制度，依法追究刑事责任。二要进一步完善发展成果考核评价体系。要按照生态文明建设要求，将资源消耗、环境损害、生态效益指标全面纳入地方各级党委政府考核评价体系并加大权重。三要进一步健全市场体制机制和经济政策。坚持谁受益、谁补偿原则，完善对重点生态功能区的生态补偿机制，推动地区间建立横向生态补偿制度。发展环保市场，推行节能量、碳排放权、排污权、水权交易制度，建立吸引社会资本投入生态环境保护的市场化机制，推行环境污染第三方治理。

第五，以促进绿色、低碳消费为重点，加快形成推进生态文明建设的良好社会氛围。生态文明建设需要全社会共同努力，良好的生态环境也为全社会所共享。必须加强宣传教育，引导全社会树立生态理念、生态道德，构建文明、节约、绿色、低碳的消费模式和生活方式，把生态文明建设牢固建立在公众思想自觉、行动自觉的基础之上，形成生态文明建设人人有责、生态文明规定人人遵守的良好风尚。一要加快培养生态文明意识。公众的生态文明意识提高了，也就有了参与的动力和积极性，但意识的培养并非一朝一夕，需要长期的教育引导。二要积极倡导绿色生活方式。推进生态文明建设，必须改变不合理的消费方式。要采取措施，鼓励引导居民合理适度消费，鼓励购买绿色低碳产品，使用环保可循环利用产品，深入开展反食品浪费等行动，使节约光荣、浪费可耻的社会氛围更加浓厚。三要有效发挥公众监督作用。公众对生态环境的监督最直接、最有效。要主动及时公开环境信息，提高透明度，更好落实广大人民群众的知情权、监督权，积极发挥新闻媒体和民间组织作用，自觉接受舆论和社会监督。

第六，积极稳妥推进碳达峰碳中和。党的二十大报告中指出，实现碳达峰碳中和是一场广泛而深刻的经济社会系统性变革。2022年8月，科技部等9部门印发了《科技支撑碳达峰碳中和实施方案（2022—2030年)》(以下简称《实施方案》)。通过《实施方案》，到2025年实现重点行业和领域低碳关键核心技术的重大突破，支撑单位国内生产总值（GDP）二氧化碳排放比 2020 年下降 18%，单位 GDP 能源消耗比 2020 年下降 13.5%；到 2030 年，进一步研究突破一批碳中和前沿和颠覆性技术，形成一批具有显著影响力的低碳技术解决方案和综合示范工程，建立更加完善的绿色低碳科技创新体系，有力支撑单位 GDP 二氧化碳排放比 2005 年下降 65% 以上，单位 GDP 能源消耗持续大幅下降。推进碳达峰碳中和，要立足我国能源资源禀赋，坚持先立后破，有计划分步骤实施碳达峰行动。完善能源消耗总量和强度调控，重点控制化石能源消费，逐步转向碳排放总量和强度"双控"制度。推动能源清洁低碳高效利用，推进工业、建筑、交通等领域清洁低碳转型。深入推进能源革命，加强煤炭清洁高效利用，加大油气资源勘探开发和增储上产力度，加快规划建设新型能源体系，统筹水电开发和生态保护，积极安全有序发展核电，加强能源产供储销体系建设，确保能源安全。完善碳排放统计核算制度，健全碳排放权市场交易制度。提升生态系统碳汇能力。积极参与应对气候变化全球治理。

思考题

1. 人类社会生存和发展的物质前提是什么？
2. 为什么说环境决定论和人口决定论是错误的？
3. 结合自身实际谈一谈如何理解马克思、恩格斯作出的论断：共产主义意味着"人和自然界之间、人和人之间的矛盾的真正解决，是存在和本质、对象化和自我确证、自由和必然、个体和类之间斗争的真正解决"。

第十四讲
历史观点与历史思维

历史唯物主义的创立使得人们科学认识人类社会发展的历史成为可能。它包含社会存在决定社会意识，生产力与生产关系、经济基础与上层建筑的矛盾运动等一系列观点。当前学习、运用历史唯物主义在中国经济社会发展的方方面面都有深度要求。对历史观点的认识越深刻，历史思维能力的提升就越有力。要抛开各种唯心主义的错误认识，坚持用历史的观点去评价历史现象；加强历史知识的学习，从中汲取治国理政的历史智慧；坚持历史规律的客观性与人的主体活动的有机统一，坚持历史自觉、掌握历史主动。要在对历史的深入理解中，不断引领全党全国人民坚定历史自信，更好地坚持和发展新时代中国特色社会主义。

一、唯物主义历史观的历史科学

马克思不但坚持唯物主义和辩证法的统一，而且把唯物主义和辩证法应用于社会历史领域，创立了唯物主义历史观，即历史唯物主义。历史唯物主义的创立，揭示了人类社会发展的一般规律，使人类对社会历史的认识第一次建立在科学的基础之上。

（一）人类社会历史的特殊性以及几种唯心主义历史观

与人类社会相比，一般而言，人们都承认自然界的规律，因为人们在自然界看到的是事物的重复性。然而，当人们将视野从自然界转向人类社会的时候，往往会怀疑甚至否定人类历史发展的规律。为什么呢？因为人类社会的发展过程与自然界有一个非常大的不同：在自然界中，起作用的是各种不自觉的、盲目的力量，它们没有自觉的预期的目的；在人类社会中，人是社会历史的主体，社会历史是由一个个活生生的人所参与的，而人又是有思想、有激情、有意志的。他们参与历史活动总有一定的目的和任务。人类社会历史的这种特殊性，使得人们在回答人类社会是否有规律的时候很容易产生困惑。

在历史唯物主义创立之前，社会中主要存在几种比较典型的唯心主义历史观。一种是神学历史观，认为人类社会历史是由某种超自然的神如上帝创造的。一种是英雄史观，将帝王将相或少数英雄人物的意志夸大为决定历史发展进程的关键因素。还有一种资产阶级人道主义历史观。这种历史观的基础是抽象人性论，不是用历史来解释人性，而是用人性来解释历史，把抽象的人性看作历史的基础和推动社会进步的最终决定力量。这几种历史观都没有科学地解释人类社会发展的历史进程，也没有发现其中所蕴含的内在规律。

（二）社会存在和社会意识的关系是解决历史观问题的关键

与以往的唯心主义历史观不同，历史唯物主义在对社会历史进行考察的时候，不是从神、意识、人性等因素出发，而是从人们的物质生活条件出发，寻找社会历史发展的真实原因。这是因为，在社会历史领域，人们的活动尽管有自觉的意图和预期的目的，但这些意图和目的并不是一样的，甚至是彼此冲突的，最终的结果可能与预期的目的不同，甚至是相反。这就表明，人们的动机、愿望对于活动的全部结果来说，只具有从属的意义。探究社会历史的客观规律，必须探究隐藏在人们思想动机背后隐藏的动因，特别是要探究使广大群众、整个民族以及整个阶级行动起来的动机背后的动因。"这是能够引导我们去探索那些在整个历史中以及个别时期和个别国家的历史中起支配作用的规律的唯一途径。"[1]

---

[1] 《马克思恩格斯文集》第4卷，人民出版社2009年版，第304页。

马克思、恩格斯注意到了生产劳动这个社会生活的基本事实并给予了足够的重视，指出这是人们思想关系和思想动机的物质基础，从而找到了社会历史发展的根本原因。

恩格斯指出："人们的意识取决于人们的存在而不是相反，这个原理看来很简单，但是仔细考察一下也会立即发现，这个原理的最初结论就给一切唯心主义，甚至给最隐蔽的唯心主义当头一棒。关于一切历史的东西的全部传统的和习惯的观点都被这个原理否定了。"[①]社会存在决定社会意识的原理，为发现人类历史发展的规律性开辟了道路。从此，社会历史不再被看成是受某种神秘的必然性支配的过程，或者是偶然事件的堆积，而是遵循客观规律发展的历史进程。

（三）人类社会历史发展的一般规律

在科学解决了社会存在和社会意识关系的基础上，马克思在《〈政治经济学批判〉序言》中对人类社会历史发展的一般规律作了精炼、准确的阐述：人们在自己生活的社会中发生一定的、必然的、不以他们的意志为转移的关系，即同他们的物质生产力的一定发展阶段相适应的生产关系。这些生产关系的总和构成社会的经济结构，即有法律的和政治的上层建筑竖立其上并有一定的社会意识形式与之相适应的现实基础。物质生活的生产方式制约着整个社会生活、政治生活和精神生活的过程。不是人们的意识决定人们的存在，相反，是人们的社会存在决定人们的意识。社会的物质生产力发展到一定阶段，便同它们一直在其中运动的现存生产关系或财产关系（这只是生产关系的法律用语）发生矛盾。于

[①] 《马克思恩格斯文集》第 2 卷，人民出版社 2009 年版，第 598 页。

是这些关系便由生产力的发展形式变成生产力的桎梏。那时社会革命的时代就到来了。随着经济基础的变更，全部庞大的上层建筑也或慢或快地发生变革……我们判断一个人不能以他对自己的看法为根据，同样，我们判断这样一个变革时代也不能以它的意识为根据；相反，这个意识必须从物质生活的矛盾中，从社会生产力和生产关系之间的现存冲突中去解释。无论哪一个社会形态，在它所能容纳的全部生产力发挥出来以前，是绝不会灭亡的；而新的更高的生产关系，在它的物质存在条件在旧社会的胎胞里成熟以前，是绝不会出现的。[①] 在这段论述中，可以看出马克思把社会形态这一完整的社会系统区分为生产力、生产关系（经济基础）和上层建筑三个层面，还把上层建筑区分为法律的和政治的上层建筑与社会意识形式即观念的上层建筑两部分；社会革命或变革的终极动因是物质生产力的发展以及它与现存生产关系的矛盾；社会变革需要一定的物质前提和条件等。

（四）社会历史规律的客观性与人的主体活动的有机统一

历史唯物主义揭示了人类社会历史发展的规律性，论证了它的客观性质。与此同时，历史唯物主义也肯定历史是由人们的活动创造的，社会历史发展规律是通过作为社会生活主体的人的活动来实现的，历史进程是社会历史的客观规律和人的主体活动的有机统一。人是历史的"剧作者"，社会历史规律实现于人的活动之中，形成于人的活动之中。人又是历史的"剧中人"，人不能随心所欲地创造历史。社会历史观中的宿命论、目的论等，将人类历史看成由某种神秘力量所支配，完全取消了人

[①] 《马克思恩格斯文集》第2卷，人民出版社2009年版，第591—592页。

的主体能动性；唯意志论等则把人类历史看成是人们随心所欲、任意制造的过程，完全否认历史的客观性，这些都是片面的。

二、坚持历史观点评价历史现象

恩格斯强调："马克思的整个世界观不是教义，而是方法。它提供的不是现成的教条，而是进一步研究的出发点和供这种研究使用的方法。"[①] 历史唯物主义的创立使得人们科学认识人类社会发展的历史成为可能。它一方面为我们提供了科学的世界观，另一方面又为我们提供了科学的方法论。我们一方面要精准理解历史唯物主义的基本观点，另一方面还要准确运用其方法论去认识和看待我们面临的一系列现实问题。

（一）从历史事实出发分析历史现象

历史唯物主义建立的基础是社会存在决定社会意识的原理。这一原理要求我们在分析历史现象的时候抛开一切唯心主义的"空想"，从历史事实出发去理解历史、评价历史。历史结论只能是通过对历史事实的科学分析得出，而不能通过个人的主观意愿、爱好、感想得到，更不能通过别有用心的杜撰得到。例如，日本国内部分右翼势力无视历史事实，无视在战争中牺牲的数以千万计的无辜生命，一再否认甚至美化日本侵略历史。这本身是一种历史虚无主义的表现。对此，习近平总书记指出："历史就

---

① 《马克思恩格斯文集》第 10 卷，人民出版社 2009 年版，第 691 页。

是历史，事实就是事实，任何人都不能改变历史与事实。付出了巨大牺牲的中国人民，将坚定不移捍卫用鲜血和生命写下的历史。任何人想要否定、歪曲甚至美化侵略历史，中国人民和各国人民绝不答应。"[1]

研究历史只能有一个出发点、立脚点，即历史事实。只有尊重历史事实，一切从历史事实出发，才是真正的历史科学。这里的历史事实强调的是"全部""主流"，而不是"局部""支流"。除了歪曲历史、篡改历史之外，历史虚无主义还利用"支流"否定"主流"，利用"局部"否定"全部"。例如，针对利用革命领袖的一些错误而对革命领袖进行全盘否定的行为，习近平总书记指出："革命领袖是人不是神，尽管他们拥有很高的理论水平、丰富的斗争经验、卓越的领导才能，但这并不意味着他们的认识和行动可以不受时代条件限制。不能因为他们伟大就把他们像神那样顶礼膜拜，不容许提出并纠正他们的失误和错误；也不能因为他们有失误和错误就全盘否定，抹杀他们的历史功绩，陷入虚无主义的泥潭"[2]，"全面否定苏联历史、苏共历史，否定列宁，否定斯大林，搞历史虚无主义，思想搞乱了，各级党组织几乎没任何作用了，军队都不在党的领导之下了"[3]。

（二）用联系、辩证的方法分析历史现象

除了要关注历史唯物主义中"唯物主义"的特性之外，还必须关注其辩证法特性。在传统马克思主义哲学的理解结构中，历史唯物主义是

---

[1] 习近平：《在纪念全民族抗战爆发七十七周年仪式上的讲话》，《人民日报》2014年7月8日。

[2] 习近平：《在纪念毛泽东同志诞辰120周年座谈会上的讲话》，人民出版社2013年版，第12页。

[3] 《十八大以来重要文献选编》（上），中央文献出版社2014年版，第113页。

一个与辩证法存在严格分界线的理论板块。实际上，从某种意义上看，辩证法是通向历史唯物主义的一座桥梁。在历史唯物主义的理论中，处处彰显着辩证法的力量。这就要求我们在分析历史现象时要注意运用联系和辩证的方法。例如，在对历史人物进行评价时不能用现在的时代条件、发展水平、认识水平去衡量和要求前人。习近平总书记指出："对历史人物的评价，应该放在其所处时代和社会的历史条件下去分析，不能离开对历史条件、历史过程的全面认识和对历史规律的科学把握，不能忽略历史必然性和历史偶然性的关系。不能把历史顺境中的成功简单归功于个人，也不能把历史逆境中的挫折简单归咎于个人。"[1]

用联系、辩证的方法去研究历史，必须坚持历史连续性与阶段性的统一。历史是一个过程，各个不同时期不是相互割裂的，而是具有连续性的，共同组成一个有机统一的整体；各个不同时期又有其特殊性，不同的历史阶段解决不同的历史任务，呈现出很大的区别。就改革开放前后两个历史时期而言，虽然这两个历史时期在思想指导、方针政策、实际工作上有很大差别，但是二者不是彼此割裂的，一定要联系地看、辩证地看。习近平总书记所强调："这是两个相互联系又有重大区别的时期，但本质上都是我们党领导人民进行社会主义建设的实践探索。中国特色社会主义是在改革开放历史新时期开创的，但也是在新中国已经建立起社会主义基本制度并进行了20多年建设的基础上开创的"[2]，"不能用改革开放后的历史时期否定改革开放前的历史时期，也不能用改革开放前的历史时期否定改革开放后的历史时期。"[3]

---

[1] 习近平：《在纪念毛泽东同志诞辰120周年座谈会上的讲话》，人民出版社2013年版，第11页。

[2] 《习近平谈治国理政》，外文出版社2014年版，第22页。

[3] 《习近平谈治国理政》，外文出版社2014年版，第23页。

（三）用结构的方法分析历史现象

历史唯物主义认为社会生活是一个有机整体。这个有机整体是有一定层次结构的，可以分为三个层面：社会物质生活、政治生活和精神生活。其中，物质生活的生产方式制约着社会政治生活和精神生活的过程；精神生活反过来又对物质生活、政治生活具有反作用，这就要求我们在看待中国传统文化的时候，要看到它产生的社会物质条件。正如习近平总书记所说："传统文化在其形成和发展过程中，不可避免会受到当时人们的认识水平、时代条件、社会制度的局限性的制约和影响，因而也不可避免会存在陈旧过时或已成为糟粕性的东西。"[1] 也要看到积极健康的精神生活对其他生活的促进作用。优秀的传统文化是一个国家、一个民族传承和发展的根本，如果丢掉了，就割断了精神命脉。我们在学习、研究传统文化时要结合新的实践和时代要求进行正确取舍，要坚持有鉴别地对待、有扬弃的继承，努力实现中华优秀传统文化的创造性转化、创新性发展。

（四）从长时段上分析历史现象

人类社会起源于自然界，但是又高于自然界。从规律起作用的方式来看，自然界的规律是铁的规律，是立竿见影的，是每时每刻都起作用的规律，对每个自然现象都毫无例外。人类历史规律则不同，"社会规律

---

[1] 《习近平谈治国理政》第2卷，外文出版社2017年版，第313页。

是大尺度规律，它起作用的时间有的需要几十年甚至几百年。"[①]在生产力决定生产关系的规律中，与生产力发展相适应的生产关系往往要经过很多年才能逐步形成，例如西方一些国家在封建社会基础上建立完善的资本主义经济制度经历了很长时期；中国从半殖民地半封建社会向现代社会转变也经过了很长的时间。如果从鸦片战争算起有180多年，经过180多年才完成了从半封建半殖民地向现代社会的转变，这个转变仍然未结束。社会规律的长时段特征，也要求我们在看待历史现象的时候有一个宏阔的视野。习近平总书记思考历史的维度总是50年、100年、几百年，甚至几千年。例如，他总是联系5000多年中华文明史来思考中华民族的前途命运，联系500多年世界社会主义发展史来认识社会主义运动的前进方向，联系中国近代以来180多年奋斗史来理解中华民族伟大复兴的正确道路，联系100多年革命、建设、改革的历程来把握党的历史方位和历史使命。

三、从历史知识中汲取历史智慧

历史唯物主义告诉我们人类历史发展规律的实现是同一定的社会条件相联系的。同一个规律在不同的国家和民族，表现出与一定的具体条件相联系的特殊性。这就要求我们一方面要深入学习和领会人类社会发展的一般规律，另一方面还要了解一般规律在不同国家和民族中发生作

[①] 《历史唯物主义：是什么 为什么 怎么用——访中国社会科学院马克思主义研究院特聘研究员陈先达教授》，《马克思主义研究》2010年第7期。

用的实际过程。从这个意义上看，历史作为一个民族、一个国家形成、发展及其盛衰兴亡的真实记录，是"最好的老师""最好的教科书""最好的营养剂""最好的清醒剂"，其中蕴含着丰富的治国理政的经验教训。只有充分地汲取历史智慧，才能更好地走向未来。

（一）把握历史大势

历史大势，就是历史发展的根本趋势。它包括两个层面：一个是历史发展的总趋势。马克思、恩格斯早在170多年前就科学揭示了社会主义必然代替资本主义的历史规律。马克思、恩格斯在创立历史唯物主义之后，又依据这个新的历史观去研究资本主义社会，通过剩余价值理论揭露了资本主义生产方式的本质，指明了社会主义取代资本主义以及共产主义胜利的必然性。另一个是"每一个阶段的历史大势"，即"当时的世界大势"。习近平总书记指出，社会主义代替资本主义是人类发展不可逆转的总趋势，但需要经历一个很长的历史过程。"在这个过程中，我们要立足现实，把握好每个阶段的历史大势，做好当下的事情。"[1]

"虽有智慧，不如乘势"。只有把握住了关键阶段的历史大势，才能开创党和国家事业发展的良好局面。例如，我们党的诞生就是顺应十月革命的胜利、社会主义的兴起这一世界大势的结果；抗日战争时期，我们促成抗日民族统一战线，就是从世界反法西斯战争和中国人民抗日救亡强烈愿望的大势出发的；中华人民共和国的成立和巩固，也顺应了社会主义发展壮大，亚非拉民族解放运动风起云涌，出现了"东风压倒西风"的气象等大势。可以看出来，历史大势是历史智慧中带有根本性的

---

[1] 《习近平谈治国理政》第4卷，外文出版社2022年版，第510页。

东西。只有把握住了历史大势，我们才能真正站在历史的制高点上，才能顺势而为，乘势而动，切实增强工作的系统性、预见性和创造性。

（二）总结历史经验

中国共产党是一个高度重视总结历史经验的政党。邓小平多次指出，"重要的是走一段就要总结经验"，"我们不靠上帝，而靠自己努力，靠不断总结经验"①。习近平总书记也强调："我们党一步步走过来，很重要的一条就是不断总结经验、提高本领"②。党的十八大以来，习近平总书记在庆祝中国共产党成立 95 周年、改革开放 40 周年、中华人民共和国成立 70 周年、中国共产党成立 100 周年等重要场合，从不同角度总结了历史经验。特别是在中国共产党成立 100 周年的重要历史时刻，他概括了具有根本性和长远指导意义的十条历史经验，即坚持党的领导、坚持人民至上、坚持理论创新、坚持独立自主、坚持中国道路、坚持胸怀天下、坚持开拓创新、坚持敢于斗争、坚持统一战线、坚持自我革命。这十条历史经验不是凭空得来的，而是经过长期实践积累的宝贵经验，是党和人民共同创造的精神财富。这十条经验是系统完整、相互贯通的有机整体，是我们党对共产党执政规律、社会主义建设规律、人类社会发展规律认识深化的重大成果。只有认真学习、总结运用这些重要历史经验，才能不断提高治国理政的能力和水平，才能确保我们在世界形势深刻变化的历史进程中始终走在时代前列，才能团结带领全国人民夺取新时代中国特色社会主义新的伟大胜利。

---

① 《邓小平文选》第 3 卷，人民出版社 1993 年版，第 113、118 页。
② 《习近平谈治国理政》第 4 卷，外文出版社 2022 年版，第 512—513 页。

（三）增强历史自信

习近平总书记指出："在新的赶考之路上，我们能否继续交出优异答卷，关键在于有没有坚定的历史自信。"[①]除了要把握历史大势、历史经验，在历史知识的学习中更深入的一个层面就是增强历史自信。正确认识历史是历史自信的重要基础。党的十八大以来，我们党通过对党和国家重大历史问题的正本清源，通过郑重、全面、权威总结党的历史，通过扎实安排党史的学习、宣传、教育，让正确的党史观更深入、更广泛地树立，让全党全国人民更加坚定历史自信。

历史自信作为以党的百年奋斗历史为基础提炼出来的一个重要问题。一方面，它是对"四个自信"的继承与发展。回顾改革开放以来的整个历程，自信问题一直是我们面临的一个重大问题。这是因为在改革开放的各个关键时期，总是有人以各种理由和方式来质疑我们所走的路。党的十八大之后，思想领域中的争论不仅没有偃旗息鼓，反而愈演愈烈。针对这种情况，习近平总书记在道路、理论、制度"三个自信"的基础上提出了道路、理论、制度、文化"四个自信"，并且强调文化自信事关"国运兴衰"，是更基础、更广泛、更深厚的自信，是更基本、更深沉、更持久的力量。坚持历史自信同坚定"四个自信"一样，持续关注自信问题，并且为"四个自信"提供了深厚的历史底蕴。历史自信既是"四个自信"的继承和发展，也是"四个自信"的集中体现。另一方面，历史自信反映了党对自身奋斗历史的自我认知进入了一个新的境界。正如习近平总书记所说："当今世界，要说哪个政党、哪个国家、哪个民族能

[①] 《习近平谈治国理政》第 4 卷，外文出版社 2022 年版，第 545 页。

够自信的话，那中国共产党、中华人民共和国、中华民族是最有理由自信的"。100多年来，我们党致力于为中国人民谋幸福、为中华民族谋复兴，致力于为人类谋进步、为世界谋大同，取得举世瞩目的伟大成就，这是我们党具有历史自信的最大底气。

思考题

1. 为什么社会存在和社会意识的关系是解决历史观问题的关键？

2. 请用历史观点分析历史虚无主义的表现、实质。

3. 结合实际谈一谈对这段话的理解："对历史人物的评价，应该放在其所处时代和社会的历史条件下去分析，不能离开对历史条件、历史过程的全面认识和对历史规律的科学把握，不能忽略历史必然性和历史偶然性的关系。不能把历史顺境中的成功简单归功于个人，也不能把历史逆境中的挫折简单归咎于个人。不能用今天的时代条件、发展水平、认识水平去衡量和要求前人，不能苛求前人干出只有后人才能干出的业绩来。"

第十五讲
真理价值的统一与人类共同价值观

人的一切认识活动和实践活动都永恒地包含着两个方面的内容和指向：一方面是认清世界的本来面目，把握自然界和人类社会运行的客观规律，进而知道人如何能够科学地、有效地改造世界；另一方面是反思世界同人自身生存发展的关系，探究怎样的世界才是符合人们需要的，怎样生活才能带给人们幸福。前者追求科学、知识与真理，后者追求自由、平等与正义。前者的结论是事实判断，后者的结论是价值判断。

马克思主义哲学是真理性与价值性的统一，不仅揭示了社会历史发展的一般规律和资本主义社会运行的特殊规律，而且科学地揭示了价值的本质和特征，表明了价值评价的特点和标准，阐述了价值观的形成和功能。在新的历史条件下，马克思主义哲学的价值理论对于解决我国社会主要矛盾、培育和践行社会主义核心价值观、推动构建人类命运共同体具有重要的指导意义。

一、价值的本质和价值关系形成的基础

什么是价值？什么是价值的本质？价值是主观的还是客观的？这是价值哲学的基本问题。我们要探讨的价值不是某一种特殊的价值，而是"价值一般"。例如，在审美领域，我们用"美"和"丑"去表达对审美客体的喜爱或厌恶，"美"即是有价值，"丑"即是无价值，但"美丑"不是"价值一般"，而只是价值在审美领域的特殊表现。再如在道德领域，我们用"善"和"恶"去指称那些高尚或败坏的事物，"善"即是有价值，"恶"便是无价值，然而"善恶"也不是价值本身，而是价值在伦理上的特殊表现。从某种意义上讲，价值在任何领域都存在着，每一种主体的特殊需要都对应着某种特殊价值，而在所有特殊价值中都必然包含着一个共同的、普遍的本质，那就是客体的存在和作用必然适合于主体的需要。因此，价值既不是客观的，也不是主观的，而正是这种关系本身。

（一）价值的本质：主客体之间的意义关系

作为哲学范畴的"价值"，不同于经济学领域中的商品价值，是指在实践基础上形成的主体与客体之间的一种意义关系，即物对人的有用性。在人的实践活动中，主体总是根据自己的需要自觉地掌握和占有客体，利用客体的属性和功能满足自己的需要。这种关系就是价值关系。一种事物能够满足某个主体的需要，那么这种事物对于这个主体而言就是有价值的。反之，如果不能满足主体需要，就是没有价值的。客体满足主体需要的程度，决定了客体对主体的价值的大小。

在价值的本质问题上要注意区分和防范两种错误的观点：一是客观主义价值论，二是主观主义价值论。客观主义价值论只是从客体自身的属性和功能来规定价值，认为价值是事物本身所固有的某种东西，与价值主体无关。主观主义价值论则认为价值就是价值主体的主观兴趣、欲望和情感的表达，与价值客体的自身属性无关。很显然，这两种观点都是片面的。

价值不是实体，而是主客体之间的意义关系，既不能归结为价值客体的自身属性，也不能归结为价值客体的主观感受。马克思指出："忧心忡忡的穷人甚至对美丽的景色都没有感觉；贩卖矿物的商人只看到矿物的商业价值，而看不到矿物的美和特征。"[①] 同时，"一物之所以是使用价值，因而对人来说是财富的要素，正是由于它本身的属性。如果去掉使葡萄成为葡萄的那些属性，那末它作为葡萄对人的使用价值就消失了"[②]。主体

[①] 《马克思恩格斯全集》第46卷（上），人民出版社1979年版，第264页。
[②] 《马克思恩格斯全集》第26卷第3册，人民出版社1974年版，第139页。

及其需要是价值关系形成的根据，价值是相对于价值主体而言的，只有人才是价值主体，是价值的创造者和享有者，没有人和人的实践活动就无所谓价值。客体及其属性是价值关系形成的又一根据，没有客体，人就没有了占有和享受的对象，也就无法产生主观体验，无所谓主体与客体关系。因此，价值的本质是主体需要与客体性质的统一。

（二）价值关系形成的基础：实践活动

人的实践活动是价值关系形成的基础。一方面，价值主体及其需要是在实践中形成和发展的。不同于纯粹的动物性的需要，人的需要具有社会性和历史性的，它是在社会实践和历史活动中产生和变化的。另一方面，价值客体及其属性也是在实践中被不断发现、规定和改造的，同一种属性的价值客体在不同的社会阶段和历史时期往往发挥着不同作用、被赋予不同的意义。

价值客体总是随着人的实践活动从自然进入社会。事物能否成为价值客体，不仅仅依赖于客体自身的属性，还依赖于价值主体的实践能力和水平。价值主体和价值客体之间的价值关系是在实践活动中形成和实现的，实践活动在改变客体存在形式的同时，实现了主体的预期目的，使主体与客体的价值关系变为现实。没有实践活动就没有价值主体和客体，就不可能有主客体之间价值关系的产生。正是在实践活动中，价值客体按照价值主体的需要发生内部结构和外部形式上的变化，从客观对象的存在形式转化为主体生命结构的因素或者主体本质力量的因素，从而变成主体的一部分。

马克思、恩格斯在《德意志意识形态》中指出："甚至连最简单的'感性确定性'的对象也只是由于社会发展、由于工业和商业交往才提供给他的。大家知道，樱桃树和几乎所有的果树一样，只是在几个世纪以前由于商业才移植到我们这个地区。由此可见，樱桃树只是由于一定的社会在一定时期的这种活动才为费尔巴哈的'感性确定性'所感知。"[1]因此，客体的社会存在必须以人的实践活动为前提，而人类进步的历史过程就是主体与客体在实践活动中无限中介的过程。在这个过程中，人不断地确证和发展自己的本质与能力，并且把自己同外部世界的价值关系不断在质量和方向上无限扩展，不断将客观存在的物理世界转变为符合人类需要的价值世界。

（三）价值的客观前提和主体性特征

价值同价值主体的需要有关，但是，单凭价值主体的需要不能决定价值的有无和大小。价值的产生既有其客观前提，也有其主体特征。

价值产生的客观前提首先在于各种事物自身所固有的属性。我们判定某一事物对人是否有价值，首先，取决于这个事物是否具有某种特定的成分、结构和属性。如果失去了这种特定的成分、结构和属性，也就意味着失去了这种价值关系的客观对象。其次，价值的客观前提还在于主体的客观需要。马克思主义与一切唯心主义的根本区别，就在于它不把人看作一个抽象的、孤立的主观存在，而是始终把人看作一定物质的、社会的、历史的现实存在。换言之，主体的需要同样具有客观性，因为人的需要，无论是生理的还是心理的、物质的还是精神的、自然的还是社会的，都受到客观历史条件的制约，是一定生产方式的产物。马克思指出："现实中的个人，也就是说，这些个人是从事活动的，进行

---

[1] 《马克思恩格斯文集》第 1 卷，人民出版社 2009 年版，第 528 页。

物质生产的，因而是在一定的物质的、不受他们任意支配的界限、前提和条件下活动着的。"①人的需要不会凭空产生。它只能在历史之中，不会在历史之外。

价值也具有主体性特征。这表现为以下三个方面。其一，主体的现实需要是某一事物是否具有价值以及价值大小的内在尺度。某物对人是否有价值，不是以某物自身的属性为尺度，而是以人的现实需要为尺度。我们常说的"饥时吃糠甜似蜜，不饥吃蜜也不甜"，指的就是这个道理。其二，价值的主体性通过价值主体的创造性体现出来。主体自身有着复杂的结构和无限多方面的规定性和需要，其中的任何一个方面都能在实践中同价值客体产生具体的价值关系。人们的价值体验会受到现实条件和客体直接特征的局限，仅仅反映出多维价值关系中最切近、最直接的部分。一旦主体的其他方面的需要和相应能力得以现实地形成并被主体所意识到的时候，他就会创造性地使这些可能性变为现实，从而进一步丰富自身的价值体验。其三，价值具有因主体变化而变化的时效性。随着主体的变化，特定的客体对价值主体的价值关系也会发生变化，甚至会从有价值变为无价值。价值的时效性取决于价值主体的需要和条件。南唐后主李煜的名句"雕栏玉砌应犹在，只是朱颜改"，就生动地表达出物是人非带来的价值关系的变化。

（四）人的本质和价值

作为社会主体的人的本质和人的价值问题是马克思主义哲学关注并回答的重要问题。科学地认识人的本质和人的价值，有助于人们在现实

---

① 《马克思恩格斯文集》第1卷，人民出版社2009年版，第524页。

社会生活中正确地看待自身和自身价值，并确立实现自身价值的正确方法和有效途径。

马克思关于人的本质和价值的讨论不同于抽象的人性论。抽象的人性论一般站在社会和历史之外考察人和理解人。例如，古希腊哲学家亚里士多德把人定义为"陆栖两脚动物"。中国古代的《列子》把人定义为"有七尺之躯，手足之异，戴发含齿，倚而食者"。18世纪法国哲学家拉美特利把人当作"一架复杂的机器"。德国哲学家黑格尔则认为人的理性、人的自由的自我意识是人的本质。

马克思在批判借鉴以往人性理论的合理性基础上，作出了关于人的本质属性的科学论断。他指出："人的本质并不是单个人所固有的抽象物。在其现实性上，它是一切社会关系的总和。"[①]在马克思看来，人的本质属性在于人的社会性。人和动物、人与人的自然属性是相似的。自然属性既无法揭示出人和动物的真正区别，也无法揭示出人与人之间的差别。在人的自然性和社会性的关系中，社会性处于主导地位，发挥决定性作用。人的自然性经过长期的社会生活的改造，也不免带有社会色彩，从而受到社会性的制约。比如，人和动物都需要吃食物来维持生命，但是动物却很难产生饮食文化和科学。然而，人的饮食习惯却会随着身份不同、地区不同、民族不同、国度不同、时代不同，呈现出不同的特点。

人的本质是具体的、历史的，不是一成不变的。人们之间的社会关系随着社会生活的发展变化在不断地发展变化，呈现出具体性、历史性的特点。人的本质既不是虚幻的，也不是一成不变的，而是随着社会生活的发展变化而进行相应的发展变化。

人是社会生活的主体，追求人在社会生活中的价值和意义是人类实

[①]《马克思恩格斯选集》第1卷，人民出版社1995年版，第56页。

践活动的一项基本内容。人的价值可以分为社会价值和个人价值。人的社会价值是指个人的创造性活动对社会需要的满足和个人对社会的贡献。一个人对社会的贡献越大,他的社会价值就越大。反之,社会价值就越小。运用社会的尺度来评价人的价值,就是要看人的活动及其结果是否满足了,或者在何种程度上满足了社会需要。人应该在对社会的贡献中实现自身的社会价值。

人的社会价值的实现主要依赖于其自身能力和主观愿望两个方面。一个人没有能力就很难实现自身的社会价值,但是仅仅有能力,而不愿意对社会作贡献,就更难实现自身的社会价值。道德品质高尚的人的工作和生活态度以及精神面貌就为社会提供了精神价值。毛泽东曾深刻指出:"一个人能力有大小,但只要有这点精神,就是一个高尚的人,一个纯粹的人,一个有道德的人,一个脱离了低级趣味的人,一个有益于人民的人。"[①]因此,根据人的能力的发挥程度,而不是仅仅根据其是否具有能力来判断人的社会价值具有重要的方法论意义。

人的个人价值是指个人的活动对其自身的意义。一个人越是通过自己的活动来满足自己的需要,他的个人价值就越大;反之,个人价值就越小。个人只有通过参加社会实践活动才能满足自身的需要,实现自身的个人价值。

人的社会价值和个人价值是辩证统一的。人应当实现自身的个人价值,但是人的个人价值不仅离不开社会价值,而且从属于社会价值。孤立的、绝对的个人价值是不存在的,人的实践活动总是内嵌于一定的社会关系中,实现个人价值的过程,也是实现社会价值的过程。正是在这一点上,马克思深刻指出:"人同自身的关系只有通过他同他人的关系,

---

[①] 《毛泽东选集》第2卷,人民出版社1991年版,第660页。

才成为对他来说是对象性的、现实的关系。"① 而且"不管个人在主观上怎样超脱各种关系,它在社会意义上总是这些关系的产物"②。人只有在社会中才能实现自身的个人价值,只有在推动社会发展的过程中才能实现个人的发展。个人价值和社会价值的统一,意味着实现人的价值的目的与手段、权利与义务的统一。

二、坚持真理原则和价值原则相统一

求索真理与追求价值是人类实践活动的两大基本主题,真理原则和价值原则是人类实践活动的两大基本原则。人们的实践活动以探究和运动客观规律为基础,以满足自身的生存和发展的主观需要为目的,是求真与求善的有机统一。

(一)真理原则与价值原则的区别与联系

真理和价值两个范畴分别体现了人对于认识世界和改造世界的两个尺度,即事物的客观尺度和人的内在尺度。事物的客观尺度是使主体趋向客体的力量,也就是人据以接近而不背离客体规定性和规律的东西,在认识论中的理论表现形式就是真理。人的内在尺度是使客体趋向主体的力量,也就是主体据以实现客观事物向自己"接近"并衡量其程度的

---

① 《马克思恩格斯全集》第42卷,人民出版社1974年版,第99页。
② 《马克思恩格斯全集》第23卷,人民出版社1972年版,第12页。

东西，在认识论中的理论表现形式就是价值。用真理和价值两把尺子认识世界和改造世界，是人类所具有的独特标志。缺少任何一个尺度，人类就不能从根本上区别于动物，人类社会就不能在自然界中生存和发展。

总体来看，真理原则和价值原则的侧重点是不同的。第一，真理原则体现客体尺度的要求。这意味着人们在探究什么是真理时，不能考虑人的主体需要和利益。价值原则体现主体尺度的要求。这意味着人们在认识真理时要考虑主体的需要和利益。第二，真理原则主要体现出人的实践活动的客观约束性的一面，而价值原则主要体现人的实践活动的主观目的性的一面。第三，真理原则是社会实践活动中的统一性原则。这意味着在真理面前人人平等，大家都必须遵守真理，按照真理办事情。价值原则是社会实践活动中的多样化原则。这意味着价值的主体选择是多样化的。因此，真理没有主体的差别，而价值则具有主体性特征和主体性差别。

真理原则和价值原则之间的差异和矛盾，深刻地折射出人们在追求真理和创造价值过程中的矛盾。这种矛盾一方面给人类的社会实践活动造成了困难，另一方面这种矛盾的不断解决又持续推动着人的发展和社会进步。我们既要看到两者对立的一面，又要看到两者统一的一面。真理原则和价值原则之间的矛盾是人类社会实践活动的内在矛盾，真理原则和价值原则的统一是人类社会实践活动的内在要求。真理是人们对规律的把握，对人的实践活动具有科学的指导意义，本身就具有价值，而价值又不断地引导人们去探求真理。

（二）真理原则与价值原则在实践中的具体的历史的统一

真理原则和价值原则在人类社会实践活动中互为前提。没有真理原则的指导，价值原则就不能成功地贯彻下去。没有价值原则的推动，真理原则就失去了坚持和发展的动力。对于任何事物的价值评判，人们总是首先问它"是真是假"，以便去伪存真，求真务实；同理，对于每个具体真理的评判，人们也首要关心它"有何价值"，以便趋利向善、推动发展。真理原则与价值原则在人类社会实践活动中互相引导。一旦人们对客观世界有了新的认识和把握，就会历史地提出和实现新的价值目标；一旦有新的价值目标形成并出现，人们就会克服困难、创造条件探索对规律的认识和把握。

马克思主义认为，真理原则与价值原则具体地、历史地统一于人类社会的实践活动之中。人们正是在实践过程中通过真理原则和价值原则的相互引导和结合来实现真理原则与价值原则相统一的。这种统一不是绝对的、静止的统一，而是有条件的、相对的统一。由于人类的实践活动是具体的，因而在实践基础上，人们认识和发现真理是具体的，提出的价值要求以及价值所能实现的程度和范围也是具体的。这就决定了"真"不直接等同于"善"，善也不完全等同于"真"。真理与价值的统一必须考虑一定的前提条件和中介环节。

我们说真理原则与价值原则的统一是历史的，这是因为两者的统一是随着人类社会实践活动的发展而不断地发展，不断地打破旧的统一，走向新的统一。在人类实践的推动下，新的真理会不断被发现，新的价值需要会不断提出，这都会促使真理和价值之间的矛盾不断打破旧的平衡，实现新的平衡。坚持在实践基础上实现真理原则和价值原则的具体的、历史的统一是马克思主义哲学的一个基本原则。它生动地体现了马克思主义哲学的科学性和革命性的统一、追求崇高理想和捍卫人民利益的统一、尊重社会发展客观规律与尊重人民群众主体地位的统一。

三、积极推动构建人类命运共同体

为世界人民谋大同是为中国人民谋幸福和为中华民族谋复兴的逻辑必然,既体现了中国共产党关注世界发展和人类事业进步的天下情怀,也体现了中国共产党致力于实现"全人类解放"的崇高的共产主义远大理想。随着经济全球化的深入推进,全人类的共同利益高度融合、高度一致,各个民族、国家彼此相互依存,在事实上已经成为你中有我、我中有你的命运共同体。习近平总书记指出:"没有哪个国家能够独自应对人类面临的各种挑战,也没有哪个国家能够退回到自我封闭的孤岛。"① 中国致力于推动构建人类命运共同体,倡导建设互相尊重、公平正义、合作共赢的新型国际关系,在共商共建共享共赢中,让世界各国人民过得更加幸福、更加平等、更有尊严。

(一)构建人类命运共同体是全球化的必然结果与客观事实

人类世界从封闭走向开放、从彼此分离走向紧密联结是资本世界市场全球扩展的客观历史过程,是不以人的意志为转移的。从 17 世纪开始,资本就在世界各地奔走,尽管它是出于对利润的追逐和增殖的本性,但是客观上促成了人类社会的世界性交往,将人类历史从地域史、民族史转变为世界历史。进入 21 世纪,世界历史的进程更加迅速,人类生活

---

① 《习近平谈治国理政》第 3 卷,外文出版社 2020 年版,第 46 页。

的相互关联和相互渗透前所未有，世界各国人民的前途命运越来越紧密地联系在一起。"地球村"在过去还可能是一种带有美好愿景的比喻，然而在当今时代，这一比喻已经成了人们感同身受的客观事实。因此，人类命运共同体在被当作一种思想观念、理论形态和价值追求之前，首先应该被当作一种不可逆的现实状态来接受。

马克思没有使用过全球化概念，但是曾用"世界历史"概念表述资本主义生产方式在全球普遍建立以及世界性交往普遍形成的过程。马克思、恩格斯在《德意志意识形态》中指出："各个相互影响的活动范围在这个发展进程中越是扩大，各民族的原始封闭状态由于日益完善的生产方式、交往以及因交往而自然形成的不同民族之间的分工消灭得越是彻底，历史也就越是成为世界历史。"[①]根据马克思的世界历史理论，人类的生产力越是发展，便越能够打破地域限制和民族界限，世界也越来越成为一个休戚与共、相互依存的整体。马克思、恩格斯在《共产党宣言》中进一步指出："物质的生产是如此，精神的生产也是如此。各民族的精神产品成了公共的财产。民族的片面性和局限性日益成为不可能，于是由许多民族的和地方的文学形成了一种世界的文学。"[②]也就是说，人类生活形式的历史性变革必然导致思想和观念的历史性变革，全球化进程不仅促成了世界性的物质交往，也促成了世界性的精神交往。这意味着世界各国人民不仅在物质层面存在共同利益，还在精神层面追求共同价值。

当今世界形式呈现许多新特点，一方面世界多极化、经济全球化深入发展，新一轮科技革命和产业革命正在孕育成长；另一方面挑战层出不穷、风险日益增多。诸如粮食安全、资源短缺、气候变化、环境污染、

[①] 《马克思恩格斯文集》第1卷，人民出版社2009年版，第540—541页。
[②] 《马克思恩格斯文集》第2卷，人民出版社2009年版，第35页。

第十五讲　真理价值的统一与人类共同价值观

疾病流行、网络攻击、恐怖主义、跨国犯罪等问题，已经不再局限于某一特定的国家或区域，而是越来越需要各国的通力合作、共同解决。与此同时，很多问题和挑战也不再是仅靠一国之力便能够应对，而是越来越需要国际社会共同参与和共同磋商。因此，守护人类共同的生存空间是当今越来越凸显的时代课题。我们不仅需要建立行之有效的国际机制和国际规则，还要构建一种得到世界各国人民广泛认可的共同价值以超越国家之间、种族之间的封闭、隔阂与纷争，凝聚全球力量。

（二）全人类共同价值是对西方"普世价值"的扬弃与超越

世界各国的文化背景、体制机制、地位实力存在着较大差异，但是这并不能说明人类社会不存在共同的价值追求。价值本质上是对事实的超越，人不像动物一样单纯地接受事实、安于现状，而是在接受事实的同时否定事实，去追求更高的、应当的价值。为什么人类存在共同价值？因为人类作为一个整体面对着共同的事实、回应着共同的问题、分享着共同的利益。人类所共同期盼的，不是专门有利于某一个国家或某一个组织的特殊价值，而是能够给予最广大世界人民最普遍幸福的共同价值。

全人类共同价值是客观存在的。习近平总书记在党的二十大报告中指出："我们真诚呼吁，世界各国弘扬和平、发展、公平、正义、民主、自由的全人类共同价值，促进各国人民相知相亲，尊重世界文明多样性，以文明交流超越文明隔阂、文明互鉴超越文明冲突、文明共存超越文明优越，共同应对各种全球性挑战。"[①] 这六个方面的共同价值毫无疑问符合全

[①] 习近平：《高举中国特色社会主义伟大旗帜　为全面建设社会主义现代化国家而团结奋斗——在中国共产党第二十次全国代表大会上的报告》，人民出版社2022年版，第63页。

人类最大多数人的共同利益。我们应该以这样的共同价值作为宗旨,来推动构建人类命运共同体,而不能以某些国家基于自己的立场和利益所提出的所谓"普世价值"作为根本标准,来塑造一个实现他们自己利益最大化的世界经济政治体系。

西方国家从抽象的人性论出发,把他们的价值理念等同于"普世价值",宣称"普世价值"及其背后的资本主义制度是所有国家和地区摆脱贫困落后、实现文明进步的唯一选择。他们在全世界宣传和推行"普世价值",以指导发展为名,大肆输出新自由主义,使拉美国家陷入"中等收入陷阱";以帮助转型为名,实施休克疗法,导致俄罗斯陷入困境……"普世价值"不仅没给这些国家和人民带来福音,反而引发社会持续动荡。

为什么美国宣称的"普世价值"不仅没有让发展中国家快速发展,反而使得它们陷入衰败甚至破产的窘境呢?这是因为"普世价值"混淆了"一般"与"个别"的关系,它看似是"一般",其实只是"个别"。"一般"指一类事物或一切事物普遍具有的属性,即具体事物的共性。"个别"指单一事物的个体性、独特性,此事物和他事物的差异性。世界上每一事物、现象都作为"个别"的东西而存在,它们的存在和发展呈现出不同的形态,表现为个体性、独特性。世界上的同类事物或一切事物中又贯穿着"一般"的东西,即共同的、普遍的属性。这种共同性、普遍性使各个特殊的事物相互联结、相互贯通,形成统一的有机整体,并具有共同的规律性。列宁指出:"个别一定与一般相联而存在"[①],"任何个别都不能完全地包括在一般之中等等。任何个别经过千万次的转化而

---

① 《列宁选集》第 2 卷,人民出版社 2012 年版,第 558 页。

与另一类的个别（事物、现象、过程）相联系。诸如此类等等"[1]。"一般"是具有共性的普遍适用的价值，可以作为任何"个别"的共同原则。"个别"只是在个别条件下才是有价值的，离开了其具体条件就失去了其真理性。美国把仅仅是符合自身利益的"个别"的"普世价值"当作放之四海而皆准的"一般"的"共同价值"加以推广和奉行，接受这种"普世价值"的国家如同削足适履，又怎能不失败呢？

美国的"普世价值"把"个别"说成"一般"，我们提出的"全人类共同价值"是超越"个别"把握"一般"，两者有根本上的差别。"全人类共同价值"超越个别，但不舍弃个别。我们尊重差异，尊重不同国家选择适合自己的发展方式的权利，不把任何一种单一的价值观强加给其他国家。中国特色社会主义的伟大实践已经证明，不走西方的老路，同样可以实现国家富强、人民幸福和民族复兴。

（三）积极构建惠及世界人民的人类命运共同体

构建一个新型的、符合世界广大人民根本利益的人类命运共同体，正在成为人类社会的共同愿望。习近平总书记在党的二十大报告中深刻指出："构建人类命运共同体是世界各国人民前途所在。万物并育而不相害，道并行而不相悖。只有各国行天下之大道，和睦相处、合作共赢，繁荣才能持久，安全才有保障。中国提出了全球发展倡议、全球安全倡议，愿同国际社会一道努力落实。中国坚持对话协商，推动建设一个持久和平的世界；坚持共建共享，推动建设一个普遍安全的世界；坚持合作共赢，推动建设一个共同繁荣的世界；坚持交流互鉴，推动建设一个

---

[1] 《列宁选集》第 2 卷，人民出版社 2012 年版，第 558 页。

开放包容的世界；坚持绿色低碳，推动建设一个清洁美丽的世界。"① 我们主张以全人类共同价值为指引，找到世界各国人民对和平、发展、繁荣的最大公约数，推动建立互相尊重、平等交流、公平正义、合作共赢的新型国际关系。任何国家和民族都没有包办国际事务、支配他国命运、垄断科技优势的权力。我们反对霸权主义、强权政治，倡议全球事务由各国共同治理，国际规则由各国共同书写，世界安全由各国共同维护，发展成果由各国共同分享。

《国语》有言："夫和实生物，同则不继。以他平他谓之和，故能丰长而物归之；若以同裨同，尽乃弃矣。"概言之，"和"产生于"异"，"异"表现为"和"。中国提出的以全人类共同价值为指引的人类命运共同体理念，既尊重世界各族文明的姹紫嫣红，又让人类文明的光芒更加熠熠生辉，终将为世界人民所接纳、所认同、所践履。

思考题

1. 如何理解价值是主客体之间的一种意义关系？
2. 谈一谈真理和价值的区别与联系。
3. 从普遍性和特殊性的关系角度谈谈对列宁这段话的理解："一切民族都将走向社会主义，这是不可避免的，但是一切民族的走法却不会完全一样，在民主的这种或那种形式上，在无产阶级专政的这种或那种形态上，在社会生活各方面的社会主义改造的速度上，每个民族都会有自己的特点。"

---

① 习近平：《高举中国特色社会主义伟大旗帜　为全面建设社会主义现代化国家而团结奋斗——在中国共产党第二十次全国代表大会上的报告》，人民出版社2022年版，第62—63页。

后　记

党的二十大报告指出："拥有马克思主义科学理论指导是我们党坚定信仰信念、把握历史主动的根本所在"，"我们坚持以马克思主义为指导，是要运用其科学的世界观和方法论解决中国的问题"[1]。马克思主义哲学尽管诞生在一个半世纪之前，但由于它深刻揭示了客观世界特别是人类社会发展一般规律，被历史和实践证明是科学的理论，在当今时代依然有着强大生命力，依然是指导我们共产党人前进的强大思想武器。中国共产党自成立起就高度重视在思想上建党，其中十分重要的一条就是坚持用马克思主义哲学教育和武装全党。学哲学、用哲学，是我们党的一个好传统。我们党在中国这样一个有着14亿多人口的大国执政，面对着十分复杂的国内外环境，肩负着繁重的执政使命，如果缺乏理论思维的有力支撑，是难以战胜各种风险和困难的，也是难以不断前进的。党的

---

[1] 习近平：《高举中国特色社会主义伟大旗帜　为全面建设社会主义现代化国家而团结奋斗——在中国共产党第二十次全国代表大会上的报告》，人民出版社2022年版，第16、17页。

各级领导干部要原原本本学习和研读经典著作，努力把马克思主义哲学作为自己的看家本领，坚定理想信念，坚持正确政治方向，提高战略思维能力、综合决策能力、驾驭全局能力，团结带领人民不断书写新时代中国特色社会主义伟大事业新篇章。

为了帮助广大党员干部深入学习马克思主义哲学，深刻把握马克思主义的基本立场、观点和方法，自觉运用马克思主义世界观和方法论看待世界、分析问题和指导工作，我们组织一批来自中央党校（国家行政学院）、高等院校、科研院所等，长期从事理论教学、研究、宣传工作的优秀中青年学者编写了本书，供广大党员干部学习参考。本书自2014年出版以来，受到读者们的广泛欢迎和好评，也有读者提出进一步修订完善的建议。为了更好满足广大党员干部、青年学生和理论工作者进一步学习马克思主义哲学的需要，我们在第一版的基础上查漏补缺，对本书进行了修改完善，以飨读者。

本书由董振华担任主编，负责全书的提纲拟定、组织编写和统稿工作，陈骊骊、王宜科担任副主编，做了大量的统稿和协调工作。除了参加第一版编写工作的王大明、王君霞、吕红霞、杨启国、杨洪达、陈超、虎业勤、金英、赵琼琼、胡业成、钟星星、梅宪宾、董琳利、潘静等人之外，丁梦雨、王会方、王曼、田坤、田辉、刘仁、刘金香、刘淑琪、刘思橘、谷耀宝、张恺、张晓晨、徐瑞坤、翁玮峤、赖明明等也参加了本书的具体修订工作。

最后诚恳地指出，由于本书所涉及的问题重要，内容丰富，范围广泛，很多前沿问题在学术界尚存在争议，完成这项工作需要相当深厚的理论功底作为支撑，而我们的水平和能力十分有限，不当之处在所难免，恳请读者和有关专家不吝赐教。在编写过程中，为了更好突出权威性、前沿性、时代性，我们充分吸收了学术界具有代表性的相关研究成果，广泛听取了各方面专家学者的意见和建议。他们无论从材料的提供、选择，还是研究的角度、思路等方面都提出了宝贵的意见，在这里一并致谢！

董振华

2022 年 12 月